U0907451

户外运动的教育价值
及实践路径研究

▶ 莫双瑗　莫双溪　谢宛妍　著

中国商业出版社

图书在版编目(CIP)数据

户外运动的教育价值及实践路径研究 / 莫双瑗，莫双溪，谢宛妍著. -- 北京 :中国商业出版社，2018.6

ISBN 978-7-5208-0483-7

Ⅰ. ①户… Ⅱ. ①莫… ②莫… ③谢… Ⅲ. ①体育锻炼—体育教育—研究 Ⅳ. ①G806

中国版本图书馆 CIP 数据核字(2018)第 159804 号

责任编辑:武维胜

中国商业出版社出版发行

010－63180647 www.c_cbook.com

(100053 北京广安门内报国寺 1 号)

新华书店经销

北京亚吉飞数码科技有限公司

* * * * *

787 毫米×1092 毫米 16 开 19.5 印张 253 千字

2019 年 3 月第 1 版 2024 年 9 月第 2 次印刷

定价:76.00 元

* * * *

(如有印装质量问题可更换)

前　言

在现代社会背景下，休闲逐渐成为人们的一种刚性需求，随着社会物质财富的极大丰富和生产效率的不断提高，人们的闲暇时间也越来越多，休闲的内容也更加丰富。休闲逐渐成为时代发展的主旋律，休闲体育与区域经济及城市发展的关联越来越密切。在我国进入休闲时代的社会背景下，休闲经济快速发展及体育市场日益壮大，社会大众对应用型体育服务人才的需求增加。伴随新消费观念的形成，休闲健身产业具有促进社会和谐发展，提高小康指数和幸福生活指数的作用。

户外运动作为一个重要的休闲体育运动项目，深受健身爱好者的欢迎和喜爱。户外运动是在自然场地开展的体育运动项目群，集休闲、娱乐、探险性于一体，具有重要的健身、健心、教育价值。但是，因户外运动中的许多运动项目属于极限运动或者亚极限运动，长期以来，参与户外运动的人占体育人口的比例较小。

在当前社会，随着生活水平的不断提高，人民要求更高质量的生活，在承受诸多社会压力的情况下需要释放自我、挑战自我和回归自然的需求不断扩大。户外运动的重要教育价值再次得到人们的重视，户外运动也因此重新进入学校教育领域和大众视野，户外运动的参与人数逐渐增多。基于此，特撰写《户外运动的教育价值及实践路径研究》一书，旨在为户外运动者科学参与户外运动提供理论和实践指导。

全书共十章，第一章是绪论部分，主要对本书的研究做一些说明和总结，主要包括本书的研究背景及意义，户外运动的相关概念界定以及关于本研究的一些思考和想法等内容。第二章为户外运动基础理论研究，全面系统地阐述了户外运动的起源与发展、概念、特点与分类,器材与装备;第三章为户外运动的多元价值论,分别论述了户外运动的休闲、娱乐、健康、游戏价值;第四章为户外运动教育价值的挖掘与彰显,在解析户外运动教育理论基础的前提上,详细分析了户外运动的健身和健心价值,对户外运动教育价值的体现与道德教育价值的凸显进行了重点研究与分析;第五章为户外运动实践的安全保障体系研究,主要内容包括户外运动的原则与注意事项、户外运动健身的体能与心理准备、户外运动健身的营养需求与补充、户外运动急救知识储备、户外运动计划的制订;第六章为青少年户外运动健身指导方案,在全面分析青少年身心发展的规律与特征的基础上,对当前适合青少年参加的户外健身运动项目进行了重点解析,并就青少年参与不同户外运动的健身指导方案进行了设计与策划;第七章为山地户外运动实践方法指导,运动项目包括登山运动、攀岩运动、徒步穿越运动、山地自行车运动;第八章为冰雪户外运动实践方法指导,运动项目包括滑冰运动、滑雪运动和攀冰运动;第九章为水上户外运动实践方法指导,运动项目包括游泳运动、漂流运动、潜水运动、皮划艇运动;第十章为户外拓展训练实践方法指导,在阐述拓展训练基本理论知识的基础上,分别就空中拓展运动项目、地面与心智拓展运动项目及其他常见户外运动拓展项目的开展进行了详细解析。整本书对户外运动的教育价值进行了深入解析,理论系统、内容翔实、结构清晰,实践部分涉及户外运动项目众多,方法具体,实用指导性强,是关于户外运动的科学著作。

在撰写的过程中笔者参阅了大量有关学者的著作和研究成果,在此表示最诚挚的谢意!由于时间有限,书中难免存在错误和不当之处,恳请广大读者批评指正。

作 者

2018 年 4 月

目　录

第一章 绪论

第一节 研究背景及意义

一、研究背景

在中西方兴盛的朝代(国家)都对国民的体质健康高度重视,且特别重视青少年的全面健康。我国古代的《周礼·保氏》:“养国子以道,乃教之六艺:礼,乐,射,御,书,数。”在六艺中,射御是不折不扣的体育,而且都属于户外运动,礼乐也包含了很多体育的要素。

在近代,在探索救国救民的道路中,毛泽东看到了体育对增强民族体质、提倡武风、挽救民族危亡的重要作用,并在《体育之研究》[①]文中,阐述了体育“强筋骨、增知识、调感情、强意志”的四大作用,同时提出了学校教育要“三育并重”,“体育占第一位置”的思想。

中国社科院《休闲绿皮书2015》[②]也指出:未来5年将是我国旅游、体育、文娱消费等休闲产业快速发展的黄金时期,我国将开始逐步进入现代休闲社会。休闲已经成为一种刚性需求,总体上进入全民休闲的时代。随着社会物质财富的极大丰富和生产效

---

① 1917年,青年毛泽东以“二十八画生”为笔名,在《新青年》杂志第3卷第2号上发表了他的著名体育论文。

② 刘德谦,夏杰长,高舜礼.2013—2015年中国休闲发展报告[M].北京:社会科学文献出版社,2015.

率的不断提高，人们的闲暇时间也越来越多，休闲的内容也更加丰富。休闲逐渐成为时代发展的主旋律，休闲体育与区域经济及城市发展的关联越来越密切。在我国进入休闲时代的社会背景下，休闲经济快速发展及体育市场的日益壮大，社会大众对应用型体育服务人才的需求增加。伴随新消费观念的形成，休闲健身产业具有促进社会和谐发展，提高小康指数和幸福生活指数的作用。

二、研究意义

（一）理论意义

户外教育是一种发生在户外环境中的，简单而直接的体验式学习方式。它基于发现性学习和探究性学习的原则，强调直接利用感官来接触和了解大自然和社会，基于户外教育独特的意义与作用。其在国外发展迅猛，数据表明，2014 年美国 6～24 岁青少年全年户外出行总次数达到 50 亿次，人均达到 99 次，在英国、澳大利亚、新西兰等国家户外教育已经成为青少年成长过程中不可或缺的重要环节。由于长期存在户外教育理念缺失和户外教育环境缺乏，我国户外教育的发展非常缓慢，引起了众多专家与学者的关注。2013 年 3 月 8 日，参加全国政协第十二届三次会议的全国政协委员，中国登山协会副主席王勇峰向大会提交了一份关于加快我国青少年户外教育体系建设的提案。建议加快我国青少年户外教育体系建设，加大经费保障力度，加强师资队伍建设以及课程体系的研发和建设，同时加快青少年户外活动营地的建设。在了解国际户外教育研究的前沿、探索国际户外教育研究理论的演进历程的基础上，借鉴国外户外教育研究的先进经验与成果，结合我国户外教育的现状，思考和研究中国户外教育的发展路径，是当下非常紧迫的任务之一。

（二）实际意义

2014 年，习近平总书记在南京青奥会的开幕式上指出：少年强、青年强则中国强。青少年反映了一个国家的未来和希望，只有他们具备良好的精神和身体素养，中国的未来才大有希望。青少年代表着祖国的未来和民族的希望，肩负着实现中华民族伟大复兴的历史重任，更是实现美丽“中国梦”的殷切希望所在。青少年的全面健康不仅关系到青少年个人的健康成长和幸福生活，更关系到整个国家的强盛和民族的兴旺。通过不断开展户外教育实践可以推动该学科的建设发展，使户外运动的教育价值得到进一步挖掘，使户外运动的教育功能得到更大程度的发挥。在全社会都开始重视青少年全面健康的大背景下，针对如何借助户外教育来提升青少年全面健康开展研究，这将对户外教育理论体系的完善，对其实践模式的创新和实践路径的开辟产生理论研究价值。结合国外的青少年户外教育理论与实践研究，对户外教育中回归自然、感知自然、尊重自然的独特教育价值，充分挖掘户外教育对青少年校外教育的补充和借鉴作用，探索和构建户外教育的实践模式和路径。本研究试图通过户外教育的理论研究、实施模式与路径的探索，为青少年户外教育提供理论支撑和实践建议，进一步推动青少年体质、心理、社会适应等方面的全面健康发展。

第二节 有关研究综述

一、关于户外教育概念的研究

户外教育作为一项教育实践活动可以追溯至 19 世纪末 20 世纪初的美国教育改革，称为“户外运动教育”。从相关术语的诞生看，“野营教育”术语早于户外教育。从户外教育内涵演进来看，户外教育已成为广域的概念，指主要发生在户外的、目的多样、有组织的活动（Lugg，2001；Brooks，2004；Neill，2008），包括环境教育、冒险教育、保护教育、露营、休闲等在内的各种教育形式（Lappin，2000）；户外教育是在户外的教育，有关户外的教育，以及为户外而教育（Donaldson. G. E、Donaldson. L. E，1958）；户外教育是在户外环境中开展的，强调多感官直接的体验，并综合与自然环境、社区环境和个人环境的接触来实现教和学（Ken Gilbertson 等，2006）。

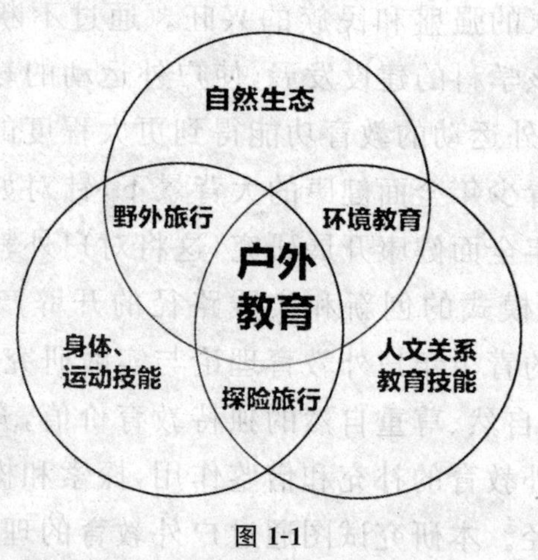

图 1-1

户外教育的概念、特征、价值研究：通过将自然生态、身体（运动机能）、人文关系（教育技能）这几个因素进行交叉，发现户外教育是野外旅行、环境教育和探险旅行核心交叉部分，涵盖几个领域的核心特点（图 1-1）。对户外教育的价值研究中，其效果与达成过程中所依赖的多学科理论是本课题的主要研究内容。其中涉及生态心理学、环境作用论、社会互动理论、黑盒子理论（神经学）、群体心理动力学、学习迁移理论、体验学习圈、舒适区/压力理论等。本研究将对户外教育所产生的效果和所要达成的目标效果中的多学科影响因素进行研究，总结归纳并构建适合我国的户外教育理论体系。

二、关于户外教育实践内容的研究

在教育内容上,早期的户外教育包括学科学习(自然科目)、郊游、烹饪、手工、农业、学校营地(Lewis,1975);在教育目标上,主要从学习者的学业成绩、个人成长、社会适应等所带来的影响来思考,Gibson(1936)认为健康生活的知识、技能和态度、宿营和休闲技能、认真工作态度和欣赏生活的乐趣,促进人与人、人与自然和谐,提高民族精神,目的是培养学生社会适应、提高实践能力;Donaldson 认为,美国的户外教育项目是为了健康、体育教育和娱乐。在澳大利亚历史上,户外教育隶属于健康和体育教育(Lugg,1999);Neill(2004)认为在户外教育情境的学习过程中,个人环境和社会环境是同等重要的主题;Priest(1986)认为户外教育是独立学习、自主思考、独立解决问题的过程,这一界定为美国的户外教育奠定了将近 30 年的理论基础,至今仍被各国沿用,在我国相关学术研究中同样也被广泛引用。

三、关于国外户外教育发展的经验借鉴、理论性研究

这类研究主要从环境教育和素质教育两个角度,其关注点是:青少年户外教育实践模式(马翼虹,2006;彭文革,2007;李欣,2010;苑悦,2013);户外教育专业设置和课程设置(彭文革,2007;孙辉,2014);户外教育发展研究(严屹峰,2008);户外教育可归为体验式教育(李峥秋,2014);青少年户外课程体系(李峥秋,2014)。以上文献总结归纳了国外户外教育发展历程、教育目标、基础理论、教育特点及教育模式,加快我国青少年户外教育的实践建议。

四、针对我国户外教育发展的理论与实证研究

2005 年后,在户外运动被国家体育总局列为正式开展的体育

项目的大背景下，以“户外教育”“户外体育教育”“户外营地教育”等为题的研究增多，内容包含基础理论、课程设置、教育理念等。青少年校外教育是我国教育事业的组成部分（王正祥，2016）；户外教育是学校教育的重要组成部分（余昭炜等，2015）。这类理论研究基于环境教育和素质教育培养目标，分析理论基础、探讨功能作用、课程设置等。而关于青少年户外教育的实证研究，是从2008年后才出现的，均基于青少年素质教育取向，主要关注户外教师培养体系和青少年户外教育现状（周红伟，2016）、户外教育推广路径研究（傅钢强，2016）；国外户外教育经验借鉴（赵霞，2015）。

西方发达国家对户外教育研究有悠久的历史，研究较为全面。而我国户外教育研究还处于起步阶段，存在理论研究不完善、不系统，对国外青少年户外教育成功实践经验的借鉴及本土化深度不够，无论从研究成果的数量还是研究的深度、广度上，都无法为当前国内蓬勃发展的青少年户外教育实践提供理论支撑、学术保障与智力支持。通过对现有文献的分析发现，当前国内户外教育的研究趋势是：户外教育的理论研究、实践范式创新研究、国外经验借鉴及本土化、各行为主体在青少年户外教育中的职责研究、户外教育对青少年体质健康促进的实证研究等。本课题的研究内容符合当前国内外的研究趋势。

第三节　户外运动的概念界定

“二战”后，和平的社会环境使户外运动迅速成长为一种重要的休闲生活方式（Clawson，1991）。20世纪90年代初，大部分现代户外运动项目开始从北京、上海、广州等先发展起来，主要是通过外国人和归国留学生进入中国。受我国经济社会发展水平所限，户外运动在很长一段时间里只是生活在城市的少数家境条件较好的年轻人的游戏。进入21世纪，我国有条件参加户外运动的人群不断扩大，户外运动才开始快速发展起来。

户外运动的惊险刺激以及与自然的交融，是人们释放压力的好方式，因此带给人的那种心灵抚慰是其他运动项目所难以实现的。随着社会的发展，生活压力渐增的现代人渴望心理减负，所以越来越多的人参与到户外运动之中。但是很多业余户外运动参与者是简单地模仿他人行为，在不理解户外运动内涵的情况下盲目涉足，因此引起了一系列的社会问题，这使得我们不禁沉思：户外运动就是到野外开展带有冒险性质的体育活动吗？

从一开始，我国户外运动一线工作者就认识到了界定户外运动的重要性。国家登山运动管理中心原党委书记栾开封（2002）认为，户外运动是特指在野外或在自然场地进行的、与自然界紧密结合的新型体育运动；张志坚（2003）认为，户外运动是指在自然场地（非专用场地）开展的体育活动；马欣祥（2005）认为，狭义的户外运动指那些在室外进行的，通过参与者的努力而使身心得到锻炼，同时更能贴近自然、感受自然的运动；李红艳（2006）认为，户外运动是人们在闲暇时间，为了满足自身身体健康、放松和休息、人际交往以及刺激和冒险等多方面的需要，采用体育运动的方式（步行、滑雪、登山、骑自行车等）在山地、水域、荒漠、高原等各种特定自然环境下进行各种户外体验活动。

国家体育总局登山运动管理中心还专门立项研究此问题，于2003年将户外运动定义为一组以自然环境为场地（非专用场地）开展的带有探险性质或体验探险的体育项目群，并在此基础上对户外运动的类属进行了划分。

第四节　关于本课题研究的一些思考和推进

实践出真知，这是自古至今被人们高度认可的观点。我国古代著名诗人陆游曾写出“纸上得来终觉浅，绝知此事要躬行”，近代教育家陶行知先生提倡“手脑并用”和“知行合一”的教育理念，二位先贤都强调了实践对于教育的重要性，这也正是户外运动教育的基本思想。相较于以校园为主的体育课堂学习环境，户外运动教育能够提供给学习者诸多有益的补充。户外运动教育以学习者探索自然的原始欲望为源起，在科学设计之下将学习环境延伸到户外，弥补现有体育健康教育的不足。

户外运动的开展过程中还可以融入哲学教育，增加了其多元性价值。美国哲学家保尔·泰勒继承发展了施韦兹的生物中心主义的伦理思想后，在《尊重自然》一书中系统表述了生物中心主义的环境伦理观："一种行为是否正确，一种品质在道德上是否良善，将取决于它们是否展现或体现了尊重自然这一终极道德态度。"户外运动界一直遵守一个法则："LNT 法则"——Leave No Trace，即对环境的最小冲击法则。要求在户外运动的过程当中，不对环境产生冲击、不留下垃圾、不带走自然界的东西。人类经过几千万年的进化，从四足行走的猿猴变成了靠两腿行走的人类。上肢解放的意义不仅仅在于解放了部分肢体，更重要的是人类活动空间和生存能力的重大提高。下肢支撑了身体所有重量的同时也提高了人的平衡性和灵活性，解放出来的双手让人类开始参与跑、跳、投、攀登等满足生存需要的体育项目。现今，更多的人会选择休闲、回归自然作为主要的生活方式和运动方式。人们在大自然中享受回归大自然、感受生命、理解文化、陶冶情操。同时，在享用自然大餐的同时，人们也意识到应该倡导可持续发展的户外休闲文化，提倡保护大自然的感恩之举。在攀登雪山、攀岩岵等攀登活动中也可以看到人们遵从"天人合一"这一哲学观。例如：登山队在攀登雪山之前举行一个简朴但是很正式的"拜山仪式"来祭拜山神，祈求平安登顶；同时也是通过这一特有的仪式来祭奠因为登山不幸亡故的亡灵。这种方式看似"封建迷信"，实则人们在内心一直遵循"天人合一"的具体表现，它体现了登山者们对大自然的敬畏之心。一来是祈祷好运，二来是一种文化传承——他们认为因为热爱登山而把自己的生命都留在大自然当中的人是已经和大自然融为一体达到了"天人合一"的最高境界的人。

作者从未想过本项工作能够一锤定音地完成,更希望抛砖引玉,引起有识之士的共鸣。限于能力,希望此次共鸣能引出更多有价值的建议和信息,促进这项工作的进步,年轻的我们还有时间修订。

最大的困难来自文献匮乏。户外运动从专业领域进入大众领域只有数十年的历史,这期间参与者着力推广这类运动,开展各种户外运动活动,改进活动运行机制,改良装备和培训技术人员,指导户外运动教育的具体实践范式较少,我们在大量的实践操作经验中努力挖掘。

本研究除了挖掘户外运动的教育价值之外,更重要的是在户外运动快速发展的阶段提出几项热门户外运动项目的具体实践操作思路。这些户外运动操作方法可能不够科学、规范,毕竟从一开始我们只是希望提供一种操作的参考,提出我们思考的结果,我们相信这些经验对大家更合理地开展户外运动是有积极意义的。

第二章　户外运动基础理论

户外运动是一项新兴的具有挑战性的运动，是一种健康的生活方式，体现了人们积极乐观的生活态度，不仅可以陶冶情操、增长见识，还可以锻炼身体、修身养性，参与户外运动就是对自我最大的挑战。人们通过参与户外活动，可以较大地挖掘自己的潜能，增强面对生活困难的信心，勇于克服困难，体会人与人在困境中相互帮助、共同协作渡过险境的团队精神。本章深入研究了户外运动的起源和发展，阐述了户外运动的概念、特点和分类，对户外运动器材和装备进行了分析，为户外运动的教育价值及实践路径研究奠定理论基础。

第一节　户外运动的起源与发展

一、户外运动的起源

户外运动起源于欧美国家早期的探险和科学考察，在规范和安全的前提下，从事具有一定风险且具有挑战性的活动，户外运动最早起源于登山运动，可以追溯到 18 世纪。

在欧洲西部的阿尔卑斯山区，高山海拔可以达到 3 000～4 000 米，据说在接近“高山植物禁区”的地方，生长着一种野花，叫作高山玫瑰，当地居民一直流行着一种生活风俗。如果某个男孩向女孩求爱，为了表达自己对爱情的忠诚，要战胜困难和危险，勇敢攀登高峰，去采摘高山玫瑰，将其献给心爱的女孩。

这种攀登活动象征了男人的坚强、勇敢以及对爱情的坚定，一直到现在，当地居民还依然保留着这种风俗，阿尔卑斯山区的登山产业发展迅猛，是广大群众爱好和踊跃参加的活动。

关于户外运动的起源，还有一种说法。讲的是 18 世纪中期，阿尔卑斯山的山体结构复杂，气象特点鲜明，还有丰富的动植物资源，很多科学家都慕名而来，有一位著名的科学家德·索修尔对勃朗峰①的巨大冰川产生兴趣，但是却没能成功攀登。

于是他在山下的夏木尼镇留下了一张告示："谁能攀登勃朗峰之巅或者提供攀登线路的人，将获得重金奖赏。"布告贴出 26 年后，夏木尼镇的一位医生与当地水晶石采掘工人巴尔玛经过两个多月的准备，结伴而行，在 1786 年首次登上勃朗峰。1787 年，德·索修尔本人率领一支 20 多人的登山队，又再一次登上了该峰，拉开了现代登山运动的序幕。

整个登山过程中，他们对有关人体生理、自然环境等多方面进行考察，获得了高山科学的宝贵资料。由于现代登山运动兴起于阿尔卑斯山区，所以后来人们都将登山运动称为"阿尔卑斯运动"。

1786 年就是登山运动的诞生之年，夏木尼镇是登山运动的发源地，德·索修尔、巴尔玛等人成为世界登山运动的创始人，得到了国际登山界的公认。

二、户外运动的发展

（一）国外户外运动的发展

18 世纪，人们因为不同的目的而出现了登山的行为，传教士为了传教，科学家为了自然生物研究，实业家或企业家等社会新兴阶层，有了一定的闲置资金，为了追求另一种生活刺激，挑战自

---

① 勃朗峰是阿尔卑斯山的最高峰，位于法国的上萨瓦省和意大利的瓦莱达奥斯塔的交界处，海拔 4810 米，是西欧的最高峰。

我，将登山作为一种休闲娱乐的方式。

在阿尔卑斯山区中，比较平缓且容易到达的山头几乎都被人们攀登过，剩下的就是一些有相当难度的大山，登山者为了克服终年积雪的冰岩地形，研发出了一整套登山装备和器材，这些装备和现在相比还是非常简陋的。

第二次世界大战前后，为了满足特种地形作战的需求，军队也开始研发这些技术，有了攀岩和野营的雏形。20 世纪 70 年代后，才形成了户外运动体育项目的分类，这些项目发展的历史都比较短，但是很快就成了发达国家普及的一项大众休闲运动项目，野外露营更是欧美国家上至老人下至童子军都十分喜爱的活动。

早期户外运动是一种生存手段，采药、狩猎等活动都是人类为了生存和发展所进行的生产活动，第二次世界大战期间，英国特种部队为了提高野外作战能力和团队合作能力，采用自然屏障和绳网进行障碍训练，人类历史上第一次把户外运动运用到实际中去。

第二次世界大战中发生了多次海难事故，后来统计发现，逃生的人群年龄分布大多在 28～38 岁之间，主要原因是这一部分人群心理发育成熟，有过各种户外活动的经历，并且具有团结协作的精神，正是这些因素帮助他们从灾难中死里逃生。

19 世纪中叶，阿尔卑斯山区的登山运动发展迅速，世界上最早的户外运动俱乐部诞生于德国，这个运动俱乐部的主要运动项目是登山和徒步，是现代户外运动俱乐部的雏形。户外运动俱乐部的诞生极大地促进了登山运动的发展，在 1855 年至 1865 年的 10 年间，阿尔卑斯山脉 20 座 4 000 米以上的高峰相继被征服。

第二次世界大战后，随着经济的发展，战争的消失，户外活动摆脱了军事和求生的束缚，逐渐发展成了人类娱乐、休闲和提升生活质量的一种新的生活方式。

1989 年新西兰举办了首次越野探险挑战赛，各种各样的户外活动和比赛在全世界大范围开展起来，发展出了以攀岩、溪降、漂流、滑雪、滑板等带有冒险性的极限运动为主体的山野类活动。

目前在欧洲，每年都有众多大型挑战赛举行。在美国，参与户外运动的人数和户外运动产值都位于体育运动的第三位。英国是户外运动之乡，是近代竞技运动的重要发源地。

英国在工业革命的影响下，工业生产快速发展，以军事为目的的兵式体操运动席卷整个欧洲，英国新兴的资产阶级为了解决一系列社会问题，如生产节奏加快、城市人口剧增，在全国范围内积极推行户外运动，如狩猎、射箭、登山、帆船、游泳、跳远、投石、羽毛球、高尔夫球、赛艇等。

户外运动正在通过各种理想的体育休闲手段，通过各种更加自由、随意的运动方式，在人们的生活中普及开来，成为深受大众喜爱的休闲运动项目。

户外运动同时也在朝着另一个方向发展，形成新的体育竞赛运动项目。1973 年，长距离自然水域游泳、长距离山地自行车和马拉松比赛，在这三种最严酷的体育比赛中，人们想要评选出最严酷的比赛，但是大家争执不休，最后同意连续参加这三项比赛，这就是历史上的第一次铁人三项赛。

随后，在新西兰诞生了平原和山地铁人赛。1980 年，正式创办滑雪、山地跑、激流皮划艇的多项铁人赛。2001 年，在瑞士举办首届越野挑战赛、世界锦标赛，欧洲每年都会举办形式多样的大型越野挑战赛。

新西兰是现代户外探险、越野运动的发源地，每年有 2/3 的人口会直接参与不同形式的户外运动，在美国，半数以上的国民一生中都会至少参与一次户外探险运动，参与的野营郊游活动更是数不胜数。

2002 年莱德加洛伊斯赛行程达到 1 000 千米，为期 12 天，赛程多半是在世界上最险峻的中越边境的山脉与森林中，这个赛事每年举办一次，最后由预赛优胜者进行决赛。

目前，国际性越野挑战赛发展迅速，在世界各地流行，近年来还诞生了欧洲锦标赛、世界冠军赛，知名越野挑战赛达到近百个。

各种区域性、赛时较短的大小赛事达到上千个，遍及世界六大洲。尽管参加探险越野赛让人们精疲力竭，但是在广阔的大自然中，人们能够挖掘自己体能的潜力，感受大自然的壮美，焕发无限活力。

（二）国内户外运动的发展

我国地域辽阔，地形特点多样，也是一个多山的国家，世界上14座海拔8 000米以上的高峰中的9座都位于我国境内，如喜马拉雅山脉、喀喇昆仑山脉[①]等，国内海拔达到1 000～3 000米的山更是不计其数。具有特色的地理环境为我国开展登山、攀岩等户外运动提供了充足、优越的条件。

我国户外运动的起源比国外要晚100多年的历史，我国登山运动刚开始发展的时候，世界登山运动已经进入“喜马拉雅的黄金时代”。计划经济时期，我国登山运动大多还是通过政府来组织，参加人数非常有限，每次规模较大的登山队伍人数也不会超过20人。

我国登山运动的目的较为明确，主要是为了科学考察、创登高纪录，1957年中华全国总工会登山队登上了四川西部海拔7 556米的贡嘎山顶峰，这是我国第一次独立组队开展的登山活动。以攀登贡嘎山的胜利为标志，中国登山运动进入一个新的发展时期。

1958年，成立中国登山运动协会，制定了登山运动的方针，结合高山科学考察为经济建设、国防建设服务，指引了我国登山运动的发展方向，为科学考察服务、为政治服务，为了快速提高我国体育在世界范围内的地位，以“勇攀高峰”和弘扬体育精神为目标。

1959年，中国男女混合登山队胜利登上了号称“冰山之父”的慕士塔格山顶峰。

① 喀喇昆仑山脉是世界山岳冰川最发达的高大山脉，亚洲著名山脉之一。

1960 年,中国登山运动员从北坡成功攀登珠穆朗玛峰,中国登山运动自此进入到了世界的先进行列。

20 世纪 70 年代,女子登山运动员向 8 000 米以上高度的山峰迈进,1975 年,一支包括 10 名女运动员在内的中国登山队再次攀登了珠峰,创造了女子登山高度的世界纪录。

20 世纪 80 年代,中国、日本、尼泊尔三国联合跨越珠峰,标志着人类登山运动进入到了一个新的历史阶段。

1988 年,中国登山家李致新、王勇峰等人同美国登山家联合共同登上了南极文森峰,开拓了中国人去海外登山探险的第一步,李致新、王勇峰等人花费了 11 年成功攀登了世界七大洲的最高峰,为我国登山事业做出了卓越的贡献。

我国民间登山组织几乎是和我国官方登山组织一同发展起来的。20 世纪 50 年代末,中国地质大学、北京大学等院校结合在地质方面的专业优势,组织成立了登山队,得到国家体育总局和中国登山协会的大力支持。在过去的几十年中,为我国培养了大量的国际登山健将,储备了充足的登山运动后备人才,造就了当今的登山、户外运动的优秀管理者,开启了中国民间登山探险活动的新篇章。

我国登山运动取得了很大的成就,野外科学考察和某些科学研究领域也有突出贡献,人们逐渐开始了解和认识登山运动,相继成立了北京大学山鹰社、清华大学登山队。登山队的目标不仅是为了攀登高峰,也对我国的地理环境特征进行了详细的考察,如在生态、气候、动植物等方面。取得了巨大成绩的同时也付出了一定的代价,登山运动由于受多方面条件的限制,仍然是极少数人能够参与的一项活动。

2000 年,中国登山协会在吉林举办长白山全国大学生登山越野挑战赛,其中包括山地跑、岩降、定向越野等项目。

2001 年,中国登山协会在浙江安吉举办山地马拉松赛。

2002 至 2005 年,每一年中国登山协会都会举办国际山地极限运动挑战赛,包括山地自行车、岩降、器械攀岩、负重跑等。

2003 年开始，中国登山协会每年在重庆武隆县举办中国重庆武隆国际山地越野挑战赛，包括了暗河穿越、攀岩、溜索、漂流等项目。和在安吉举办的马拉松比赛相比，线路更长、要求更高、难度更大。比赛还邀请国外队伍参加，增加了比赛的激烈程度。

2003 年 10 月，中国登山协会在四川九寨天堂举办 2003 年中国九寨天堂山地户外挑战赛，包括登山攀岩、自行车越野、黄河逆渡等比赛项目，海拔平均在 3 000 米以上，总距离超过 170 千米，长距离的赛程成了中国登山协会举办户外赛事以来强度最大的一次比赛。

2005 年，在新疆帕米尔高原举行“中坤杯”帕米尔高原户外挑战赛，比赛分为四个赛段，整个赛程从海拔 1 300 米攀升至 4 300 米，一共设置了 10 个项目，包括越野跑、划船、滑沙等，赛程总长达到 200 千米。

在这之后，中国登山协会还举办了江西三清山越野挑战赛、贵州梵净山越野挑战赛等比赛。

2007 年组织对我国第一期中级户外运动指导员的培训活动，促进了我国户外运动的发展。到目前为止，西藏登山队是全世界第一个以团队形式用 14 年时间（1993—2007 年）完成攀登 14 座 8000 米以上山峰壮举的队伍，成功把中国送进了“世界十四座登山俱乐部”。

2008 年，一批正直有追求的资深媒体人和户外运动爱好者共同发起“中国优秀人士合作交流沙龙”，主张优秀人才在一起成长，提倡“精神立志，行动创造”。主要在广州、深圳等我国经济发达的地区交流。

2009 年，户外资料网是我国优秀的户外运动网站，其举办的户外行业大评选活动基本是户外运动的行业标准，这一年将评选活动正式改名为“尊驴奖”。这一年评选活动是中国户外行业规模最大、最正式的一次大盘点，覆盖面广，免费参与，对 2009 年中国户外行业的发展进行总结，揭示了中国户外运动的发展现状，同时吸引了更多的人了解并且参与户外运动。

2011年,“中国优秀人士合作交流沙龙”经过两年多的转型升级,“中国户外运动协会”最终被审批通过依法注册正式在香港成立。户外运动协会坚持三重价值理念观念,一重界是美妙人生,惬意生活;二重界是自然怀抱,认知重生;三重界是康乐之道,修身修心。

2012年,中国登山协会在浙江温州举行全国山地户外运动锦标赛,赛程180千米,共有25支队伍参加比赛。中国地质大学登山队用时4年零7个月的时间,完成了“7+2”的纪录,目前全世界用时最短,中国地质大学也成了全世界首个独立组队完成“7+2”极限探险科考的大学。

2013年,我国户外市场整体规模已经达到388亿元人民币,全国约有1.3亿人参与到各种各样的户外运动中,包括徒步和其他休闲运动,约有6千万人参与较为专业的户外运动,包括登山、攀岩、探险和长途徒步。

2014年,全国户外运动大赛暨中国户外运动节在浙江省宁海县胡陈乡举办,这是一次集赛事、游戏、文化、展销于一体的综合性户外“嘉年华”,是国内规模最大的户外盛会。这次活动的目标是打造中国户外运动项目的大展示,全国户外运动发展的风向标,做到专业与大众结合,体现了我国户外运动、体育产业、行业的全面结合。

2015年,在四川省举办甘孜环贡嘎山国际百公里山地户外运动挑战赛,以打造“甘孜山地旅游,东方户外天堂”为目的,竞赛分设男、女50千米组,男、女100千米组单人不间断山地户外运动越野赛。

2016年,四川省彭州龙门山举办国际山地户外运动挑战赛,赛事全程200千米,参赛队伍达到25支,其中13支中国队伍都是国内目前最高水平的队伍,包括皮划艇、公开水域游泳、定向越野等8个项目。比赛过程中可以领略到彭州绚丽的山水风光,高水平的参赛队伍,也使得比赛的内容更加激烈,具有较强的观赏性。西藏登山队完成了“14座”和“7+2”(登顶七大洲最高点和徒步抵达南北极点)的“大满贯”。

2017 年,中国三名登山者成功登顶海拔 8 125 米的世界第九高峰南迦帕尔巴特峰,其中,张梁成为首个登顶全部 14 座 8 000 米以上高峰的中国民间登山者。以张梁等为代表的中国登山家,正以挑战精神和专业态度将中国户外成就推向新的高度。

2018 年,“中芬运动健康小镇”启动仪式在北京举行,中芬运动健康小镇项目由 ERTC 国际设计联盟发起,Santasport 集团将提供体育教育和运营支持,目的是将芬兰领先的体育培训体系和户外运动生活方式引入中国。“中芬运动健康小镇”的项目内容包括北欧定向运动公园、自然家大本营、少年足球学校等特色模块。

当前,诸如登山、徒步、溯溪、漂流、探洞、野外生存等很多刺激惊险的山地户外运动项目都被中国人接受,从少数爱好者逐渐转变为大众化的休闲体育方式。有近 25%的高中在体育课程教学中设立了户外运动类教学内容。中国地质大学(武汉)还专门设立了户外运动专业的本科学生,系统培养高等户外运动人才。

第二节　户外运动的概念、特点与分类

一、户外运动的概念

户外运动是从国外“Outdoor Sports”等名词翻译而来,由此可见“什么是户外运动”与“什么是体育”之争相似,这也是个中国人自己的烦恼。在引进国外概念的时候,为了概而全之地表达某类运动项目,仅仅一个称谓难逃狭隘。户外运动也是如此,“Outdoor Sports”只是国外用来表述竞技性户外运动项目的名词,他们还用“Outdoor Activities”“Outdoor Recreation”“Outdoor Adventure”“Outdoor Education”等名词称呼“户外运动”中的不同内

容。因此，我们无须过多纠结于称谓问题，虽然“户外运动”这个名称从字面意思上无法肩负统称大任，但不管是赞同者还是异议者，大家意会到的户外运动是基本一致的。

户外运动是近几年来在我国开展起来的、集运动和休闲为一体的新型体育运动，最初只是少数人寻求刺激、挑战自我的一项极限游戏，随着经济全球化，生态环境恶化，人才竞争加剧，人们渴望亲近自然，释放压力，放松心情，户外运动应运而生并且得到了普及。

2000 年后，户外运动迅猛发展，参加的人数剧增，以登山、攀岩、野营、探险等项目最为普及，这些运动在欧美等发达国家已经十分盛行，经营模式已经相对成熟。这些户外运动经典项目也被逐步引入国内，户外运动很快进入到公司白领、行政职员、高校学生等群体的日常休闲活动中，户外运动作为一个新名词已经被大众所接受。

（一）广义的户外运动

有的人认为在室内以外就是户外，人体的空间位移就是运动，因此，走出房屋院落露天之下的活动就属于户外运动，比如在露天的环境中跑步、打球、散步等。

广义的户外运动，包含了所有在室外进行的活动，比如室外球类运动、田径、骑马、射箭等，但是这样定义户外运动过于宽泛，容易和其他体育活动相混淆，划分不够明确，没有体现户外运动的独特特征。

（二）狭义的户外运动

2003 年对户外运动的研究全面铺开，有学者在研究中指出户外运动是在自然场地开展的体育活动，也有的学者认为，户外运动是一组以自然环境为场地带有探险性质或体验探险性质的体育项目群。在这两个概念中都提到了“自然场地”和“体育活动”。

狭义的户外运动就是在自然场地（非专用场地）中开展的体

育活动，这些运动主要在室外开展，通过参与者自身的努力使自己的身心都得到了广泛的锻炼，人们能够与自然亲近，包括少数极限运动。

自然场地是非专用场地，包括大自然和人工非运动目的的建筑物，比如公路、楼房等，对户外运动来说，就是最自然的状态，一些运动项目虽然在室外，但是采用的是人工专用场地，比如足球、沙滩排球，这一部分运动项目排除在外。体育活动就是确定了这项活动的性质是体育，将在自然场地中进行的活动，如旅游、生产等排除在外。

二、户外运动的特点

远古人扛着弓箭射雕，拎着竹枪捕鱼，每天过着“野外生存生活”。进入现代文明的 21 世纪，人类尝鲜式地过上老祖宗的生活，却迷惑于自己在干什么？确切回答什么是户外运动不是件容易的事情，但清晰解说这个问题，不仅有利于有的放矢地推动户外运动发展，还将促进户外运动相关工作。

户外运动的性质决定了它是一项高风险的运动项目，户外运动一般面临一些极端恶劣的环境，没有统一的运动规律，客观条件复杂多变，团队成员之间也会出现微妙的心态变化，当意外发生时求救都比较困难。

户外运动是一种综合性极强的运动项目，要想成为一名真正的户外运动参与者，需要了解地理、气候、运动、医学、人文等方面的知识，同时还要具有良好的心理素质、沟通能力、团队精神和丰富的实践经验，刚毅的性格，勇于付出和牺牲，这些要素对于参与户外运动来说非常重要。

户外运动是人文体育、绿色体育、科技体育，是促进社会发展、构建和谐社会的重要方法，是广大人民群众健身休闲的主要选择，户外运动作为一项朝阳产业，扩大了体育消费，创造了就业机会，带动相关产业的共同发展，促进了经济繁荣。户外运动的特征主要体现在以下几个方面。

（一）不可预知性

户外运动就是挑战极限、挑战自我的代名词，其运动结果具有不可预知性，是一项充满挑战和探险的运动项目。在探索过程中可以激发人们的上进心和求知欲，激发人们无限的潜能，在困难中磨砺坚毅的性格品行，今后在学习、生活和工作中要有应对挑战、克服困难的勇气和决心。

（二）自然性

户外运动主要是在自然环境中进行，与大自然亲密接触，回归自然，返璞归真，对于生活在都市中的人们来说具有很强的吸引力，让人们在运动中能够享受自然，感受大自然的魅力。中国传统文化中提倡天人合一，追求人与自然的和谐统一，人与自然能够协调发展共进，以及保护生态环境。

（三）综合性

户外运动是一门综合性的学问，户外运动受到地理环境、自然水文、动物植被等因素的影响，参与者不仅是运动素质的强人，而且还具备多方面的科学知识、专业技术和生活技能，能够应对和解决多种问题，是具备综合知识的复合型人才。

（四）团队性

户外运动强调团队精神，特别是一个团队要能够统一思想，协调步伐，团队的力量远大于个人的力量，大家能够团结协作，互相帮助，甚至能够同生死、共命运，尤其是在恶劣环境中，坚持信念，才能最终取得成功胜利。在户外运动过程中所建立的友谊和真情，将会让人终生难忘、刻骨铭心，要记住不要一个人挑战自然。

（五）教育性

户外教育（Outdoor Education）是指将教育延伸到户外，在自然中学习，自我成长，并获得大自然中丰富的知识（Dewey，1959），不仅强调精熟技巧与活动竞争的发展，同时注重个人或团体面对挑战性活动/事件时的处理方式与应对能力（Bunting，2000），其宗旨是利用大自然中的题材唤起人类潜藏的适应能力，以身体力行的方式从活动中学习（郭正煜，2002）。英国人 Kurt Hahn 在 1941 年成立的户外冒险学校（Outward Bound school）被视作现代户外教育的鼻祖。

目前，我国多所高校开设了户外运动教育课程，如中国地质大学开设的野外生存生活课、广西科技大学开设的拓展训练课、厦门大学开设的爬树课、武汉大学开设的定向越野课等。

作为教育内容的户外运动，其目的性较强，着眼于促进人的某项素质发展，如拓展训练被用来提高个体领导力和团队凝聚力；野外生存生活则被用来提高个体的社会适应能力。

户外运动是一种体验式教育，组织和引导参加者亲自投入到实践过程中，能够自觉学习天文地理、运动医学、人文历史等科学知识，在实践过程中掌握书本中无法学到的知识和技能，全面提高人们的整体素质和团队精神。

目前出现了很多挑战体验培训或拓展培训的相关课程，在团队建设、企业管理、康复治疗等多方面发挥着重要的作用，成为体验教育的重要组成部分。户外运动能够培养人们团结、奉献、互助的品行道德，形成健康的心理品格，转化为良好的行为习惯。

（六）体能性

户外运动对体能有严格的要求，有的要求几乎达到了人体的极限，户外运动可以说是一门专业性非常强的运动，运动方法和训练方式都非常科学。人们在户外运动中挑战极限，完善自我，比赛并不是一场两场或者一局两局，最短是一天，有的会持续一周两周，参与者需要夜以继日地顽强拼搏。

户外运动对参与者的生理、心理和装备都提出了很高的要求，参与者要能跑能攀能爬，上山下水，有时还要饿着肚子，抗热耐寒能力强,要有全面的体能和应变能力。

三、户外运动的分类

按照不同的分类标准,可以将户外运动分为不同的类型。

(一)按照组织形式和目的

户外运动按照组织形式和目的可以分为三大类(图 2-1)。

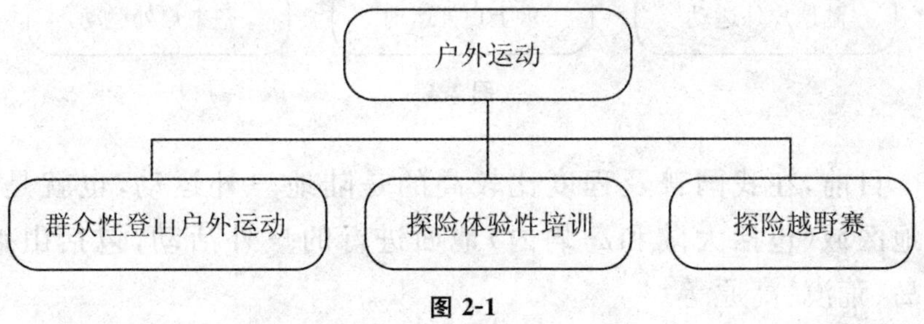

图 2-1

(二)按照环境和技术的特点

按照环境和技术的特点可以将户外运动分为单个的项目,图中所列出的是一些常见的户外运动项目,并不是全部项目(图 2-2)。

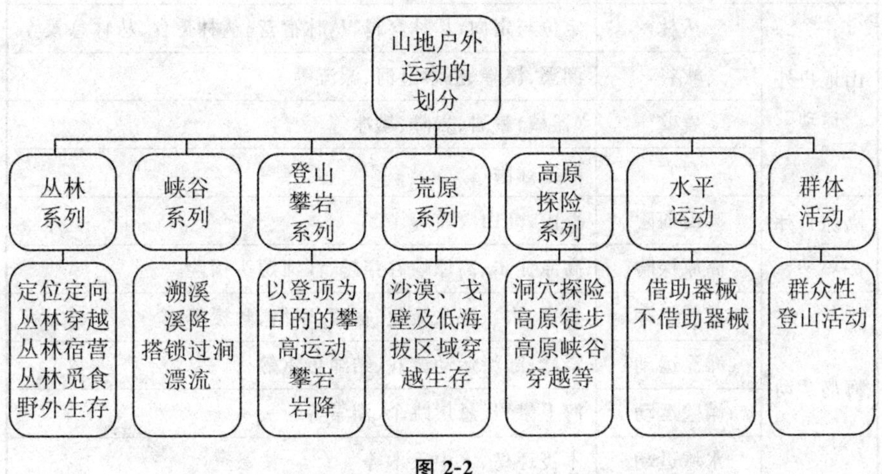

图 2-2

随着户外运动的发展,也会出现一些新的户外运动项目,如最近从国外引进的"猎兔"运动就受到很多爱好者的追捧。

(三)按照场地

按照户外运动的场地,可以将户外运动分为三类(图 2-3)。

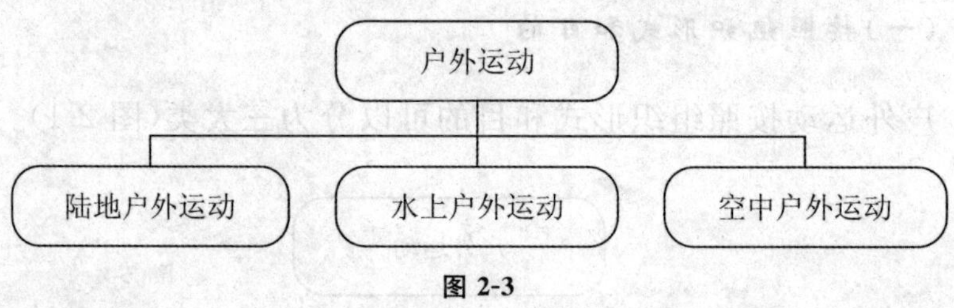

图 2-3

目前,在我国普及程度比较高的是陆地户外运动,也就是在陆地区域(包括大陆和岛屿内)地面进行的户外活动,包括山地、海岛、荒漠、高原等。

陆地户外运动分为五个小类,每个小类分为若干系列(表 2-1)。

表 2-1 陆地户外运动的内容

大项	系列	项目
山地户外运动	丛林	定位与定向、丛林穿越、丛林宿营、丛林觅食、丛林急救等
	峡谷	溯溪、溪降、搭索过河、漂流等
	岩壁	(器械)攀岩、岩降、攀冰等
	洞穴	洞穴探险
高原户外运动	高山探险	登山、高山滑雪等
	高原探险	高原徒步、高原峡谷穿越、江河源头探险
海岛运动	荒岛生存	觅食(水)、海水淡化、宿营、联络、救援等
	滩涂运动	滑沙、滩涂运动游戏、结绳负重等
	峭壁运动	海上攀岩、悬崖跳伞、溜索等
	水域运动	木筏环岛、水中滚木等

续表

大项	系列	项目
荒漠运动	沙漠运动	滑沙、沙漠穿越、沙漠生存等
	戈壁运动	戈壁穿越、戈壁生存等
	荒原运动	穿越项目、生存项目等
人工建筑户外运动	垂向户外运动	攀楼、攀塔、地下管道攀降等
	水平户外运动	自行车、汽车公路穿越、直排轮公路穿越、公路徒步穿越、地下管道穿越等

(四)按照体育竞技的角度

按照体育竞技的角度,户外运动包括四个类别(图 2-4)。

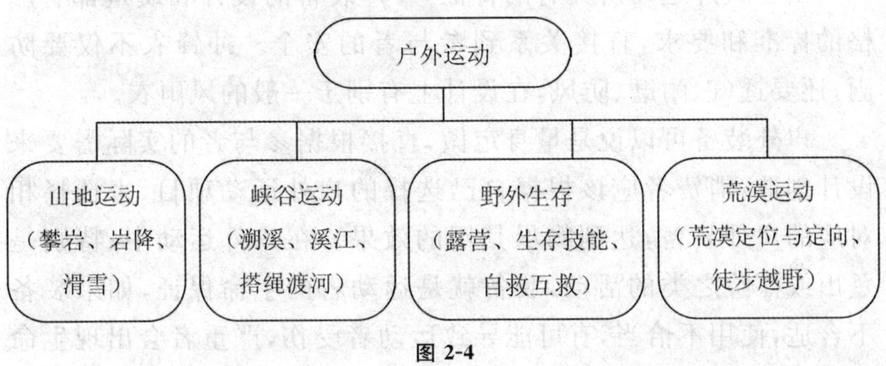

图 2-4

第三节 户外运动器材与装备

户外装备就是户外的运动爱好者在户外进行运动过程中使用的器材、服装等物品,户外运动和家庭外出旅游不同,没有充足完善的补给,户外的环境也要相对复杂多变。

户外运动中良好的装备能够起到重要作用,没有充足的装备,户外运动就不能顺利开展,也无法保证参与者的人身安全,因此,每一个参与者都需要准备合适的户外装备。野外穿越需要露营,这就需要参与者携带充足的露营装备;溯溪运动,参与者要在水中行进，那么对装备的要求就是具有良好的防水性；高海拔登山运动要求装备有极高的保暖、抗风作用。

户外装备包含个人装备和公用装备，个人装备主要是背包、睡袋、防潮垫、户外衣物、登山杖等，公用装备主要是团队集体使用的物品，包括帐篷、炉具、对讲机、登山绳等。公用装备中有个人所有但是由团队分享使用的物品。

户外装备按照用途又可以分为基础装备和专业装备，基础装备就是大部分户外运动者常用的装备，如背包、睡袋、帐篷、户外服装、灯具等。专业装备主要是在进行特殊的运动中需要用到的装备，如高海拔登山的高山靴、冰镐、冰爪等，攀岩运动中的安全带、攀岩鞋，探险活动中的海事卫星电话等。

由于户外运动所具有的特征，户外装备的设计和质量都有严格的标准和要求，直接关系到参与者的安全。冲锋衣不仅要防雨，还要透气、耐磨、防风，在设计上有别于一般的风雨衣。

户外装备可以说是量身定做，直接根据参与者的实际需要来设计创造，消费者应该根据自己选择的户外运动项目，来选择相对应的户外装备，达到物尽其用的效果。在户外运动中，特别是登山或探险之类的活动，装备就是运动者的生命保证，如果装备不合适，使用不恰当，有可能导致运动者受伤，严重者会出现生命危险。

一、个人装备

（一）服装

参与户外运动要分层着装，这是一种科学的着装方法，分层着装可以让每一层衣服之间都存在空气，这个空气层就是相对稳定的微气候带。当遇到寒流时，空气层可以防止人体过快损失热量。

分层着装还有一个好处就是通过增减衣服来调节体温，当身体感觉热的时候，可以减掉一件衣服，防止出汗，保证衣服的干爽，减少体内水分的流失，如果觉得冷了，还可以把原来脱掉的衣服穿上，虽然比较麻烦，但是可以预防感冒。

户外运动一般需要准备至少四层衣服，由内向外依次是，内层、中层、外层、防雨层，即内衣、保暖衣、外衣、裤子和雨衣。

1. 外套

户外运动的外套要具有非隔离性，能够防风、防雨，同时还要透气，防雨外套的表层要涂上泼水剂，雨水落在上面就会以水珠的形式滚落，冲锋衣也要足够宽大，包裹住腰部，超过臀部。选择冲锋衣不能只关注颜色或个人喜好，还要关注是否防风、防水，透气性和耐磨性如何，在自然环境下这些都是必须具备的。

2. 内衣

内衣的选择要注意两个问题，化纤含量不能太高，虽然容易通风晾干，但是如果含有过多的化纤成分，时间长了，人就会有燥热感，皮肤不舒服。最好不要选择纯棉的衣服，吸汗后不容易干，感觉难受，因此要选择专业排汗的内衣。

3. 保暖衣

羽绒制品是最好的保温层，缺点是吸水但是不容易干燥，并不适合在潮湿的环境中使用，如果出行，可以选择一件羊毛衫，保暖效果好，休息的时候可以在到达营地后穿上，但是羊毛衫较重，现在流行的抓绒衣裤不错，重量不重。

4. 裤子

只要人的上身可以保证温度适宜，裤子的薄厚影响并不是很大，对裤子的质量要求并不是很高，材料要柔软舒适，大小适中，对户外运动的人来说，要保证做各种动作的时候不会受到裤子的限制，裤子的大小不能过长或过短，注意是否会因为臀部太紧而感到不舒服或无法运动。

裤子还要能够耐磨、耐脏，在一些特殊的地区或恶劣的气候环境下，就需要比较特殊的裤子，如沙漠裤、山地裤，否则很难适应极端的气候环境，冲锋裤耐磨防水为首选，腿部相对于躯干较少出汗，应带有完整的侧拉链，方便穿脱。

5.雨衣

出行的背包中要备有塑胶雨衣，雨衣分为单件式和两件式，如果只是为了挡雨，单件式比较好用，不仅可以挡雨，还可以保护背包，必要时还可用来搭建庇护所。如果要在雨中完成任务，两件式的雨衣要比单件式更有用，再配上雨靴，就可以在雨中穿梭。

（二）鞋、袜、垫

1.登山鞋

如果是选择登山这种户外运动，穿普通运动鞋或户外运动鞋不是最好的选择，小腿容易紧张，出现肌肉痉挛，膝关节、踝关节的挫伤。由于鞋不合脚，容易引起腿部慢性伤病。一双优质的登山鞋应该耐磨、防滑，有坚硬的鞋底，高帮鞋可以有效地保护踝关节，还可以阻止雨雪、沙土等异物灌入鞋内。

要加强对鞋跟和鞋尖的设计，便于在复杂的地形中行进，鞋面处的接缝越少就越有利于防水。参与户外运动，一双舒适、专业的鞋是重要物品之一，可以让你自由地运动。

在户外的行进过程中，如果时间比较长，那么就需要多准备一双鞋放在背包里，每隔几个小时就要轮换穿一次，这样对于保养鞋和脚都有好处。

2.袜子

对于脚来说袜子可以起到保护作用，日常生活中，人们都喜欢穿纯棉、羊毛的衣物，舒适轻松，但是在户外运动，纯棉、羊毛的织物并不是最好的选择。10％的化纤制品不会对皮肤造成不良的影响，但是却可以提高排汗的速度，建议选择天然织物含量90％左右的袜子。

袜子的大小要适中，太大容易在脚掌处堆积、叠褶，形成水泡，太小会影响血液循环，脚部出现疲劳。选择袜子一项重要的参考指标就是袜腰的松紧程度，最佳状态是不向下滑落。袜腰高度至少要距离脚底20厘米，把裤脚塞进袜腰里，防止蚊虫叮咬。根据户外运动的时间选择带多少双袜子，如果时间比较长，建议至少要带5双袜子。

3.鞋垫

鞋垫虽然不起眼，但是在行走的过程中会发现它非常重要，鞋垫可以让脚与鞋更好地贴合在一起，如果鞋垫不合适，就会觉得鞋穿在脚上非常不舒服。

选择鞋垫不能太薄或太软，鞋垫太薄，吸汗的功能较差，使用寿命较短，鞋垫太软，长时间行走会容易变形，缩成一团，从鞋底往外跑，走一会儿就得停下来调整鞋垫，浪费时间和精力，还会影响心情。

长距离行走的鞋垫一般会选择比较厚的，底部硬不容易变形，具有很强的吸汗能力，以棉制品较好。也要准备充足的鞋垫，和袜子的数量基本相同，每次换袜子的时候可以更换鞋垫，和袜子一同晾干。

（三）头、手、颈部装备

1.头套

在寒冷的地方，要注意头部的保暖，可以选择头套，一种改装后的帽子，头套可以防止体温从头部流失，人体的热量大部分是从头部流失的，头套可以保暖，防止头部冻伤，也可以减震，保护头部不受到重物击打。

2. 帽子

人体中50%的热量都是从头部散发出去的,要事先准备好合适的帽子,严寒地区,可以将帽体拉下来,遮住耳朵或者脖子。炎热的地区,可以用一块100厘米见方的浅色布料对折成三角形,把头部和颈部都遮挡起来,面部也要遮挡住,防止皮肤晒伤。

帽子不仅可以起到保温的作用,当外界温度过高的时候,帽子还可以起到隔热的作用,夏天选择帽子,要求遮光性好,冬天选择帽子,要求隔热性好。

因此,夏天的帽子要考虑遮光作用,冬天的帽子要考虑保温作用,无论是夏天还是冬天,选择帽子都要考虑防水性能,尽量选择具有防水功能的帽子。

3. 手套

戴手套是为了防止手部受到伤害和威胁,常见的手套有单层、毛料、防水防寒等,冬季至少要有一副足够保暖的厚手套,以及干活时用的薄手套,选择和准备手套的时候要按照季节和活动的不同需要。

冬季,需要准备保暖性好的厚手套,外层是皮制,内层含毛,如果觉得厚手套的保暖效果不好,还可以准备一双薄手套,套在厚手套中。夏季,温度高,可以选择露半截手指的手套,具有良好的通风效果。

4. 护目镜

护目镜包括防风沙镜、防偏振光镜、防紫外线镜等,有的护目镜集合了多种功能,具有多种防护功能,最常见的是将防风沙镜和防紫外线镜结合起来的护目镜,穿越沙漠的时候一定要佩戴防风沙镜,在雪山活动时,要佩戴防紫外线镜,在装备店中出售的登山眼镜大多是综合性的护目镜。

二、户外宿营装备

(一)帐篷

人们在户外活动的家就是帐篷,是人们安全舒适的庇护所,是户外运动中必不可少的装备。帐篷具有很多种类型,按照不同的分类标准可以分为不同类型(表 2-2)。

表 2-2 帐篷的分类

分类标准	帐篷类型
按照形状分	“人”字形帐篷(图 2-5)、蒙古包帐篷(图 2-6)、六角形帐篷、拱形帐篷、屋形帐篷(图 2-7)
按照用途分	高山帐篷、低山帐篷、旅游帐篷、军用帐篷
按照布料分	帆布帐篷、尼龙帐篷、防水棉布帐篷、合成纤维(树脂)帐篷
按照支架的材质分	金属杆帐篷、尼龙杆帐篷、玻璃钢杆帐篷、铝合金帐篷
按照结构分	单层帐篷、双层帐篷、复合层帐篷

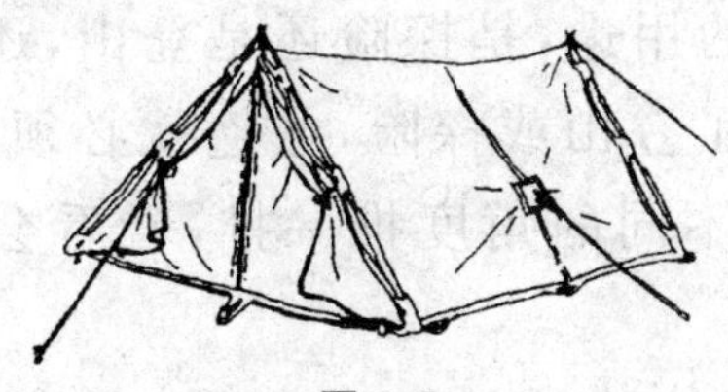

图 2-5

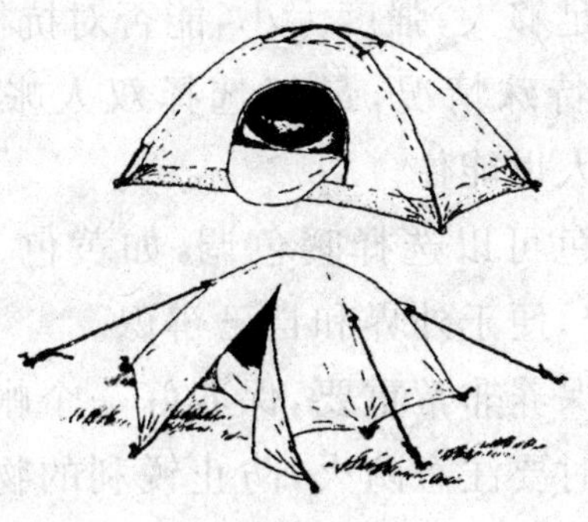

图 2-6

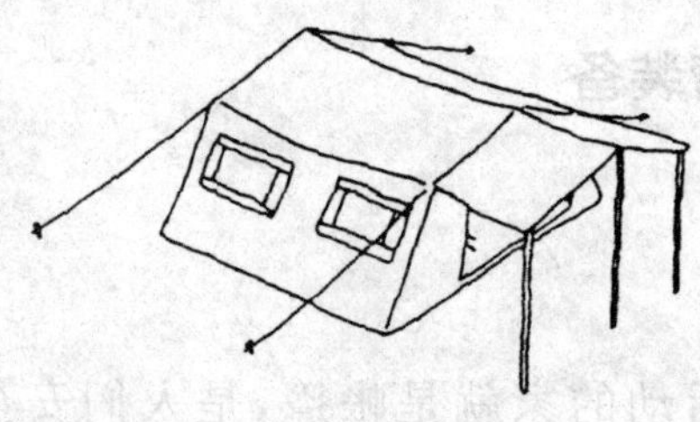

图 2-7

由于帐篷具有很多种类型，选择帐篷的时候要注意以下几个问题。

（1）选择户外运动的气候类型，如果是潮湿多雨的地点，那么就要选择防水性能好的帐篷，这种帐篷应该具有一层防水涂层，缝合线处有压胶处理，外帐的下裙要稍微长一点，底部材料也要防水。

（2）夏天的时候适合选择单层帐篷，防风性和透气性比较弱，如果不是在夏季，那么就最好选择双层帐篷，内层具有较好的透气性，外层具有较好的防水性。内外两层要具有一定的间隔，防水性和透气性都不能互相影响。

（3）明确帐篷的用途，是探险还是登山，还是为了偶尔去户外露营，如果是为了登山或探险，帐篷就必须非常结实，把帐篷支起来后，可以从不同的角度推一推，看看会不会轻易倒塌或折弯。

（4）不能只是追求帐篷的轻便程度，还要考虑帐篷中的空间大小，底面积是否足够大，强度大小，能否对抗极端恶劣的天气。

（5）如果没有特殊情况，最好选择双人帐篷，便于携带和搭建，三个人或单个人也能住。

（6）帐篷的颜色可以选择暖色调，如黄色、红色，不容易和外界环境的颜色融合，便于外界和自己辨识。

（7）对帐篷的保养非常重要，保养好一个帐篷，可以连续使用很多年，使用帐篷时要注意防火，防止锐利的物体刮伤帐篷，不要超容量使用。使用后，无论遇到什么天气，都要把帐篷晾晒干，特别是棉布制成的帐篷，也要存放在干爽的地方，帐篷很容易潮湿发霉。

帐篷内绝对不可以野炊，不能使用燃烧油料的炉具，呛鼻的气味，燃烧的油料，无法控制的火力，都是潜在的安全隐患，在防水尼龙布制成的帐篷内，很容易让人产生窒息的感觉。

（二）睡袋

帐篷是用来遮风避雨的，睡袋的作用主要就是保暖。睡袋是一种将被子和褥子都结合在一起的寝具，睡袋一侧有一个带拉链的入口，人钻入睡袋后，把拉链拉好，在头部留一个通气的通道，有点像婴儿的襁褓。

睡袋选择用尽量少且轻便的材料，为露营者提供一个舒适的睡眠环境，睡袋可以分为两种类型，普通睡袋和专业睡袋，一般的露营或旅行中使用普通睡袋，在高寒或高海拔地区就要选择专业睡袋。

睡袋从形状上可以分为分信封式和木乃伊式（图 2-8）。

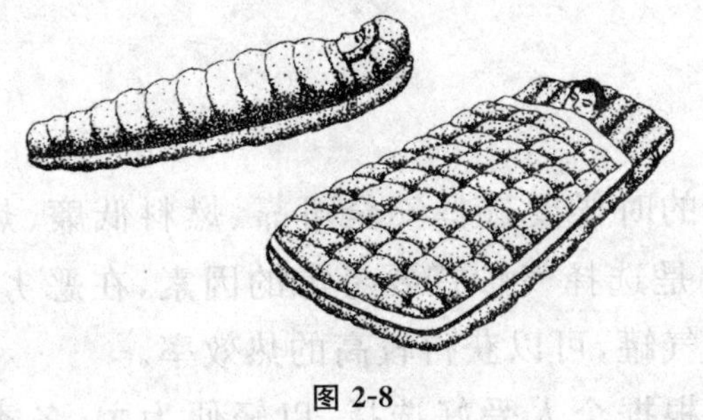

图 2-8

（1）木乃伊式睡袋有头套，上面大下面小，和人体的形状相类似，睡袋的侧面装有拉链，方便人进出，这样的设计保暖性能好。

（2）信封式睡袋采用同样的材料，重量相同，使用方便，舒适，而且价格相对比较低，可以把拉链全部拉开当被子使用，在户外和家里都可以使用。

在选择睡袋时要以轻便、舒适、温暖以及容易挤压为原则，选择睡袋前，对不同睡袋使用的温度范围要有所了解，每个睡袋上都有温标，睡袋的面料要有一定的防水功能，防止露水或者帐篷内凝结的水雾打湿睡袋，影响保温效果。

（三）防潮垫

目前，没有固定的防潮垫的模式和行业标准，能够在户外宿营时起到防潮隔凉作用的天然或人造制品都被用来制作防潮垫，便于携带和轻便是防潮垫的重要指标。

市场上出售的防潮垫基本分为两种，化工材料和充气式，都不是特别重，用少量的体积和重量营造了一个舒适的睡眠环境。有的人在进行户外运动的时候，不愿意携带防潮垫，并不是因为太重，而是体积太大。

很多防潮垫卷起来后基本有大腿粗，充气防潮垫由于要充气、排气，就会显得比较麻烦。尽管会麻烦，但最好还是使用防潮垫，直接关系到你的健康，地面冰冷会带走身上的大部分体温，寒气也会直接侵入肌肉和关节处，容易生病。

（四）炉具、食物

1. 炉具

户外活动的时候要选择安全可靠、燃料低廉、热效率高的炉具，安全、质量是选择气炉首要考虑的因素，在恶劣的环境下，配备专业的高山气罐，可以获得较高的热效率。

餐具可以根据个人爱好选择，以轻便为主，冬季最好不用不锈钢制品以免被冻伤，准备一些防风气体打火机和灯笼蜡烛，这些物品可以用来照明、取暖、点火、户外生火煮食。

2. 食物

在户外运动所携带的食物也是非常有讲究的，通常需要准备高热量、轻重量、小体积的碳水化合物和蛋白质含量较高的食物，这些食物能够在关键时刻为身体提供能量和热量。

携带的食品要考虑天气和气候因素，巧克力是较好的补充体力和能量的食物，也便于携带，但是如果你是去炎热的地带进行户外运动，那么就最好不要携带，高温会让巧克力变软。

牛肉干就是相对比较理想的食物，营养更加丰富，还可以补充体力，也不会因为天气和温度的变化而受到影响，随身还要携带葡萄糖粉、奶粉以及各种补充体能的药片。

需要注意的是，这些食品不能用来作为正常消耗的食品，主要是当食物缺少的时候用来维持生命食用。平时要多食用其他食物，不到万不得已的时候尽量作为储备食物，和水具有同等重要的作用。

三、户外生存装备

（一）安全装备

1. 绳索

在户外运动，最危险的就是高空坠落事故的发生，为了避免在户外运动中出现此类事故，就要随身携带充足的绳索，可以有效地避免高空坠落。绳索是攀登者重要的保护措施，或为操作者提供安全的平衡过渡。攀登者无论因为何种原因坠落，都能够尽最大所能地保护攀登者。

绳子由绳皮和绳芯两部分组成，绳皮是保护套，保护核心不会受到磨损，绳芯是由丝丝缕缕的纤维组成，是主要的受力部分。绳子分为动力绳与静力绳。

动力绳主要用在先锋攀登，标准长度是 50 米，直径是 9.5～11 毫米，重量 3.6～4.1 千克，弹性强。

静力绳，主要用于上方保护的攀登或下降、探洞，直径是 9.5～12 毫米，弹性弱，不能收缩。

针对不同的环境情况，综合考虑最大的承重能力、重量、冲坠次数等因素，选择不同的绳子。绳子的保管也非常重要，是对自己的生命负责，绳子要放在阴凉、干燥的地方，如果局部变硬或变软、表皮磨损等，就要立即更换。当绳子的一端毛躁时，要剪掉使用剩下的部分，但是要谨慎。

2. 安全带

在户外攀爬的时候最重要的装备之一就是安全带，保证了户外运动者的安全，安全带包括可调式和不可调式。可调式安全带主要用于开展登山、攀岩等活动，不可调式的安全带是个人攀岩常用。优质的安全带要穿戴舒适、牢固，与自己的体重相搭配选择合适的型号(图 2-9)。

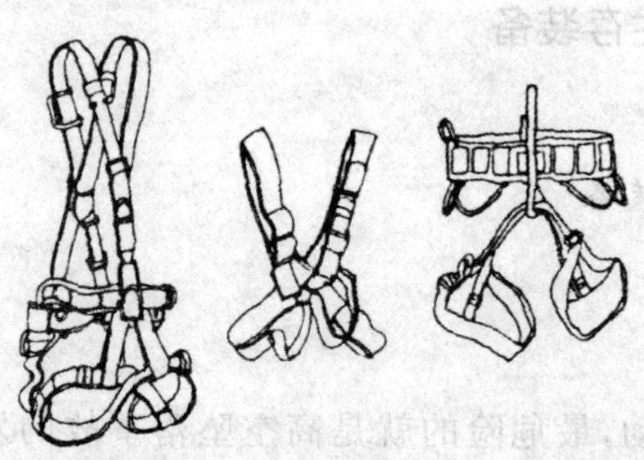

图 2-9

不同的安全带有不同的系法，系好后一定要认真仔细地检查，查看是否牢固，每次使用之前，也要检查安全带的安全性能，长时间使用安全带会出现磨损，如果发现保护套起毛或者断裂，要及时更换，避免灰尘和暴晒的情况出现。

(二)宿营装备

1. 刀具

户外活动中，刀具具有非常重要的作用，有经验的户外运动者都能够最大限度地利用刀具，刀具是每一位户外运动者的好助手，贴身携带。户外活动中需要携带的刀具分为两种,小刀和大刀。

小刀可以折叠,还配合有其他一些功能,比如开瓶器、猎人镰刀、锯子等,大刀以匕首或弯月形的大而重的短刀为首选,刀锋全长 30 厘米左右,重量不超过 1 千克,末端有木质把柄。这种刀适合砍柴,也可以用来砍一些比较粗的圆木,这些木材可以用来盖棚子、扎筏、取火,危急时刻还可以自卫、猎杀动物、剥皮使用。

2. 钳子

在户外活动中,可以带上一把小钳子,轻便,便于携带,很多时候都可以派上用场,比如在搭建庇护所时,如果拥有一把钳子和一卷铁丝,那么你将得心应手,很多户外生存刀打开后首先就是一把钳子,比单独带一把钳子要方便很多。

3. 行军锹

行军锹的作用很大,可以用来挖庇护所、排水沟,抵御动物袭击,还可以通过挖坑来收集地表水,如果长时间在户外活动,携带一把行军锹非常重要。

4. 锯子

锯子是非常好用的伐木工具,在户外搭建庇护所、生篝火、制作木筏,都发挥了很大作用,如果单独携带一把锯子确实不是很方便,现在很多组合刀具上都有短锯,如果没有组合刀具,可以携带一条钢丝锯。钢丝锯可以盘卷起来,方便携带,还可以锯断很粗的木头。

(三)灯具和信号装备

1. 灯具

户外运动需要携带两种灯具,照明用的和求生用的。照明灯具,体积小,耗电量少,重量比较轻,一般是手电筒,如果白天不用手电筒，应该把手电筒里的电池取出来，这样不会浪费电。求生灯具，主要是闪光信号灯，特别是夜间可以引起营救者的注意，及时让别人发现自己。

闪光信号灯所发出的光具有特别的颜色，一般以红、绿、蓝为主色调，亮度较高，平时不要随便使用，防止自己真的处于危险处境时，电量耗尽。

2.信号装备

在户外经常会遇到很多突发状况，有时危及人们的生命安全，需要向外界求助，信号装备的作用就是告知他人。

(1)哨子

哨子可以随时保持队友之间的联络，人们可以通过哨声确定方位，还可以通过特定组合的声音发出求救信号。

(2)气球

气球的颜色鲜艳，便于携带，在户外运动中，气球不仅可以发出信号，还可以保存怕潮湿的物品，性能优于塑料袋，即使扎眼儿，用线系好后照样可以使用。气球在关键的时候也可以用来装水、漂浮、捆绑、止血等。

(3)信号枪

信号枪可以发出信号弹，不同的信号弹色彩不同，所代表的含义也不同，使用信号枪必须要得到有关部门的批准。

(4)反光镜

小型化妆镜、汽车后视镜等都可以很好地反射光线，借助太阳光可以向过往的飞机发出求救信号。

第三章　户外运动的多元价值论

户外运动集休闲、娱乐、健身、健心于一体，内容丰富，形式多样，趣味性强，是一类对身心有益的体育运动。系统参与户外运动有助于促进身心健康发展，使运动者形成良好的体魄、心态和个性。此外，参与户外运动还能为运动者带来良好的社会发展价值，并间接促进社会和谐发展。由此可见，户外运动是现代人享受休闲、享受运动乐趣的重要运动方式。本章主要就户外运动的多元价值进行重点分析。

第一节　休闲论

一、运动休闲观

（一）传统休闲观——天人合一

休闲，是使人回归到自然状态的最有效的方式，可有效消除个体紧张与疲劳，恢复体力、智力以及情感功能。休闲不仅仅指人的一种身体状态，更是指人内心的一种感受。

休闲活动的开展往往在正常的学习、工作、劳作之外，是一种个人自由时间的放松性活动。“自由”是人参与休闲活动的一个最主要的特征，活动的“自由时间”是人需要休闲必须具体的条件，它与“束缚时间”是一个相对的概念。当前社会，人类文明高度发展，对生活质量的要求越来越高，对自由时间和活动的追求越来越迫切。

我国传统体育有着一套具有中国特色的体育哲学,我国传统体育重视健身、养生、娱乐,我国传统的休闲方式强调让身体闲静下来好好休息,弥补机体的损伤和劳累。很多传统体育项目都是在百姓的休闲活动中产生和发展起来的。

我国传统休闲体育观的产生具有一定的社会背景,受到传统经济方式和对人与自然的关系认知的影响,符合“天人合一”的要求,我国民族传统体育强调在习练过程中达到人与自然的和谐境界,而并非西方竞技体育中的不断超越、竞争。

我国传统休闲体育观是一种关注人的身心放松、天人合一的发展观念,如太极拳中的“以心会意,以意调气,以气促形,以形会神”是人与自然“心灵交通,以契合体道”追求的一个重要境界。闲来无事,在庭院中摆上棋盘,与好友切磋棋艺,输赢并不重要,重要的是身心的放松、朋友之间情感的促进;早春时节,万物复苏,郊外男女老少踏春赏花、荡秋千、放风筝,更显天伦之乐。总之,我国传统体育中,体育是一种身体活动的外化形式,活动内涵更体现了我国古人的休闲智慧。

(二)现代休闲观——回归自然

现代社会,人类已经进入文明社会,人民对生活质量的要求越来越高,越来越渴望在激烈的社会竞争中能得到休闲,让长期处于高度学习、工作、生活压力之下的身心得到一定程度的放松。

人们对休闲的认识是随着社会生活的不断发展和变化而逐渐全面、深化的,在“休闲”这一概念被正式提出之前,人们对休闲的认识并不深刻。现如今,休闲意识已经被越来越多的人所认识,现代社会的快速发展,经济愈发达,人们所面临的压力就会越大,闲暇时间的不断增多,更需要通过参与体育活动来享受快乐和疏导压力。在现代生活中,最积极有效的生活方式是让工作中没有得到活动的身体部位得到更好的锻炼。如果精心安排的“休闲活动”缺乏身体运动，尤其是如果缺乏与大自然的亲密接触，那么便违反了当前信息时代的休闲之道。休闲意识已经被越来越多的人所认识，休闲已经成为一种健康、文明、科学的现代新生活方式的明显标志。

户外运动，强调体育运动的大自然场所，能让人回归自然，把人从“工具化”的状态中解脱出来。能在一定程度上改变当前随着现代社会、经济、科技、文化等各个方面的不断发展，激烈的社会竞争将人变成工作的机器，给社会文明带来了异化的社会现实。因此来说，户外运动能真正实现人的回归自然。

户外运动是个体和群体回归自然和享受现代生活的重要方式，在户外运动的参与过程中，通过户外运动锻炼，能够使人们在自然环境下的生存能力得到进一步的提高。如果在自然环境中进行户外运动锻炼，不仅能够起到积极的健身效果，还能够减少环境污染给身体带来的伤害。由此可以看出，利用自然、贴近自然、回归自然，积极开展自然环境下的户外运动对于人们生存能力和基本体能的改善和提高具有积极的促进作用。

新时期，随着我国经济的发展，我国已经基本步入小康社会，社会主要矛盾发生了转变。十九大报告指出，“中国特色社会主义进入新时代，我国社会主要矛盾已经转化为人民日益增长的美好生活需要和不平衡不充分的发展之间的矛盾。”在这种情况下，我国人们具有了高层次的精神需求，户外运动不仅能使人们体会和享受运动之美，还有助于提高人的审美意识和能力，还能通过户外运动知识的学习丰富精神文化生活，使人们身体、精神需要两个方面都得到满足。

总之，户外运动能最大限度地让运动者远离城市的钢铁水泥，置身于大自然，增加了人的归属感和存在感，而不是在于提供实用的技术与工具或物质财富，极大地丰富了人的精神世界。户外运动将运动与休闲有机结合起来，成为现代人在紧张的生活、学习、工作之余能回归自然的一种新的健康的生活方式。

二、户外休闲与人的发展

(一)户外休闲对人身心健康的促进

当前,对现代休闲的研究,主要有三种观点,具体如下。

(1)休闲是一种做事的方法和心灵状态。

(2)休闲是为塑造人格而自由选择的活动。

(3)休闲是在处理好其他事情后最后剩余的事。

总结来看,在诸多休闲观点中,不少学者们都一致认为,"将人从必要或责任义务的羁绊中解脱出来"是休闲的最基本的内容。在大多数休闲专业的人士看来,更容易接受"休闲是生活的态度或状况"的观念。

现代社会,休闲的内容丰富、方式多样,有些休闲是有利于促进人的身心健康发展的,但另外一些休闲则不利于人的身心发展。例如,在商业利益的驱动下,一些休闲活动的粗俗化愈演愈烈,赌博、色情、吸毒是这些粗俗化的休闲活动中最负面的东西,这些东西侵占了人们特别是青少年大量的闲暇时间。此外,一些有趣看似无害的游戏,使人们得到休息和娱乐的同时,又因其高科技的吸引力和比赛得奖的诱惑,使得休闲变得单一和平面化,这种休闲在电视、网络等电子媒介的推广和宣传作用下影响广泛,但却不能称之为健康的休闲活动方式。在诸多休闲内容和方式中,户外运动休闲是最受欢迎的,也是最健康的一种休闲内容和方式。

户外运动,将个体的活动空间从室内转移到室外,在个人的健康身体发展和健康心理和个性发展方面具有重要的促进作用,激发人们潜在的欲望是开展休闲活动的目的,户外运动是使休闲变得健康的一种积极手段,因此,运动者科学参与户外运动,对运动者的身心健康发展具有重要的促进作用。通过在自然的环境中进行户外运动锻炼,能够使人们的生活和工作学习压力得到有效缓解，改善身体机能，从而达到身心俱受益的目的。尤其是具有一定挑战性质的户外体育运动能激发运动者的身体和心理潜能，促进个体自我挑战与完善。

户外运动有多种内容和形式，不同的户外运动对不同的个体的身心健康的发展促进的侧重点不同。

从个人适应社会发展和实现个人价值的角度来看，尤其是集体性的户外拓展运动参与，在促进人格的发展方面有着非常重要的作用。户外运动将个人从紧张的工作和学习状态中解放出来，以一种休闲的姿态迎接和对待运动，在运动中，与其他运动者之间的关系，与日常社会关系发生了很大的变化，如从同学、同事变成游戏伙伴、挑战者，为个人更进一步地提高社会适应能力、构建良好社会关系、提高创造力奠定了良好的心理环境。现代社会密集型的生产和对时空的高度组织、学习方式以及信息社会中高虚拟式的室内活动方式，使得很多城市的居民已经进入到了消极休闲的状态之中，产生了一种失去了拥有自己身体的感觉。户外休闲运动在增强运动者体质、意志品质培养、人际关系建立等方面均具有积极的意义，是一种积极健康的休闲方式。

从整个社会的健康和良性发展的角度来说，在未来一段时期内，户外运动的参与人数和影响范围会不断增加。随着我国体育事业的快速发展，我国普及大众健身健美活动的条件已经初步形成。一方面，中老年人对掌握低强度的有氧户外运动方法来充实自身闲暇实践的需求逐渐增大；另一方面，中青年人更为迫切地需要通过在大自然中的户外运动健身方式来缓解日常工作生活中的紧张与烦恼。户外休闲运动是现代人健康生活的新选择。

（二）户外休闲成为人们工作的目的

休闲与劳动相对应，是对立的矛盾关系。

(1)劳动是指将劳动者组织到一个社会体系中，其目标是要提供产品和服务，传统社会经济条件下，劳动更多的是为了获取生产、生活资料，是生存的重要基础。

(2)休闲是将个人的生活作为中心,使个人恢复体力,在满足人们兴趣的同时,提高人的智力。休闲带有非常明显的个人喜好,是具有特定文化特征的活动。与劳动相比,休闲是一种非常有意义的活动。

以往,休闲与劳动是相对的,且两者互为目的与手段。倡导个人生活的目的就是为了工作(这与人类早期社会生产力较低有关),作为培养劳动力服务于生产;工作的目的是为了更好地生活。人们对社会生活的理解存在很大的片面性,认为社会生活就是生产劳动,社会关系只是生产关系,从而忽略了休闲娱乐在社会生活中的地位和作用。

当前,休闲与工作并不是对立关系,休闲不是为了忘却工作,而是为了让生活过得更加美好。现代人们逐渐认识到在人的健康全面发展方面,与劳动相比,运动休闲是一种非常有意义的活动。人的劳动以及由劳动而形成的社会生产关系,其最终目的是为了更好地生活,其中就包括休闲娱乐,这是人类社会健康发展的必需环节。在现代社会,休闲是保持身心健康的必要环节,它可以看作是个人的再生产活动,通过休闲,能提高工作效率,以更好地促进个人的可持续发展。工作是为使工作富有个性和获得生活乐趣而服务的,工作的真正目的是促进人的发展而制造出更多更好的休闲,随着现代社会的快速发展和人们闲余时间的增多,人们对休闲更加重视,休闲逐渐成为现代生活中非常重要的部分。休闲,更侧重于强调从责任义务中解脱出来:休闲是你想要做的事,而不是必须做的事。休闲是工作的目的,同时也成了生活的目的。

根据马斯洛的需要层次理论[①],人的需求依据不同的条件有高低之分,人只有在低层次的需求满足之后,才会产生对高层次需求的追求和向往。这种需求的层次一定是逐层的,而一般不会发生“越层”追求。该理论中将人的基本生活需求(包括吃、穿、住

① 由美国心理学家马斯洛 1943 年在《人类激励理论》论文中提出。

等问题)是人的最低层次的需求,而最高层次的需求则为精神方面的需求。按照马斯洛的理论,当人的吃、穿、住问题得到解决之后,就会寻求精神方面的需要。现代人对运动休闲的重视,是时代的进步,利用闲暇时间进行体育活动,是人们新生活的方式。

现代休闲观念,并不是要将必要的动作免除,而是将休闲当作自我放松及自我成长的时间,并使之成为现代社会个人的一项权益。大多数人认为,个人成长的重要性要远远高于工作。因此,休闲成为生活的主要目的,工作成为支持休闲成长所必需的前提。对于工作与休闲之间的关系,应该全面和客观地进行分析,工作与人们其他活动之间的关系,是现代社会文明中人们所要面临的重大问题之一。

户外休闲运动,能最大限度地满足人们基于改善生活、工作需要的基础上更好地享受休闲,参与户外休闲体育运动,不仅能放松身心,发展身心,更重要的是让个体和群体对休闲之后再次投入生活和回归学习和工作之后,能够保持良好的激情、活力、心态,能增强生活幸福感和提高学习和工作效率,使生活、学习、工作与户外休闲有机结合起来,共同构成一个完整、健康和美好的人生。

三、我国传统户外休闲活动

(一)传统休闲体育与自然经济

在古代,区域间的交通信息不便,我国的不同地区的经济生产方式不同,但都属于自给自足的自然经济,形成了与本地的生产生活方式有着密切的不同类型和内容的户外休闲运动形式和内容。

1. 传统体育与农耕经济

在我国各水域的周围形成了不同的农耕经济带,如我国黄河、长江和珠江中下游流域和我国南方水域丰富的一些地区，这些地区具有气候温和、土壤肥沃的特点。以农耕为主要生产生活方式，受农耕经济的影响，这里的传统体育也逐渐具有了与农耕经济生产方式有关的体育活动形式与内容，并逐渐形成了具有农耕特色的户外体育运动，具有代表性的有：赛走马、赛走骡等、打陀螺、拔河、拉棍、扭杠、顶壶竞走等。

2.传统体育与采集狩猎经济

我国不少依水而居、依草而居的少数民族地区，这些少数民族以采集狩猎为主要生产方式，如佤、德昂、布朗、独龙等族，对于这些少数民族来说，狩猎是一种战胜大自然、克服恶劣环境、战胜野生动物的重要手段，并以此来生活和生存，因此狩猎受到广大少数民族的重视。与狩猎相关的传统体育项目主要有跑、跳、投、攀、射、骑等，具有代表性的体育项目有射箭（彝族）、射弩（苗族）、打飞棒（土家族）、打弹弓（景颇族）、飞石锁（纳西族）、爬犁（赫哲族）等。

3.传统体育与畜牧经济

我国北部和西部地区是辽阔的山地高原地带和广阔的草原，适合牧草的生长。这里的少数民族蒙古族、维吾尔族、哈萨克族等的生产方式以游牧畜牧业为主，少数民族的生活都与马匹息息相关，如赛马、套马、赛骆驼、叼羊、射箭、姑娘追等。

我国不同地区、不同民族的依托自然经济的体育运动多在户外开展，诸多户外休闲运动极大地丰富了我国百姓的生活。在农闲之余，百姓们通过参与这些户外运动来锻炼身体、愉悦身心。

（二）传统休闲体育与节庆民俗

1.传统体育与生产生活习俗

生产生活习俗是民俗的非常重要的一种，我国传统体育休闲活动有很多是从民俗活动中转化而来的。

在我国古代，许多地区和民族的休闲体育活动都具有民俗性质，这些不同的地区、民族体育项目内容和形式不同，但大多数都与生产劳动有较大的关系，这一点在前面所说的体育与生产经济密切相关有充分体现。我国与劳动生产、日常生活习俗有关的传统体育，代表性体育活动主要有：赫哲族的“叉草球”，回族、蒙古族的“赶羊跑”。

此外，在各种传统劳动生产、日常生活习俗中，舞蹈也是一种比较特殊的传统体育活动，是各地人民休闲的一种重要方式，如迎客舞、饮酒舞等。

2. 传统体育与民族婚俗

我国相关史料记载，我国许多民族中现存的体育运动与本民族历史上曾经存在的婚姻习俗关系密切。一些传统体育活动对于男女婚恋具有较好的媒介作用，如布依族的“丢花包”、哈萨克族的“姑娘追”、瑶族的“抛花包”、壮族的“抛绣球”和苗族的“赶秋”“荡秋千”等。

各地区和民族传统婚俗相关体育活动的开展，让参与其中的男女在娱乐的同时，增加相互接触的机会，满足他们自由婚配的愿望。

3. 传统体育与节令、节庆

传统体育的传承和发展需要一定的载体，而年节就是这样的载体。我国传统节庆活动极大地影响了传统体育的发展，促进了传统体育内容和形式的多样化。我国传统节令、节庆与传统体育二者关系密切，在相互影响、相互融合中共同发展。

当前，我国传统年节中比较具有代表性的主要有：汉族春节和端午节、藏族的藏历年、傣族的泼水节、侗族春节、仡佬族春节、水族端午节等。“春节”的“舞龙”和“舞狮”、正月十五观灯、端午龙舟竞渡、“重阳节”的登高、“火把节”的“赛马”和“摔跤”、傣族泼水节的龙舟赛和象脚舞等都是重要的传统体育活动，给当地的百姓带来了丰富的精神文化生活，也增添了节日气氛。

四、现代户外休闲运动新形式

（一）休闲体育运动融入现代生活

休闲是一段闲暇、一种娱乐活动、一种愉快心境的共同体，它是健康生活方式的重要组成部分。在现代社会，休闲体育运动已经成为现代社会生活方式的一个标志性的内容，它融入人们生活中是社会发展的必然趋势。

休闲，影响现代大众健康观念、融入现代人的日常生活，益处颇多，具体如下。

(1)休闲体育可促进人体健康。运动有利于人体健康，休闲体育作为健康运动的一种，自然也不例外。

(2)休闲体育可降低疾病的发生率。大量的实验研究证明，经常参与休闲体育运动能有效降低心脏发病猝死的概率，经常锻炼能增强心脏功能，预防和减少患高血压、高胆固醇症和肥胖等疾病危险；同时可以改善糖尿病、骨质疏松症、关节炎、情绪波动等病症。因此休闲体育运动融入人们生活中是社会发展的必然趋势。

(3)休闲体育活动能满足人们运动和享受生活的需求，并使这两者得到最完美的结合。休闲体育活动对个人发展、社会发展有着基本的价值。在以休闲为中心的社会，闲暇时间的增加，可能会对个体和社会的休闲质量产生影响。在高质量的生活中，休闲体育是对健康人生有价值的、可靠的投资，让社会大众拥有和享受休闲体育生活是一个国家社会进步的重要标尺。

(4)休闲体育活动能提高人们生活质量、提升百姓幸福感。一般地，高质量的生活是指有意义的、有效的、有趣的、富有的生存。这种生存是基于人的满足感、自由感、履行感、满足感。体育运动能有效提高人的生活质量，满足个人的身体、精神、社会发展需求，人们可以通过闲暇时间的高效利用来促进生活质量的提高。并在体育参与过程中实现自我发展和在集体中的个人价值体现，使人们能在愉悦自身的同时，获得交往、认同、归属，进而提升幸福感。

（二）休闲体育运动的特点

1.内容形式丰富

休闲体育娱乐活动是人们在闲暇时间里以个人的方式从事的活动。因此，休闲体育娱乐既可以是单独的活动，也可以是集体活动；可在室内、可以在户外。

就户外休闲体育运动而言，根据不同的运动内容和形式，可以将户外休闲体育运动分为户外冰雪运动、户外拓展运动、户外高空运动、户外水上运动。这些内容丰富、形式多样的户外体育运动能满足不同人群的户外休闲需求。

2.要求不高

休闲体育重在休闲体验，而非技能发展和提高，因此，和竞技性体育运动相比，休闲体育娱乐活动没有过高的要求，只要有运动欲望，即使运动者以前从来没有接触过，也能很快熟悉技能并积极参与到休闲娱乐活动中来。

在这里需要特别提出的是，对于一些户外登山、攀岩、潜水的发烧友来说，往往具备较高的专业运动技能，而这些技能的学习是源于自身对某项户外运动热爱的需要，而非强迫性的运动训练，学习过程不带有功利性。对于普通人来说，即使没有这些专业技能，也可以在专业技术人员的陪同下完成休闲体验。

3.选择性强

现代休闲体育内容丰富、形式多样，任何一个人都可以根据个人的爱好和兴趣来选择适合自己的运动形式。同时,人们还可以寓工作于娱乐,在交往中增进自身的亲和力和凝聚力。

休闲运动不同于体育运动训练,长时间进行竭力运动是不被提倡的,运动者在活动内容、时间、工作闲歇等的选择上,多是在茶余饭后、早晚闲暇时间、节假日开展,可结合自身需要选择相应的休闲体育运动内容和形式。

4.消费成本低

随着现代社会经济的快速发展,生活节奏的加快,现代人的工作和生活呈现出快节奏、高效率的特点。在进入社会经营性场所后,许多休闲体育娱乐活动需要收费,如健身房、游泳馆、滑雪场等。这对普通老百姓来说,因为经济条件的限制而不能经常坚持参与。休闲体育娱乐活动对场地、器材要求不是很高,如放风筝、登山、自行车等,在田间、广场或公园都可以进行。

(三)现代时尚交往新方式

现代社会,随着市场经济的发展,人们交往的空间不断扩大,感情通融和交流的需要日益加强,感情沟通的工具和方式也是多种多样的。传统的请客吃饭的社会交往方式使很多人苦不堪言,逐渐被人们所淘汰,但事实上许多人认为这简直是一种苦不堪言的负担。于是,一种新的生活观念应运而生:请朋友"出汗"要比请吃饭更有利于身体健康,更有益于交流感情。人们开始离开烟雾弥漫、酒气熏天的饭桌,走向健身房、走向运动场、走向空气新鲜的野外。

人们对健康认知的提高也是休闲体育活动日益受到人们喜欢的一个重要原因,现代社会,人们更加追求健康,尤其是处于社会上层的精英们,无论是谈生意还是日常社交,更倾向于换上一身休闲装,到度假村打上几杆高尔夫、一起相约去爬山健身。或整个公司组织员工参加户外拓展,增强集体荣誉感和凝聚力,在运动中消除交际障碍与隔阂,交流情感,增进亲密感,增加互信。

实践表明，在大自然的蓝天白云下，绿色草地上，在参与户外休闲运动的过程中，或谈笑风生、或相互鼓励、或协作挑战，都能提高人的品位和增加生活情趣，进而促进交流和合作，实现多元共赢。

第二节 娱乐论

一、运动与娱乐

（一）身体运动的娱乐原欲

用肢体语言来表达情感是人与动物的共同特征，他们或手舞足蹈、或欣喜若狂，这都是一种由人的身心需要所引发的活动，它对于维持生命所必需的活动过程并没有直接的帮助，也不追求直接的功利目的。在早期人类社会，个体的原始娱乐属于自然娱乐形态，早期人类在阳光下追逐，在风雨中打闹，以获得强烈的快感。这样的活动满足了动物本身的活动欲望，被称之为“娱乐原欲”。

“娱乐原欲”在原始社会表现得更为单一和纯粹，原始人类的身体练习只是满足和享受这些活动所带来的快乐和愉悦，并不直接服务于生存的需要，而是一种人类初期智能和体能开发的表现形态。一旦个体基本的生理需求得到满足后，其“娱乐原欲”就可能通过身体活动得以充分地表现出来。原始人类的原始娱乐文化形态大体上属于自然娱乐形态，属于人类社会低级开发阶段的产物，同人类原始思维方式相适应。因此，早期的人类的娱乐文化还不能成为一种独立的文化形态，而仅仅是一种人类初期智能和体能开发的表现形态，而这些表现形态都深深地渗入了那个时代的一切人类活动之中，特别是经济、宗教、战争、性爱等。以宗教为例,原始宗教下的巫术和图腾是原始人类认知有限的产物,巫术和图腾代表了原始意识中两种不同的类型,通过巫术和图腾来联系人与神灵、人与自然,寻求人类和睦相处并福佑人类。于是便产生了各种娱神、慰神仪式和活动,这些娱人和娱神的活动内容和形式,都主要是通过肢体语言来呈现的。

(二)娱乐是体育运动的基础

运动使人快乐,通过参与运动,不仅能促进人体分泌内酚酞物质让人感觉到快乐,同时,通过专注于运动本身,能让人暂时忘却烦恼,此外,通过运动中身体和心理能量的释放,也能帮助个体排解不良情感和情绪。因此来说,运动在早期人类社会发展之初,其运动与个人的情感体验的价值就得到了人们的关注和重视,也因此,很多运动都起源于游戏,人们喜欢某项运动而去从事该项运动,也是源于对自身身心娱乐需要的满足。

首先,绝大多数体育运动都是从身体游戏发展而来,游戏的产生正是人们娱乐的表现,娱乐需求为体育运动的起源、产生、发展奠定了重要的基础。

其次,兴趣是引导个人体育行为的一个非常重要的要素,而兴趣本身就是一种娱乐需要。身体娱乐的目的是为了个人健康,随着人们对身体娱乐的价值的认识的加深,娱乐促进健康的作用,更加得到社会的广泛认同。

目前,体育娱乐观念已经深入人心,与其他娱乐活动相比,体育娱乐具有自发性(兴趣)和结果不确定性的特点,也正因如此,才有越来越多的人关注体育运动。体育运动拥有十足的娱乐功能,这种体育运动的娱乐功能,或者说是娱乐价值就成为其备受关注、群众基础广泛、参与人数多的重要原因之一。体育运动能满足广大民众文化生活的需要,欣赏体育运动也能直接影响人的心理,进而使观赏者获得一种愉悦和满足。在体育运动参与过程中,运动者自娱自乐,自身技术的改进、运动水平的提高都会给本人以很大的心理满足,使身心都得到健康发展;运动过程中,通过不停地移动和身体姿势的变化，都使运动者在亲身参加活动中直接体验娱乐欢快的价值。此外，观看运动游戏和比赛，可以起到欣赏、消遣、娱乐和振奋作用，是人们追求精神享受的一种重要和有效形式。总之，个体在轻松、愉快、自由自在地从事或观赏体育活动或游戏过程中，释放压力、愉悦心情、享受运动乐趣。

二、户外运动的娱乐特性

户外运动是现代人休闲娱乐的重要形式，内容丰富和形式多样的户外运动，运动量和运动负荷可控、运动形式多样，运动时间不限，更重要的是可以避免竞赛的紧张感和因失败而产生的消极心理，无论在精神上还是体能上都不存在任何压力。运动者可以根据自己的需要，随时、随地，以任何形式开展户外运动、娱人娱己。

户外运动的娱乐特性具体表现在以下几个方面。

（一）身体娱乐

身体娱乐能促进身体的健康。通过参与各种体育活动与游戏，可令人在轻松的体育活动环境和氛围中获得身体的良好发展。身体娱乐更强调身心的健康、和谐发展。

现代社会，我国重视民生发展、重视社会大众生活质量和幸福感的提高，在这样的社会背景下，更充分认识和利用体育的娱乐作用，扩大体育运动在人们中的影响力，让体育运动扎根人们的日常生活，使人们在闲余时积极参与体育运动，让体育运动成为人们休闲娱乐的必不可少的内容。

户外运动项目，内容丰富、形式多样，这为身体娱乐提供了广阔的天地。新的运动项目、新的体育锻炼新形式都在不断地出现，并将获得较快的发展。人们从事自己所喜爱的各种内容和形式的户外运动，进而在运动中愉悦身心、增进健康。

（二）心理娱乐

运动使人快乐，体育活动能刺激身体内啡肽的产生令人心情愉快，同时还能给人们带来愉快的情绪体验。研究数据显示，跑步 20 分钟，可促使脑部分泌内啡肽，内啡肽是一种像吗啡的化学物质，可令运动者产生“天然的舒畅感”。而良好的心理状态，又是促进身体健康的基本条件。

运动生理学和心理学共同研究表明，运动可以改变人类脑部化学结构，对治愈忧郁症具有明显的效果。所以，与从事身体对抗剧烈的竞技运动相比，人们更愿意选择那些充满乐趣的身体娱乐活动。这正是人们愿意选择那些充满乐趣的体育娱乐活动的重要原因。

户外运动在大自然环境中开展，在运动环境上能使人的身心最大限度地放松，在运动过程中，也能最大限度地排解运动者的不良情绪，使运动者在运动中释放不良情绪，同时建立健康和积极的情绪，尤其是户外运动中的许多项目，如水上运动、高空运动，是运动者在日常生活中接触不到的，参与这些运动，更能让运动者心旷神怡。

（三）文化娱乐

人们闲暇时间的合理与否，是整个社会经济发达与否的标志之一。为了丰富人们的文化生活，提高人们的幸福指数，我国政府在遵循科学的劳动方式的基础上，制定了每周 5 天工作和 3 个长假期制度，为人们参与和享受更多的休闲时间与生活奠定了基础。

现阶段，随着我国社会经济的不断发展，人们的物质文化生活水平都得到了很大的提高和改善。十九大报告中，“我国社会主要矛盾已经转化为人民日益增长的美好生活需要和不平衡不充分的发展之间的矛盾”，人民对“美好的生活”的追求不仅表现在物质方面，也表现在精神方面，应该看到，我国人们日益增长的精神文化需求，针对此，可以从经济、行政手段、法律手段等方面，实现社会的民主、法制、安全、环境等方面的日益改善，更重要的是，通过文化引导的作用和人文关怀的力量来推动社会的进步，给大众带来切实的幸福感。

十九大以来，我国更多地开始强调发展大众体育，提倡休闲生活，我国社会进入新的发展时期，有必要充分发挥体育娱乐的作用，通过参与各种户外运动活动，满足人们休闲娱乐的需要，使广大人民群众享受更加丰富多彩的文化生活，从而不断提高人们的身心健康水平和幸福感。

三、户外运动娱乐价值的实现

（一）政府政策引导

户外运动具有娱乐特性，为了更好地发挥户外运动的娱乐价值，就必须鼓励更多的人参与到户外运动中来，才能真正体验户外运动所带来的快乐运动体育，对此，政府应加强政策引导。

(1)政府应合理规划和布局体育运动硬件设施，在全社会范围内，营造良好的体育物质环境氛围。

(2)政府应引导大众传媒加大对户外运动的宣传，在整个社会营造社会大众积极走出钢铁水泥丛林、走出格子间，到大自然中参与户外运动的意识。

(3)政府应加强对不同地区户外运动发展的调控，鼓励不同地区建立特色户外运动文化。

(4)规范户外运动的发展市场，确保运动者安全。

（二）加强娱乐教育

从学校和社会两个领域，加强户外运动娱乐教育。

1. 学校户外运动娱乐教育

(1)在学校开展户外运动教育课程，使学生掌握户外运动的基本知识与技能。

(2)在户外运动教学中增加专门的娱乐教育的内容。通过让学生广泛尝试,提高学生户外运动参与的积极性。

(3)结合学生特点和学校条件开展户外运动教育,确保学生户外运动参与过程中的运动安全。

2.大众户外运动娱乐教育

(1)加强大众户外运动教育宣传。

(2)建立和完善大众体育运动娱乐教育服务体系,依靠社区、俱乐部广泛开展有组织、有计划的户外运动。

(3)规范营利性健身俱乐部的户外运动活动开展。

(三)加大宣传力度

当前信息时代,推广户外运动,吸引更多的人参与户外运动、体验户外运动乐趣,应加大宣传。

(1)增加户外运动类电视广播节目的播出频率。在形式多样的大众媒体中,电视是人们获取信息的最主要渠道。而互联网时代,人们更多的信息都从网上获取,因此,电视、广播、网络平台的户外运动节目能提高大众户外运动参与兴趣。

(2)制作短片宣传户外运动娱乐价值,在官方和小众媒体平台,重复播放使用的与宣传户外运动娱乐有关的短片视频,加深人们对户外运动的娱乐认知。

(3)推广户外运动赛事和文化活动。通过广泛开展户外运动赛事和户外运动文化娱乐活动,使户外运动始终在大众生活中保持热度,使关注和参与户外运动成为一种时尚。

第三节　健康论

一、现代健康新观念

(一)现代健康新概念

人类社会一直以来都非常注重人的健康发展,随着社会的不断发展,对“健康”的认识也在不断演变、深入。

1946 年,WHO① 将健康定义为:“健康是指身体上、心理上和社会适应等方面完美的状态,而不仅仅是没有疾病和虚弱。”随后又增加了“道德健康”内涵。1984 年,WHO 提出健康新概念:“健康不仅仅是没有疾病和不虚弱,而且是躯体上、心理上和社会适应能力上三方面的完美状态。”此后,WHO 又先后提出了道德健康和生殖健康。

目前,关于健康,已经建立了五位一体的健康理论体系,具体包括以下内容。

(1)身体健康:生理健康即躯体健康,是指人体的结构完整和生理功能的正常,是其他方面健康的基础。

(2)心理健康:心理健康有狭义和广义之分,狭义的心理健康指没有出现各种心理障碍及问题,广义的心理健康包括狭义心理健康,还包括心理调控能力,心理发展能力等。

(3)社会健康:又称社会适应健康,是指一个人能调节心理以适应社会环境和社会环境变化。

(4)道德健康:指个人的思想品德和人格自我完善,具体是指个人对是非善恶美丑的正确判断和自我思想和行为规范。

---

① WHO(世界卫生组织)是联合国下属的一个专门机构,总部设在瑞士日内瓦,只有主权国家才能参加,是国际上最大的政府间卫生组织。

(5)生殖健康:指生殖系统及其他功能和在整个生殖过程中的体质、精神和社会适应性等方面的良好状态。

(二)现代健康新标准

1. WHO 健康新标准

(1)精力充沛,从容应付日常生活和工作。
(2)处世乐观,态度积极,乐担责。
(3)善于休息,睡眠好。
(4)应变能力强,能适应环境变化。
(5)具有良好的疾病抵抗力。
(6)体型匀称,体重适当,身体各部分比例协调。
(7)眼睛明亮,思维反应敏捷。
(8)牙齿清洁,无损伤,无病痛,齿龈无出血。
(9)头发光泽,无头屑。
(10)走路轻松,肌肉、皮肤富有弹性。

2. 日常健康新标准

在日常生活中,人们总结了健康的一些标准,并对健康标准进行了归纳(表 3-1)。

表 3-1 日常健康新标准

健康标准	内容	
生理健康标准	快食	胃口好,吃饭迅速,不挑食
	快语	说话流利、表达清晰、思维敏捷
	快走	行动自如、步伐矫健、精力充沛
	快便	肠胃好,大小便通畅
	快眠	入睡快,睡眠质量高

续表

健康标准	内容	
心理健康标准	个性好	心地善良，乐观，谦和
	处事能力好	沉浮自如，沉着冷静
	人际关系好	温和，助人为乐，与人为善
道德健康标准	是非观和价值观正确	对是非、善恶、美丑、荣辱等能做出正确的判断
	遵守公德	遵守社会公认的道德标准和准则
	仁爱	关爱老、幼、病、残，亲和万物，珍爱生命
	有责任感	对他人、集体、社会和国家都有较强的责任感

二、健康的影响因素

（一）遗传因素

遗传是影响人体健康的先天因素，它是指自然界中的各种生物通过一定的生殖方式，将遗传物质传给下一代的一种生物现象。遗传是决定或限制健康表现的直接原因。目前，已经发现的遗传病达到 5 000 多种。随着科学技术的发展，各基因功能的明确，遗传病是可以治愈的。

从遗传学的角度分析来看，遗传因素直接影响个人的体质健康水平。生物学家认为，身体机能之中有 60%～70%是由遗传因素决定的，个体从父母遗传的先天机能是身体发展的重要基础。先天遗传体指标中的肺活量、立定跳远以及台阶指数等都对体质健康具有很大的影响。

（二）营养因素

营养与健康密切相关。合理的营养是保证个体身体健康的重要因素，也是促进个体健康的重要手段。但这里需要特别指出的是，营养过量和不足都会导致疾病发生。

现代人重视营养补充，但也对营养摄入存在一定的认识误区，例如，一些女性节食减肥，导致营养摄入不足，诱发各种营养缺乏病；一些青少年喜欢快餐的口感刺激，大量摄入，导致营养过剩和失调，各种"文明病"，如肥胖症、糖尿病、心血管疾病等多发。就个人的健康成长而言，科学营养摄入非常重要。

结合个体身体状况，营养摄入因人而异，就正常成人来说，合理营养应注意以下几点。

(1)每天摄入的热量是否能维持正常的生理功能。

(2)摄入食物中的营养素比例合理。根据食物热量计算，人均蛋白质、脂肪、糖类(碳水化合物)三大营养素摄入的适合比例为 3∶4∶13。

(3)各种微量元素丰富、比例合理，饮食多样化。

(三)卫生保健

卫生保健包括预防服务、治疗服务、康复服务等几个方面，卫生保健服务质量优劣，与个人和社会健康息息相关。

现代社会，各种文明病高发，生态环境的恶化也导致多种新的疾病的发生率大大提高，因此，对于个人和社会大众来说，重视卫生保健工作的开展，能有效保障身体基本健康。

(四)医疗资源

健康需要医疗卫生资源做物质支持，日常生活中，个体在考虑其健康问题并作出行为选择时，都可能受到卫生资源的制约。例如，在缺医少药的贫困边远地区，由于条件的不同，卫生医疗机构不健全，医药资源短缺，各种疾病得不到有效的预防和治疗，往往成为疾病多发地区。

(五)运动行为

众所周知，运动使人快乐，运动使人健康，这充分说明了运动在促进个人身体和心理健康方面的重要作用。同时，运动中的丰富的情感体验以及与同兴趣爱好人的交往，还能促进运动者的社会适应能力的发展和提高。由此可见,通过参与运动所获得的健康是较为全面的健康。

需要特别提出的是,运动对健康的促进必须建立在科学参与运动锻炼的基础之上。以运动促进个体的身体健康为例,运动量过小,体内的各组织器官得不到应有的刺激,达不到强身健体的目的;运动量过大,身体可能因承受过重的负荷而受到伤害。科学运动是促进个体健康的基础。

(六)生活方式

良好的生活方式对于个人的生理健康、心理健康、社会健康具有重要的影响。

就生理健康来说,不良的生活方式可能会导致各种疾病的发生,如过度熬夜、吃快餐、暴饮暴食、吸烟、酗酒甚至吸毒等生活习惯,对人的身体健康和寿命造成严重的损害。

就心理健康和社会健康来说,人们的生活习惯各不相同,良好的生活习惯能够有效促进个体健康成长,不良的生活习惯则容易误导个体心理,产生心理障碍和疾病,进而影响正常的社会生活。例如,一些人沉迷于电子游戏、网络交友,对虚幻世界的认识和现实难以区分,很容易产生自闭、暴力等不良行为,影响自身和他人的正常生活和健康发展。

(七)环境因素

对于个人的健康发展来说,环境因素是多方面的,这里主要从以下三个方面进行分析。

1.自然环境

自然环境是人类赖以存在和发展的物质基础。个人和社会健康与自然环境的良性发展息息相关。

自然环境对个体的身体健康有重要影响不难理解,举例来说,由于地理或地质等原因,有些地区的土壤或水中存在过多或缺少某种元素,可导致生活在该地区的人们体内某种微量元素过多或过少,造成地方病,如大脖子病(地方性碘缺乏疾病)。再有就是当前环境污染所造成的各种疾病的多发。

当今,人们逐渐意识到环保的重要性,为了自身的健康、可持续发展和整个人类的可持续发展,保护环境非常重要。

2. 家庭环境

家庭环境因素,主要是指家庭的饮食习惯、父母的道德情操和运动习惯、生活习惯等对家庭成员的影响。

(1)运动观念影响:家庭运动对家庭成员参与体育行为、提高体质健康水平有重要影响。目前,很多青少年的家长将他们对于孩子教育的关心与照顾局限于生活与物质方面,忽视了青少年意志品质培养,造成了青少年群体娇生惯养、怕苦怕累、体能低下、抵抗力低。

(2)家庭氛围影响:家庭和谐,有利于青少年儿童心理健康发展。家庭和睦对于青少年儿童的良好个性具有重要的影响作用,尤其是父母的日常行为、习惯、作风以及父母之间的相处模式与关系直接影响孩子的心理发展。试想一下,一个经常发生争吵和暴力的家庭,孩子的心理必然也是不健全的。

(3)家庭成员行为习惯影响:在家庭中,家庭成员的一些不良行为习惯,也会影响其他家庭成员的身体和心理健康。如吸烟的不良行为,可导致其他家庭成员吸二手烟,这比直接吸烟行为对身体的损害更大。

3. 社会环境

(1)社会心理

社会心理影响人体生理和心理健康。人体自身的最有助于健康的因素是良好的情绪,持久强烈的“致紧张因素”的刺激可使个体失去心理生理平衡,诱发各种疾病。

(2)社会道德

社会道德对健康有重要影响。分析来看,一个国家和一个民族的健康水平与素质高低,与社会道德密切相关。例如,随地吐痰必可导致结核病高发。

(3)社会教育

教育是个人和社会发展的重要基础,个人和社会大众的卫生习惯和良好行为的养成,自我健康和缺乏自我保健意识的建立,往往与人们的受教育程度相关。

在我国,就青少年群体来说,长期以来,在应试教育下,强调分数、强调升学率,学生群体为了应对文化课考试,把大部分的精力投入到文化课学习与作业中,缺乏体能锻炼,高分低“能”(这里指体能)的现象十分普遍。

(4)社会文化

传统文化因素可影响个人和群体的健康。从宏观方面来说,每个民族都有传统文化与习俗,饮食、生活起居、嗜好、服饰等传统文化习俗,强烈地影响着人们的道德观念、信仰和健康行为。

现阶段,进入信息社会,互联网文化对人的健康影响日益加剧,随着互联网的不断发展,我国互联网用户所占的比例逐年增加,越来越多的人沉迷网络游戏,终日抱着手机各种瘫坐在家里,严重缺乏有效的户外运动,体质和心理受到摧残。

(八)心理因素

心理健康是健康的重要内容之一,心理因素对健康有重要影响。个体的不良情绪、情感会影响个体的健康发展。

对于健康的人来说,心理因素所产生的不良情绪、情感会影响个体的健康发展。从影响个体体质健康的自身因素看,影响个人健康的因素的重要性排序依次为:“压力大”、运动锻炼不够、睡眠不足、营养不均衡、生活习惯、遗传因素。

对于患病者来讲,在治疗疾病的过程中,心理因素也会起到一定的辅助作用，主要表现在两个方面：一方面，良好的自信心可以消除疾病治疗顾虑，树立与疾病作斗争的坚强信念，促进身心恢复；另一方面，坚持心理疗法可以有效治疗由心理因素、情绪因素引起的疾病，即消除患者的消极心理因素，促进以积极的心态去正确对待自己、他人和周围事物，从而实现人格健康。

三、户外运动与健康

（一）户外运动的参与必要

在户外运动中，人们恢复了体力、精力，身心也得到了愉悦，同时也促进了社会交往，提高了社会适应能力。可以说，户外运动作为一种新的体育生活方式，是缓解亚健康状态，促进全体人类的健康的重要途径和方法。

（二）户外运动的健康促进

当前社会，“文明病”多发，与传统疾病相比，“文明病”的发生的原因特殊而复杂。在“文明病”的疾病预防和治疗方面，户外运动干预的预防和治疗，与医学相比，更加安全、有趣，病患者接受度高，而且治愈效果不错。

户外运动可促进人体健康，经常参与户外运动锻炼，能有效增强个人适应外界环境的能力，能有效提高体质水平、愉悦身心，养成良好的生活习惯和生活方式，有效抑制社会“文明病”的发生，促进身心健康发展。同时，在户外自然环境中运动，可改善心理，有助于疾病康复。

第四节　游戏论

一、体育是游戏的系统化

游戏是一种古老而又普遍的社会文化现象，其在历史源流、形式及作用等方面与体育活动联系密切。[①] 运动作为一种社会文化现象，是全社会最重要的教育、娱乐活动。

在原始社会，人类所有的身体活动都是为生存服务的，后来随着人类劳动的进步和意识的发展，人们终于把自己身体的健康、强壮和优美作为文化目的，从而产生了体育。人的体育活动参与与动物的运动游戏有着本质的区别。

作为一种社会文化现象，体育的每一步的演进和发展，是由人类自身创造的，同时，又标志着人类自身的进步。随着人类社会的不断发展，现阶段，人们参与运动，更多的是享受运动乐趣，运动参与不强调技能提高，而更加重视游戏性的参与。

二、游戏的身体运动观

（一）运动的游戏冲动

席勒认为，感性冲动与形式冲动二者相互对立，是唤醒一种新的冲动形式，是"游戏冲动"的根源。

以巴西足球为例，足球是巴西人民生活的重要组成部分，巴西人民参与足球更多的是在积极而热切的状态下享受足球，这是源于内心对足球运动的喜爱，是一种自然而然生发出来的感性冲

---

① 李晓栋. 对当前学校体育活动游戏性缺失的反思——基于西方游戏论的视角[J]. 搏击，2013(6).

动。巴西足球职业化程度高，但人民参与足球并没有功利化，而是融入了自身对足球运动本身的运动形式冲动，这便是运动的游戏状态，是游戏冲动下的人对运动的需要。①

（二）运动手段论

运动手段论认为，运动的目的在于运动之外，它是用来培养某一特定条件下所需要的人才的一种手段。

在古代，人们参与运动，更多的是为了进行军事训练和劳作，在生产力低下的时代，人类的运动参与带有很大的生存性质、政治色彩。

在现代，生产力高度发达，经济发展迅速，人民参与运动的功利色彩、政治色彩逐渐淡化，更多的是源于内心对运动的需要，运动是获得休闲和娱乐的重要手段。游戏化的运动，将各种体育运动内容和形式简化、多样化，能满足人们参与即可获得快乐的需求。

（三）运动目的论

运动的目的论是相对于运动的手段论而言的。19 世纪，欧洲大陆采用体操制度，英国人提倡竞技运动、乡村运动和娱乐，动摇了运动手段论。19 世纪后期，以游戏为主要特征的身体运动目的论思想广泛流行，为运动娱乐的理论发展奠定了基础。

从运动参与需求角度来讲，人们参与运动，是为了满足自己的某种和某几种需要，这些活动本身没有独立意义，它们只是为了满足个体需要而存在的必要手段。而如果某种活动参与仅仅具有手段意义，则活动的参与过程就会让个体产生负担。如为了健身不得不参加运动，则运动的乐趣就会减少，强迫性相对增加。

为了解除个人负担，人们开始强调运动的艺术性和游戏化，使得那些作为手段的活动本身具有一种乐趣，个体的运动参与可

① 杨韵.西方哲学游戏论视域下的体育本质解释[D].南京师范大学，2015.

以独立于原先目的之外的意义，使手段变成目的。人类活动的本质在于发展自身的能力，游戏能以最直接的感性方式使个体通过参与运动实践，实现对参与游戏、取悦自己的向往。

户外运动和一般健身锻炼不同，更强调在户外运动中的个人感官和情感体验，人们通过参与户外运动娱乐活动，享受游戏式的快乐，“顺便”促进健康，促进自我全面发展。

三、户外运动的游戏价值解析

个体参与游戏，更重要的是享受游戏体验的过程。户外运动娱乐活动充分满足了个人的这一需求，现代户外运动事业和娱乐休闲运动的发展充分证实了人们对于游戏放松的需求。

作为一种社会文化现象和重要构成内容，户外运动被纳入到社会生活体系中，在很大程度上反映了社会大众的运动价值观的变化，关注运动休闲和娱乐，强调运动参与的快感的获得，标志着社会大众对运动参与的认识的成熟，也标志着现代人对生活质量和幸福感的要求的不断提高。

有学者指出，继农业经济、工业经济、服务经济之后，体验经济已逐渐成为第四个经济发展阶段，所谓体验，就是以商品为媒介，激活消费者的内在心理空间的积极主动性，引起胸臆间的热烈反响。在体验经济时代，以健身运动与娱乐为特点的体育消费成为新的经济增长点。就我国而言，当前各种户外运动的开展，其活动主题和关注点主要是在运动娱乐方面，当前，人们的闲暇生活方式发生了巨大变化，以余暇运动为特点的身体娱乐和消费也蔚然成风。对于各种健身俱乐部和体育旅游市场主体来说，户外运动参与成为一种娱乐消费卖点，社会大众参与户外运动，也正是看中了户外运动的这种游戏性质。户外运动娱乐成为文化消费的宠儿。

人们参与户外运动活动，是对不同角色的游戏体验。在不同的户外运动中，运动者更像是大自然的探索者（潜水、漂流等）、挑战者(攀岩、滑冰、滑雪、热气球等)、解密者(洞穴探险、沙漠徒步等),在不同的户外运动体验中,运动者的情感需求得到了满足,情绪得到了释放,产生与大自然的共鸣和人生感悟。户外运动是一种冒险和刺激的娱乐游戏。这正是现代人在日常生活中体验不到的,也是现代人喜爱户外运动的一个重要原因。

第四章　户外运动教育价值的挖掘与彰显

户外运动作为一种新潮的休闲运动，大多数带有探险性、挑战性和刺激性，属于极限和亚极限运动。户外运动使人拥抱大自然，战胜自我，其中体现着对人生的教育价值与意义。本章就来探讨户外运动教育价值的挖掘与彰显。

第一节　户外运动教育的理论基础

一、运动教育模式理论

（一）运动教育模式的理论基础

运动教育模式由美国体育教育家西登托普创立，这既属于一种课程模式，也作为一种教学方法，其目的是向学生提供一种真实且具有普遍教育意义的运动经验。

为明确运动教育模式的本质与内涵，本书从哲学、社会学、心理学这三个层面对运动教育模式的理论进行描述。

1. 运动教育模式的社会学基础

(1)角色论

在社会心理学的研究中，“角色”特指个体在特定的社会环境之中所具有的功能和进行的集体性行为。团队中每一位成员所取得的地位称为归因的地位；学生在户外运动活动中担任队长等，属于获得的地位。

(2)合作学习论

合作学习理论以异质性的结构为核心，其强调通过各种形式进行合作，并以正增强结构强调个人及同伴间的交流互动来对行为进行控制，并引发学习行为。

(3)结构功能论

结构功能论认为团体为一个功能整体，通过各部门的通力合作与紧密联系，使团队达成高度的共识，并向整个团队提供安定与各部门整合的基础。

(4)符号互动论

符号是社会生活的基础，而运动教育模式是人类通过符号来界定比赛制度、裁判任务、团队精神、比赛胜负、角色分配等外在或内在的意义。

2.运动教育模式的心理学基础

(1)增强理论

运动教育模式理论中，运动季与庆祝仪式属于一种刺激，当整个运动团队产生反应时，则积极设计训练计划，使集体创造内在力量，引发驱动力，在团体的共同配合与交互作用下按照平时的基本动作练习或战术运用的学习成果运用至比赛之中。

(2)建构主义

建构主义要求针对学生现有的知识或经验进行评价，了解学生的实际需求后，创造或安排出符合学生需要的运动课程。

(3)教练员与运动动机的关系

教练员所具备的行为条件能够帮助运动员完成既定目标，增加其满足感和参与运动的动机。

(4)团队凝聚

在运动团队中，凝聚被用来形容整体内部社会结合力量的结构程度。成员之间的相互吸引与整体认同的程度，统称为团队精神或士气。

3.运动教育模式的哲学基础

运动教育是游戏教育的逻辑性延伸，而体育运动自身就属于一种更为复杂的游戏形式。学生在这种具有游戏形式的运动过程中，逐渐促进了社会行为的养成及生理成熟程度。

（二）运动教育模式的内涵

运动教育模式以游戏理论所延伸出的运动教育理论为主要指导思想，以教师的直接指导作为主要教学手段，以团队小组学习为主要教学方法，以固定分组、角色扮演为组织形式，在整个过程中以比赛为主线，面向所有学生，使不同能力基础的学生都得到真实、丰富的运动体验，以培养学生社会心理、身体素质及认知水平为主要目标。

具体来说，在学生的培养目标上，主要有以下三个方面。

在身体目标上，首先向学生提供学习运动项目的基本动作、战术策略、简易规则及运动精神培养等课程内容，再通过分组练习赛或比赛季等形式展开教学，从而使学生增进体能，熟练掌握运动技能，感受到体育运动所带来的挑战与乐趣。

在认知目标方面，组建小组团队，对运动项目的相关战术运用进行讨论。此外，还可以通过筹划运动竞赛等方式，了解运动竞赛的精神与规则，拓展自身的视野。

在社会心理目标方面，学生在运动中学习到团队合作及公平竞争的精神，能够在竞争之中做出正确的决策与分配，在愉快的学习气氛中，了解运动的简单规则和礼仪，体会运动的节奏与步调，成为一名真正的运动参与者。

（三）运动教育模式的特征

西登托普指出，运动教育模式有六项特征，分别为运动季、团队小组、正式比赛、最终比赛、成绩记录和庆祝活动。

1. 运动季

美国学者 Michael W. Metzler 认为,“运动教育中使用的是运动季而不是传统的体育教学单元,一个运动季通常包括练习期、季前赛期、正式比赛期和有最终比赛的季后赛期,赛季的长度应不少于 20 节课”。而中国台湾学者廖智倩认为,“运动季通常包括季前期、竞赛期和决赛期,活动单元要比传统体育课活动单元的时间长上 2~3 倍,这样的安排,使学生对某一竞赛运动有更深的认知与了解,并在运动经验上得到精熟的机会”。

2. 团队小组

学生在运动季里可以自由组成学习小组,体育老师也可根据学生的能力进行团队分组。在整个运动季中,学生们应以固定的团队联盟(或学习小组)来进行学习,他们一起拟订比赛策略、练习技术、体验成功与失败、创造小组的特色文化、捍卫小组的荣誉。这种团队联盟的组织形式非常有助于学生“团队意识”的养成。

3. 正式比赛

运动季主要由正式比赛来赋予真正的含义,这种正式的比赛穿插在各部分练习中,并且比赛形式主要采用对抗性练习、循环竞赛、联赛等形式。其赛程表通常在运动季前期告示学生,以便学生预先了解和进行比赛准备。

4. 最终比赛

运动的本质就是竞争,最终赛事为运动员提供这样的机会。在传统的教学单元中也有最终比赛,但与运动教育的不同之处是传统教学缺乏团队联盟和正式的比赛计划。运动教育模式中要求以最终比赛来结束整个运动季,最终的比赛要营造欢庆的气氛和组织全体参与者的参与。

5. 成绩记录

运动教育中记录的内容多种多样,如记录击球率、投中的次数、比赛的名次、时间、距离等,记录有助于对个人和团队提供反馈,帮助规定标准和制定目标。传统体育课中记录也是重要的方法,但主要用于记录考勤和单独的技术测验。

运动教育模式可以提供机会记录以下的学习情况:战术学习、小组学习兴趣的提高、比赛结果的公布及评价等。记录简单或复杂,要依据学生的能力。通过公布记录,可以帮助学生了解竞赛计划的进展情况,如最佳进攻队将与最佳防守队进行比赛的时间。而比赛的统计资料可以用来分析敌我力量的强弱。

6. 庆祝活动

在运动教育中,教师与学生应一起努力,来创造一系列的庆祝活动,因为正规的比赛就是一种节日的庆祝。一般而言,庆祝活动主要包括:运动员宣誓、邀请特别来宾、颁奖典礼、比赛场地的装饰、拍摄录像带等,这些活动有力地增强了参与者的足球文化意识和积极参加活动的热情。

(四)运动教育模式的课程目标

西登托普指出运动教育模式的课程目标如下。

(1)通过体育教学活动,对学生进行特定技能与体适能的培养。

(2)配合学生的发展提供合适的参与机会。

(3)使学生欣赏并灵活运用战术策略于竞赛中。

(4)启发学生具有负责任的态度。

(5)学生在体育活动计划或策划之中彼此分享、交换意见。

(6)培养学生自己做决定的能力。

(7)感受竞赛庆祝仪式所赋予的特殊意义。

(8)学生在团队中为集体的共同目标同心协力地付出,不分彼此。

(9)培养学生担任裁判、教练、记录员等各种角色的能力。

(10)鼓励学生在课余时间积极参与各类运动。

二、运动道德理论

(一)运动道德的内涵

运动道德是优秀的社会道德,尤其在体育运动锻炼和体育比赛中能体现出道德的内涵,使道德规范与精神风尚发挥到极致。运动道德是用于调整竞技体育内部人与人、人与社会之间各种关系的行为准则,包含了体育与道德的本质特征,是二者本质上的有机统一①。

国外学者 Shields 认为,运动中的道德品格包括公平、同情心、运动员精神及正直。

国内学者王进认为,运动道德应该包括同理心、关心、公平竞争、正直、合作以及勇于面对挫折,同时还包括服从规则、裁判及相关工作人员等语言学内涵和语用学外延等要素②。

(二)运动道德发展理论的研究

1. 社会学习理论在运动道德的研究趋向

在社会学习理论中,个体对社会可接受的价值,或是违反社会价值的行为等,都是通过向他人与同伴观察学习后学会并增强的,发展为通过评估式的自我反应所形成的相关道德标准。

依据社会学习理论,运动道德的研究主要集中在以下方面。

---

① 梁伟,梁柱平. 体育道德与职业运动员职业道德关系的思考[J]. 西安体育学院学报,2009(1).

② 王进. 运动道德的认知与实践:“知”与“行”的省思[J]. 西安体育学院学报,2009(6).

(1)价值取向

根据过往的研究结论来看,体育运动的竞争将会对参与者的价值取向产生影响。

(2)行为的社会化

社会学习理论认为,关于道德的定义可建立在促进利社会行为的形成条件,或者是一种想要利益他人的自愿行为上,通过适当的学习来增强这些行为,从而有效推动行为向社会化发展,以及降低反社会行为的出现。

(3)运动员精神和非运动员精神的观察学习

当人在童年时代,就常常通过角色模仿来树立对与错的信念,而被模仿的对象通常是家人、老师、同学等。相关研究表明,运动者在观察中所学到的非法攻击方式以及在比赛中使用这些行为的方式之间有中等强度的关系。举个例子,比如足球比赛中,本方运动员看到对方有一个很危险的犯规动作,那么他自己在以后比赛中也有可能做出这样的危险动作。

(4)非体育道德行为的社会认同

他人所表现出的对非体育道德精神的赞同会造成运动者增强类似的行为。

相关研究表明,很多运动员认为,队友、朋友和观众非常赞同这样的行为;也有运动员表示,他人在比赛中会影响他们是否使用攻击性的行为。

在国内,社会学习理论在运动领域上的研究主要集中在运动技能水平的提高上,而在运动道德促进方面的研究几乎是空白。

2.结构发展理论在运动道德的研究趋向

结构发展理论主要以区别道德内涵和道德结构为基础。因此,结构发展理论在运动中对道德的实证性研究是要探讨道德推理和认知、情意及行为的相关程度,所以主要针对以下内容进行探讨。

(1)在运动和日常生活背景的道德推理

Bredemeier 等人的研究证实:在运动情境上所展现的道德水

准比日常生活低。

(2)道德推理、知觉攻击合法性和运动行为

结构发展理论在运动领域中集中研究了道德推理与其他因素之间的关系。研究证实,低运动道德推理与攻击行为合法性判断和攻击行为表现之间存在关联,且偏好赞同攻击的运动员与其较高的攻击水准正相关。对应的,具有较高道德推理的运动员具有更多的社会化行为,具有较少的攻击行为。

(3)个别差异和道德发展

个别差异对道德形成的影响主要是在某个特定的背景下,个人的能力特质和自我发展会形成因应或保护机制。

Shields 与 Bredemeier 在研究中认为,运动道德发展的个体差异因素包括角色认取与社会观的认取能力、价值和信念、道德推理、自我概念、道德动机、自我调整技能和社会问题解决技巧等。其中,成就目标取向是影响道德意图与行为的主要自我概念因素,而工作与自我取向分别与运动道德呈正相关和负相关。

在国内研究中,很多学者也有类似的看法。孙延林有着类似的观点,认为个体(目标定向、能力知觉)与情境(动机气氛、同伴关系)变量可以预测运动道德的取向。

梁廷方等人通过实验研究[①],进一步证实了掌握气氛、任务取向能够促进个体形成积极的体育道德取向。

韦光辉等人认为,情绪管理能力被视为自我调整技能,且与运动道德有关系,被证实两者呈现显著正相关[②]。

此外,张良祥,刘建勋的研究证实,运动员所出现的违反体育道德行为,诱发因素之一是裁判在比赛中做出不利的判罚[③]。

---

① 梁廷方,孙开宏,季浏.运动员体育道德 TARGET 模式的干预研究[J].广州体育学院学报,2014(5).

② 韦光辉,梁卫,王成科.集体项目运动员情绪管理能力与体育道德行为[J].武汉体育学院学报,2012(7).

③ 张良祥,刘建勋.和谐视角下篮球运动员体育道德建设的思考[J].吉林体育学院学报,2012(1).

(4)社会背景因素和道德发展

在一些实证性研究中，仅有道德气氛(团队规范和教练行为)被用来调查与运动的合法性判断和道德作用之间的关系。良好的道德气氛能够引导运动员采取适当的行为，发展与队友之间的宽恕行为，以及确定团队的共同规范和公约。这种道德气氛最突出的部分是队友和教练会共同具有的行为属于什么样的信念。

第二节　户外运动的健身、健心价值

一、户外运动的健身价值

古人云："动则无疾。"这说明，人只要保持运动锻炼，就可以有效预防和减少疾病。根据户外运动的定义，其作为体育运动的组成部分之一，具有的健身价值是显而易见的。目前国内开展得比较广泛的是山地户外运动，像登山等运动能够有效促进人体的新陈代谢，提高机体的抗病能力，同时，户外运动要求人在野外大自然中进行长时间高强度运动，反复进行攀爬、跳跃等工作，所以能够充分提高人体的各项身体素质。

(一)户外运动与心肺功能

人体健康的众多影响因素中，心肺功能是其中之一。心肺能力对于人体来说非常重要，它影响着人的生命活动能力。事实证明，经常参与户外运动锻炼，可以有效改善人体的心肺功能，促进健康。

大量的研究与实践表明，长期坚持参加户外运动锻炼，可使心脏的重量和体积增大。一般情况下，人的心脏重量约300克，而户外运动爱好者的心脏可达400～500克。运动性心脏肥大是运动员心脏的主要形态改变特征，通常情况下以左心室肥大为主。肥大的程度与参与的运动项目、运动强度和运动持续时间有关，通常情况下，经常参加户外运动的人或高水平运动员的心脏肥大概率比一般人要多。

另外，经常参加户外运动训练，还能对人体心脏微观结构产生重要的影响。运动性心肌肥厚主要表现在心肌细胞的肥大和间质成分的改变。心肌细胞结构改变主要表现在心肌纤维增粗、肌节变长，线粒体致密，线粒体体积增大，线粒体嵴密度增加。从分子水平来看，肌球蛋白增加，肌红蛋白增多，ATP 酶活性提高；间质成分的改变主要表现在心肌毛细血管增多，出现大量吻合，管腔表面积增加。适宜运动使心肌胶原纤维适度增加，对心肌细胞起支持、连接作用，并维持心肌正常舒/缩功能。大强度运动训练可引起心肌细胞凋亡，心肌胶原纤维显著增加。过度训练可导致心肌结构与功能受损。相关研究证实，心肌肥厚是继发于心脏的压力负荷和容量负荷增加后产生的适应性反应。压力负荷的增加一方面直接刺激细胞生长，另一方面可促进心肌组织产生各种分泌因子。同样诱导特异性的心肌细胞肥大。

在众多户外运动中，定向越野、户外生存、山地自行车等需要运动者具有非常好的体能，而体能主要取决于心脏的机能水平和对高强度运动的适应能力。例如，登山这样长途跋涉的项目会在长时间内消耗大量的体能，心脏为适应这种高强度、长时间的供能需要，就会增加心肌的代谢，提高收缩压，增加耗氧量，从而对心肌血流量的增加产生刺激，使心肌更有张力，收缩有力。

（二）户外运动与弹跳能力

户外运动的很多运动，运动者有时候跃过小土崖、大石头等障碍物，或跨过小溪、水沟时都需要进行跳跃。但大部分运动者通常是随随便便地跨过去，这种不规范的动作很容易导致受伤。对于户外运动参与者来说，要采取正确、科学的跳跃姿势以减轻或避免身体伤害。因为在荒郊野地中不熟悉当地地形，所以行走和跑步的速度不能太快，这就对踝关节的爆发力提出比较高的要求。所以户外运动的运动员会常常主动训练自己的弹跳力，从而提高自己在这方面的能力。

（三）户外运动与力量

力量是肌肉紧张或收缩时所体现出的一种能力。在户外运动中，力量素质是最重要的身体素质之一，也是发展其他各项素质的基础。参与户外运动，必须要有良好的速度力量、爆发力和力量耐力，手臂和下肢要有出众的力量。另外，像攀岩等运动要求参与者的小肌肉群也要有出众的力量，因为攀岩等运动在保持平衡时需要小肌肉群来协调身体，使身体在平衡状态下迅速到达制高点。长期参与户外运动，能够提高人体的力量素质。

（四）户外运动与柔韧性

柔韧素质是人体在运动状态下关节的伸展幅度或活动范围的能力。对于户外运动参与者来说，柔韧素质至关重要。柔韧素质越好，在动作中身体就越协调。在户外运动中，准备活动中必须锻炼身体的柔韧性，这对预防运动损伤具有重要意义。另外，适当的拉伸练习也很有必要，可以缓解肌肉疲劳，促进身体恢复。

篮球运动是一种对人的身体进行全方位运动的球类项目。其中的跑、跳、投、传等动作均要全身的每个部位协调参与才能完成。另外，由于篮球运动中本队的五名球员在场上司职的位置不同，因此不同的位置会对他们的柔韧素质要求不同，对全身各关节柔韧性的要求也不相同。所以经常参加篮球运动可以有效改善身体的柔韧性。

为了更好地在户外运动中表现出优异的柔韧素质，运动者需要在平时的运动训练中进行一些柔韧素质练习，如可采用动力性和静力性拉伸练习方法。这种练习要特别注意遵循循序渐进的原则进行，在练习初期不要过快过猛，以防运动损伤或其他事故的发生。在逐步适应练习强度后再逐渐增加难度，如把动力性和静力性练习结合起来，把主动练习和被动练习结合起来，可收到更好的效果。

（五）户外运动与灵敏性

灵敏性是人体迅速改变身体或身体某一部位运动方向的能力。在户外运动中能够充分提高灵敏素质，运动者在户外面对复杂多变的自然环境，要迅速做出准确的判断，要求有灵活应变、快速敏捷的反应速度，高度的自我调整能力以及迅速应变的能力。优秀的灵敏素质可以帮助运动者战胜大自然，挑战自我，防止意外伤害事故的发生。如在攀岩运动中，运动者除了要具备良好的耐力素质外，还要具有高度的灵敏性，在遇到突发状况时才能及时有效地应对，避免出现运动伤害事故。

二、户外运动的健心价值

（一）户外运动有健心作用

心理学家对多名曾经在野外遇险又成功得救的人进行调查，发现人在野外遇到困难时，最大的困难不在于技术，而是心理。在问卷调查结果中，野外遇险时最大的麻烦依次为：恐惧和焦虑、烦躁和孤独、受伤和疾病、饥渴和劳累、严寒和酷暑。也就是说，心理问题是参与户外运动必须要面对的一个问题，很多国家在训练特种人员时都将心理训练放在首位。

不仅仅是户外运动锻炼，在日常生活中，心理因素对人的行为也具有显而易见的影响。因此，现代健康的衡量标准早已经不再是单纯的机体没有任何疾病了，心理健康正受到大众的普遍关注。

在日常生活中，有很多诸如此类的案例：一些具有丰富知识、经验的人，往往不能发挥出自己的真实才能，没有做好自己本可以完成的工作；很多身体强壮，运动天赋好的运动员，在比赛时发挥不出自己的训练水平和真实能力，甚至在关键时刻出现低级失误。造成这一切的原因皆为心理素质较差，所以造成临场表现不稳定。

提高心理素质的方法有很多，比如心理咨询、心理门诊、心理治疗，这是当今提高心理素质的主要手段，通过相关的辅导和治疗来治愈内心的症结。但户外运动等一系列体育活动也可以改善人体的心理素质，通过运动与竞争，能够使人的心理更加强大，体育锻炼已成为提高心理素质的有效方法，这已经得到了越来越多人的认可。

（二）户外运动能够缓解精神压力

随着国家的经济发展，城市化是社会发展的必然趋势。随着我国城市化进程的持续深入，相应地也带来了种种问题，面临着严峻的挑战。城市化的生活虽然提高了人们的物质水平，但也增加了人与人之间的距离，使人际关系更加淡漠。随着社会经济的发展，社会竞争不断加速，各种压力和情绪紧张接踵而至，从而引发现代人的心理健康问题。在城市中，人口、交通、住房等带来的压力，使现代人出现抑郁、焦虑等不良心理状态，产生酗酒、吸毒等不良行为。紧张的工作，狭窄的生存环境，紧张的工作节奏，给城市居民带来巨大的精神负担。随之而来的是多疑和暴躁等变态的心理问题和精神疾病，使社会增加了不安定因素，犯罪持续增多。

事实证明，参加户外运动是一种独特的缓解精神压力的方式。远离城市的喧嚣，抛弃都市的生活，来到艰苦的荒郊野外探险，可以让现代人理解幸福的不同含义，更加珍惜来之不易的生活，更珍爱生命。定向越野、攀岩、登山等户外运动磨炼了参与者的毅力，增强了面对困难的决心和勇气，使人敢于挑战自我，超越自我。经历了户外运动的考验，使人保持更加平和的心态，用更好的面貌投入到生活、工作和学习。

（三）户外运动能够发展心智

对于个体来说，正常的心智能力是准确感受世界、认识世界的前提，是心理健康的基础。长期参与体育锻炼，不仅使运动者的思维更加活跃，进一步改善和提高注意力、记忆力、想象力等心智能力，能够使运动者情绪保持稳定，性格更加开朗。

户外运动对人体的心智发展有着间接影响，具有积极意义。经常参与户外运动，像定向越野、登山等项目，不仅能够提高参与者的注意力、记忆力、思维能力及反应能力，而且还能促进个人情感和性格向健康方面发展。户外运动对人体的心智发展具有极大的推动作用。

科学研究表明，当人从事智力活动的过程中，如果在学习过程中伴随着思维活跃的兴奋、激动以及发展真理后的惊讶和激动，从而产生愉快的心理体验时，那么这种健康的情感就能强化心智活动，促进心智发展。人在学习过程中，如果具有强烈的求知欲和对新事物的探索精神，以及在学习上有融会贯通的能力，那么这个学习过程就是令人兴奋的、愉悦的和卓有成效的。这种愉悦、健康的学习体验可以增强人的智力活动，促进人的智力发展。

积极参加户外运动对提高心肺功能发展具有积极作用，在户外运动中，大脑获得更多的氧气和养分，有利于大脑工作效率的提高。此外，经常参加户外运动还可以使神经系统的调节能力得以提高，能够提高神经兴奋性和神经传导速度，使神经运作过程更加灵活和均衡，使兴奋与抑制转换更加合理。通过户外运动，使中枢神经系统内信息传递和整合的速度持续加快，从而使人思维敏捷，提高心智发展。

长期进行户外运动，参与者的智力会得到一定的提高。人的智力依赖于大脑和中枢神经系统的机能。良好的体质，尤其是良好的神经系统，是提高智力水平的物质基础。户外运动，顾名思义要在户外进行，通常在充足氧气的自然环境下进行的，这能确保大脑得到足够的能源供应。其次，像定向越野这样的户外运动项目需要人动脑子，伴随着相当复杂的智力活动，在运动过程中给大脑和神经系统提供各种刺激信息，不断对大脑细胞进行刺激，使大脑神经细胞得到发育。大脑神经细胞的分支和突起增多，有利于提高脑皮层活动的强度、协调性和灵活性，可以培养敏锐的感知能力、注意力和记忆力。

（四）户外运动与情感体验

社会经济的发展使人们的生活水平和物质条件不断提高。同时，法定节假日的安排和双休日的规定使现代人有充足的休息时间。随着生活节奏的加快和节假日的增多，人们会更加关注自己的文化业余生活，希望用更加丰富的休闲活动来度过业余时间。如今，一到"五一""十一"等假期，全国各个旅游景区的游客呈现出爆满之势，人们在游山玩水的传统旅游活动中又诞生了新的追求。于是，一种在国外十分盛行的健身方式被引入到我国，这就是包括野外露营、野外登山、攀岩、速降等活动的户外运动。由于户外运动对人体有着很高的要求，很好地满足了人们挑战自我的心理，因而受到了广大年轻人的追捧和青睐，成为一种流行时尚。三五好友一起背上行囊，准备好绳索、铁锹、帐篷、睡袋等工具，沿着蜿蜒而崎岖的道路拾级而上，在陡峭的岩壁上进发，累了就席地而坐，饿了就一起野炊，渴了就喝一捧清纯的溪水，这样的生活是多么的有趣味！找到悬崖峭壁后，做好保护，就可以进行攀岩，四肢克服重力向上攀爬，体验挑战自我的乐趣。当你不断克服重力向上攀登，达到峰顶时，就会发现自己是何等的伟大。

当日暮之时，大家收拾行囊，找平坦的土地安营扎寨，支起帐篷，打开睡袋，这就是自己临时的住所。这个住所看起来面积狭小，没有宽大舒适的床铺，无法像自己家一样温暖舒适，但它能遮风避雨。亲手制作晚餐后和大家一起品尝，围坐在篝火旁仰望星空，聆听大自然的奇妙声响，顿时感到世间喧嚣都离自己远去，所有烦恼和忧愁都不见了。也许，这就是户外运动的魅力所在。

（五）户外运动能够抵御心理障碍

研究证明，通过长期进行的中、小强度运动锻炼可以缓解精神压力，消除焦虑，同时对抑郁症有一定的治疗作用。长期进行运动锻炼没有其他心理上的副作用，不会使抑郁症状加重，能够有效抵御心理障碍，是一种安全的治疗手段。相关研究人员曾对1 750名心理医生进行调查，结果显示，60％的受访者认为身体活动应该作为一种治疗手段来消除焦虑，80％的受访者认为身体活动是治疗抑郁症的有效手段之一。

户外运动之所以能有如此明显的抵抗抑郁的作用，相关学者表示，首先户外运动对中枢神经系统具有良好的影响。像定向越野、徒步穿越和登山等项目能进一步提高神经兴奋过程的强度，使大脑皮层更加兴奋，使注意力更加集中，从而提高人体的肌肉力量，运动能力得以增强；另外，参与户外运动，可使神经运作过程的兴奋和抑制较为平衡，中枢神经系统的协调能力得到增强，从而有效预防各种神经性疾病，有效缓解因用脑过度而导致的各种疲劳，有效消除人体的紧张情绪，使人体精力更加充沛，能够承受更大的刺激和精神压力。

“身体是载知识之车，寓道德之舍也。”这是毛泽东同志在《论体育之研究》中的精妙论述。事实证明，只有获得健康，科学知识的学习才有保障，才能形成良好的道德品质。健康是多元的，人不仅要有健康的身体，同时也要有健康的心理，二者皆为健康的标准与要求。如果人整体充满着负能量，被忧伤、急躁、愤怒和紧张等负面情绪所笼罩，就势必会对个人情感、举止和思维产生负面影响。这些不健康的心理也会影响到人的社交，甚至使人走向末路。实践证明，长期进行户外锻炼，能够明显降低抑郁症的发生，能够不断提高参与者的情感体验，使参与者改善个人情绪，消除心理障碍，提高社交能力，同时还能提高思维的合理性，促进良好心理品质的形成。

第三节 户外运动教育价值的体现

一、户外运动的教育意义

（一）使生活张弛有度

如今，随着经济的发展和社会竞争的加剧，人们的生活压力陡增，社会上的工作以脑力劳动为主，大部分人通常在室内进行工作，从而引发了一系列社会文明病，像心脏病、高血压、糖尿病、肥胖症等。长期工作，人们没有机会外出与大自然亲密互动，而现代人对大自然也是知之甚少。

而户外体育运动为人们打开了一扇门，使人们能够亲近自然，了解自然，释放生活上各方面带来的压力。适当外出进行户外运动，能够让人的生活张弛有度，提高生活质量，缓解生活压力。

（二）促进身心健康

户外运动作为众多体育运动的其中一类，其具有体育运动的基本功能。相较于跑步、篮球、太极等运动，户外运动对于个体身心健康促进有着明显的效果。当人们因工作、学习、生活上遭受到种种压力后有着压抑、紧张的感觉，自然反应就是要通过某种方式和手段将压力释放处理。当结束了一阶段的工作和学习后，外出到自然界欣赏风景，参与登山等运动，能够更加快速地将压力释放掉，这比跑步、踢足球、打篮球等运动更能促进身心健康。

（三）有助于家庭和睦、友情浓厚

家庭和友情之所以能够存在和维系，其中一部分原因就是彼此间能共同分享各自的美好，共同面对成长道路上的压力。不论是发展亲情，还是收获友谊，在交流过程中最好的方式就是没有代沟，有共同的兴趣爱好，能够有福同享，有难同当。家人、朋友共同参与户外活动，能够使家庭更加和睦，使友情更加深厚，大家一起释放生活压力，共同分享户外运动带来的快乐。

（四）有利于认识了解神奇的自然界

相比田径、球类等运动，户外运动的参与环境更加特殊。其他运动通常对场地要求低，在校园、社区、广场上就可以进行，其运动环境相对处于比较封闭的状态。而户外运动是在自然界中进行，参加户外运动在进行锻炼的基础上还可以领略到大自然的美好风光，比单纯地进行体育运动有着更大的收获。

二、户外运动的教育价值

（一）发展归属感、自我认识以及终身受用的领导能力

积极参加户外活动，在与大自然的亲密接触中寻找到自身的归属感，进而全方位地对自己生活能力进行认知。通过户外运动，能够进一步观察自然环境，在挑战自我、战胜大自然的过程中对自身的领导能力也是一种提升。

（二）增强保护自然环境意识

攀岩、登山领域一直共同遵守这一个法则：“LNT 法则”——Leave No Trace，即对环境的最小冲击法则；要求在野外运动的过程当中，不对环境产生冲击、不留下垃圾、不带走自然界的东西。攀登雪山的登山队会在攀登雪山之前举行一个简朴但是很正式

的“拜山仪式”来祭拜山神，祈求平安登顶；同时也是通过这一特有的仪式来祭奠因为登山不幸亡故的亡灵。这种方式看似封建迷信，实则人们在内心一直遵循“天人合一”的具体表现，它体现了登山者们对大自然的敬畏之心。一来是祈祷好运，二来是一种文化传承——他们认为因为热爱登山而把自己的生命都留在大自然当中的人是已经和大自然融为一体、达到了“天人合一”的最高境界的人。这也正是为什么登山者明明知道很危险还是要去参加登山活动的原因，他们不分社会地位的高低贵贱，进了山就都是为了同一个梦想而来的山友！在雪山之上，或许登山者们能够感受到与旁人不一样的精神体验和生命的领悟。选择用传统的方式去登山也是希望把大自然的原貌交给后人，这是登山文化的精髓——天人合一不只是让自己在登山过程中与大自然高度融合；同时还设法保护好自然资源，让其可持续发展，让后世的人继续享用。在登山过程中使用“打冰洞”等保护点设置方式进行登山，而不是一路架设人为保护站，这就是登山者遵循“天人合一”的直接体现。

户外运动在大自然中进行，参与者通过户外运动认识了解神奇的自然界，会潜移默化地受到熏陶，形成热爱大自然，保护自然环境的意识。自然环境受到破坏，那么户外运动的开展就会受到影响，相应也会对户外运动爱好者产生影响，因此户外运动爱好者通常都会对自然环境格外珍惜，同时相应地增强保护自然环境意识。

（三）增加时间管理能力，提高生活动力

户外运动中，参与者往往会对时间更加敏感，对时间的掌控能力会相对敏感，通过户外运动能够准确把控时间，使参与者的时间管理能力得到提高。在户外运动中进行学习和感悟，会感受到生活的美好，相应地也会提高自身的知识水平，加强自身的学习能力，增加学习生活、领悟人生的动力。

第四节 户外运动道德教育价值的凸显

一、户外运动道德教育的含义

户外运动自身具有道德教育的内涵。首先，道德以自由为前提，自由是自律的必要条件，当人如果感到自由选择的机会被完全剥夺，那么其不必为自己的行为担起责任。运动的自主性与自由度给人提供抉择的机会，有助于形成自律的特质。在运动中肢体伸展从最初的自由散漫到逐渐规范，最后发展为自律阶段，不仅与道德发展过程相呼应，也能以规范意识来培养行为的自尊自重。

其次，通过户外运动，能够使身心协调发展，培养坚强的运动意志，使人在逐步克服身体和心理障碍与不断超越自我的历程中，使身心逐渐发展至和谐的境界，形成良善的人际网络。就此而言，户外运动本身就蕴含着丰富的德育含义。

二、户外运动道德教育的价值

（一）形成了非物化的体育道德教育

教育的真谛是育人，而不是把人当成一种东西看。如果教育者将教育对象当成一种物品，那么就无法形成教学互动，就体现不出道德教育的思想。教育者将教育对象看作不会思考的个体，那么受教育者就无法体现人类自由的特质，因为思考是人类的本质特质。在户外运动活动中，往往是团队小组行动，小组成员彼此分工合作，相互激励，在团结和谐的气氛下通过交流与沟通，使整个团队达成共识，找到合理的解决策略，完成各项目标与任务。

在户外运动的锻炼过程中，已包含了建构主义所推崇的合作学习、主动经验与社会互动等基本内涵。同时也尊重了每个人的自由意志，让参与者自己做决定。由于团队小组活动中，每个人在团队中都有自我价值，逐渐在人际互动关系中建构出新的面貌，形成相互信赖的关系，摆脱个人能力上的高低，使所有参与者都能为整个团队作出贡献，形成了一定的工作取向。

人类作为社会化的动物，以群体的形式进行相互协作，才能得到更多的经验，形成更多的能力，而这种特征在道德教育中反映得非常明显。在户外运动的过程之中，在确保每个成员的自由的前提下，成员间通过积极对话来消除隔阂，彼此间产生认同与支持，获得成就感，从领导行为、团队凝聚力、个体的认同感，到团队创立的环境氛围，逐步征服自然并走向成功，这种道德气氛培养了参与者的自主道德意识与道德行为，进而避免了道德教育的“非自由化”，在参与户外运动过程中会展现较多的社会化行为。

（二）实践了非教条化的体育道德教育

从宏观角度看，户外运动是一种正式的社会系统。从微观来看，户外运动则是一种面对面的社会互动，正是建立在自由的基础上，才能体现出彼此的相互尊重。在户外运动中，每个参与者承担不同的角色，有着不同的地位，但大家都在一个团队之中，只是任务分工不同。在运动教育模式的道德教育中，打破了“集权式”的运动安排，避免了那些“形式化”“教条化”“口号化”的道德教育，相较于其他运动，户外运动更能体现出参与者的社会行为，更能提高其社会行为能力。对于户外活动的指导教师来说，必须找出合适的方法让每一个参与者以互帮互助、团队参与等方式来增强或引发其参与感，使所有人养成社会生活的必备能力。此外，指导教师可通过竞赛、探索、发现、角色实验以及解决问题与统一性任务活动，来提高参与者的自我能力，这种非教条化的道德教育能够体现参与者的自由意志，并让参与者在户外运动中充分联系生活，获得健康的生活习惯。

因此,在采取运动教育模式前,教师必须先充实户外运动的相关认知与技能,巧妙运用个人的人格魅力与管理技巧落实户外运动活动的计划安排,使参与者根据自身基础,通过亲身参与来探寻人生感悟与目标,获取成功经验。真正的道德是主体进行自我抉择的产物,而完整的道德行为不仅服从社会中所认可的特定习俗和规范,更是在面对不同规范和行为时所做出的选择和创造性行为,任何有效的道德教育都要进行持续的"训练"。

(三)创设了自由氛围的体育道德教育情境

教育是一种有价值、有意义的活动,以人为核心。在教育活动中,应该营造出自由的教学环境。自由,意味着人可以自由自在地进行选择,在道德教育的实践过程中,教育者应创造出自由的道德教育情境,让受教育者拥有自由选择的权利。自由是道德教育的要素之一,也是追求人性完善中必备条件之一,回归道德教育的本质是追求人性完善的过程。

在运动教育模式之中,以团队形式进行教育,其课程内容具有多元化的特点,在户外活动的参与过程中可以自由选择,积极参与。教育者的职责是让受教育者在优质的环境中享受到户外运动的乐趣,培养积极的社会行为,使团队中每个参与者没有仇恨和敌视,营造和平温馨的团体气氛,指导教师能够给参与者更多的自由空间,使他们成为真实的参与者。

运动教育模式以体育运动为方法,倡导追求更高层次的乐趣,同时让参与者在运动过程中获得满足感。因为户外运动中的教育价值具有自主性、自发性、表现性和日常生活区别性等特性,这种融洽的氛围不仅可以提高参与者的情绪,还能帮助他们形成积极的学习习惯与运动态度,强化道德推理水平。

(四)体现了运动道德的内涵

运动道德包括同理心、公平竞争、运动员精神、合作精神这四项要素。对于每个人来说,只有当将事情对与错的道德原则内化后，才能期许在某些方面表现出更好的一面。从参加登山等户外活动中可以看出，那些体能较差的参与者总是被排除在活动之外，而此时教育者应尽量让这些体能较差的参与者也参与到登山运动中来，并且让体能好的参与者带领体能差的参与者前进，另外在一些具有严格规则的户外运动中，如定向越野，可以让参与者承担裁判的角色，这样做除了让他们了解竞赛规则，还可以让其学会换角度思考，以使同理心得到发展。

运动教育模式的实施是在正式的规划下，让参与者提高学习的专注力，提高团队向心力，通过团体的沟通、交流与抉择，道德难题可以引发参与者的思考，比如那些不违反规则，但做法有违体育道德的行为，如竞争对手受伤，是否继续比赛趁机扩大领先优势；是否服用禁药进行比赛等。让受教育者从道德问题及争议中看出问题的关键，进行道德判断，从而形成公平竞争的道德观念。运动教育模式体现着合作学习，共同进步的精神，以异质分组的方式，采用团队沟通、互动、协调的方式进行合理分配，将集体荣誉作为最终奋斗目标。此外，以团队小组方式展开合作学习，鼓励各成员执行各自任务，启发自我概念的形成，形成不同技能水平间的合作经验，这有利于培养学生的协作精神，提高团队凝聚力，最终提高社会适应力，这也是道德教育的价值所在。

第五章　户外运动实践的安全保障体系

户外运动具有风险性高的特点，在运动过程中时常会发生各种各样的意外情况，因此，做好户外运动的安全保障工作是尤为重要的。针对户外运动的特殊性，我们可以从体能、心理、营养、急救等几个方面来构建户外运动健身的安全保障体系。

第一节　户外运动的原则与注意事项

运动者在参加户外运动锻炼时要把握一定的原则，这样才能保证运动的顺利进行，尽可能地避免运动伤害事故。一般来说，运动者在参加户外运动时需要把握以下基本原则。

一、户外运动的原则

（一）适量性原则

适量性原则是指运动者在进行户外运动时要有适量的生理负荷，不能过度运动。一般来说，运动效果或质量的好坏，在很大程度上取决于运动刺激的强度。运动刺激的强度太小，不能引起身体功能的变化，运动刺激的强度太大，又会对身体产生损伤，只有适宜的刺激强度才会有利于能量的消耗和锻炼好身体。

因此，必须坚持适量性的原则，量力而行。如果发现有头晕恶心、四肢无力、精神萎靡等身体不适的现象出现，说明运动强度过大，需要及时调整。

（二）针对性原则

针对性原则是指参与户外运动应从个人的实际情况和外界环境条件的实际出发，确定运动的目的，选择适宜的户外运动项目，合理地安排运动时间和运动负荷。这是增强身体素质及提高运动水平必须遵守的原则。

1. 从个人的实际情况出发

不同的人由于性别、年龄、体质和健康状况的差异，进行户外运动时要从自己的实际情况出发，有目的地选择和确定运动强度、练习方法，合理地安排锻炼的时间和运动负荷。在每次运动前要评估自己当时的健康状况，使运动的难度和强度不超过自己身体承受能力。违反人体发展这一基本规律，只会损害身体健康。

2. 从外界环境条件出发

参加户外运动时，要从季节、气候、场地、器材等外界条件的实际情况出发，按照科学锻炼的方法，来选择运动场地、练习时间、运动负荷，才能收到良好的运动效果。

（三）安全性原则

安全性原则是指在参加户外运动时，运动者首先要对自己的身体各部位、各器官进行医学检查，根据自身的实际情况合理选择运动项目，做好运动安排，以防发生运动意外。

户外运动中安全性原则的运用要求运动者要结合自身具体实际合理选择和制定适合自己的运动计划，做到自我监控、量力而行，切忌盲目模仿，照搬别人的做法。

二、户外运动的注意事项

(1)户外运动的主体是团队，提倡“人人为我、我为人人”的团队互助精神，共同完成一次愉快的户外活动。

(2)成员之间相互尊重，遇到问题时欢迎提出积极的建议或意见，一旦领队统一决定则须共同服从安排。

(3)禁止个人主义、拉帮结派等行为，如影响活动本身及团队其他成员时，领队有权根据实际情况点名批评教育等，严重影响时亦可请出队伍，由此带来的后果自负。

(4)针对不同类型、强度的活动，俱乐部及领队有权对报名参加活动的成员进行筛选，以保证活动安全顺利地实施。

第二节　户外运动健身的体能与心理准备

一、户外运动健身的体能准备

从事户外运动，首先要有健康的体魄和充沛的体能。所以，在决定进行户外运动之前，应制订一个详细的计划，做好充分的体能准备。

(一)健康检查

为获得良好的体能储备，运动者在参加户外运动前，首先要检查自己的身体状况，如果盲目地参加运动很可能损害健康。一般来说，身体健康检查的内容主要有以下四项。

(1)心率：以食指和中指压按在颈动脉上数脉搏，测出 1 分钟内的脉搏数。

(2)血压：利用专业的血压计测量出血压值。

(3)脂肪：以拇指和食指横向掐起腰部的肌肉，测量出两指间皮肉的宽度，以 2.5 厘米为基点，每超过 0.5 厘米即表明超重 4.5 千克。

(4)运动后心率：以轻快的步伐和平稳的速度上下蹬踏 40 厘

米高的长凳5分钟，然后坐下量出30秒的颈动脉脉搏数。

（二）体能储备与训练

1.跑步

一般来说，优秀的户外运动者都把跑步作为基础训练课程。在跑步锻炼时，要逐步增加训练量，提高运动强度，本着循序渐进的原则进行。跑步训练过程可分为速度不同的多个阶段，如在长跑的过程中采用一定的快速跑练习。速度的变化调动了快速收缩肌，可增强人体加速运动的能力。由此身体可以获得不同速度和耐力的训练。

2.山地训练

大量的研究与实践表明，山地训练是提高运动者体能素质的最为有效的方法之一。山地训练对身体素质提出了相当大的挑战，相当于在奔跑的同时举起等于体重的重量，使得肌肉必须承受更大负荷。山地训练可提升肌肉长距离、大负荷运动的能力。

3.负重训练

一般来说，常见的负重练习手段主要有以下几种。

(1)仰卧推举训练。仰卧，肩膀位于杠铃下方，背部保持平直，向上推举杠铃直至手臂伸直。

(2)一侧膝盖和手放在平凳上，另一侧手握哑铃。握哑铃侧手臂向上抬起，与肩平，放松手臂，与地面垂直。还可两手握哑铃，置于身体两侧，轮流举起至胸部高度。

(3)两手握哑铃于体侧，交替上举至体侧位置，然后放松，身体保持正直。上身前屈，背部保持平直。双手持哑铃同时侧平举，直至与地面平行，然后放松。

(4)杠铃抓举训练。握杠铃后站立，手臂伸直，背部挺直，慢慢将杠铃放回地面。这一训练能够加强背部肌肉和股四头肌。

(5)垂直下拉训练。两手握住握柄,完全利用臂部肌肉力量平缓用力下拉,小心放松握柄,不断重复此动作。

4. 阻力训练

与山地训练一样,阻力训练也能够有效提高人体肌肉的负重能力,从而为参加户外运动做好充分的准备。然而和长跑一样,过度的负重训练会使受训者养成脚步缓慢、步履沉重的跑步习惯,因此在训练的过程中要严格控制。

5. 循环训练法

循环训练法能够增强体力,并适宜与跑步、游泳等运动配合进行。循环训练法综合各种力量训练,可以将其设计为一项特定的运动。通常每一个循环训练包括 6～10 组训练,训练之后应该让肌群放松。

(1)蹲下,右腿在前,左腿在后,跃起;重新蹲下,左腿在前,右腿在后。重复这个动作,然后将两腿的位置颠倒过来训练。

(2)跪下,膝盖、肘部和前臂平放地上。右踝放松,左踝缠绕在右踝上。背部挺直,慢慢举起左腿,重复另外一条腿。

(3)躺下,腿伸直,双手交叉抱头。举起一条腿,向上拉躯干,使另外一只胳膊接触伸起的腿的膝盖。换方向重复这一动作。

(4)俯卧撑。背部持续挺直,手掌俯地,与肩同宽。弯曲肘部,直到下巴贴于地面,然后伸直胳膊,注意肘部不要紧锁。

(5)手放于臀部,膝盖弯曲,下蹲,再次站直,背部完全挺直。重复十次。

6. 俄勒冈循环训练

俄勒冈循环训练起源于美国,是一种极好的户外训练形式。

(1)蹲在地上,右腿在前,膝盖接触胸部,左腿在身后伸直。跳起,再恢复蹲姿。换腿重复进行。

(2)躺下,双膝弯曲,双手抱头,背部离地,直到双肘碰到双膝。

(3)躺下，双腿弯曲，双脚平放于地面；抬起一条腿，伸直。另一条腿重复相同动作。

(4)俯卧撑。背部持续保持笔直，手平放于地上，下巴朝向地面，肘部弯曲，然后再伸直。注意不要锁住肘部。

(5)手由两侧向上划弧，跳起，同时伸起双臂在头上击掌。重复这一动作。

(6)躺下，双手放于头上，举起一条腿，向上拉伸身体，另一侧肘部接触膝盖。换方向重复这个动作。

(7)双手放于胯上，曲膝下蹲，再次站直。

二、户外运动健身的心理准备

在进行户外运动前，除了做好体能准备外，还要做好心理方面的准备。户外运动心理准备主要包括以下方面。

(一)明确目的

运动者在参加户外运动前，首先要弄清自己参加户外运动的目的是什么。一般情况下，人们参与户外运动的主要目的是为了挑战自我，实现自我，这是人类高层次的需要。人们在产生行为动机后就有了明确的运动目标，因此更能激发参与运动的积极性，从而向着既定目标前进。

(二)加强防范意识

在户外运动中，不可预测的因素有很多，随时都有可能发生各种危险事故，因此，我们首先要树立安全防范意识，这样才能时刻警惕危险，最大程度上避免运动危险事故。对于户外运动爱好者而言，在平时的运动锻炼中，要主动建立安全防范的意识，可以利用业余时间查阅一些关于户外运动安全方面的书籍和资料，以充分了解和掌握户外运动安全的基本知识，另外还可以定期或不定期地参加一些安全教育讲座，要从根源上重视户外运动安全教育，身体力行地接受户外运动安全教育，这样才能培养和提高自己的户外运动安全防范意识。

（三）保持良好心态

户外运动具有极强的冒险性和危险性，运动者有时候可能会在不经意间陷入十分危险的境地。然而，面对危险和困难，人们不仅需要有各种生存的技巧，同时更需要在当时的情景下，保持良好的心态，并具有顽强的意志以应对危险和困难。因此，学会控制自己的情绪，调节自己的心理是参与户外运动的重要心理准备内容。

（四）正确认识各种困难

人们在面对困难和挫折时，往往容易产生不良的心理行为，心态失衡就会影响对客观事物的判断，从而产生错误的认识，如不能及时纠正，就可能会误导自己的行为。要避免这种情况的发生，我们必须要能够清醒地认识到自己头脑中存在的各种错误想法，然后采取积极有效的措施进行自我纠正。户外运动的风险并不可怕，关键在于是否有应付风险的思想准备和安全措施。作为户外运动者，要做好充足的心理准备，正确认识各种困难，发生困难时能积极去应对。

（五）培养心理承受能力

户外运动是一项考验运动者意志和体力的活动。运动者在参加运动的过程中，疲劳、饥饿、干渴、寒冷和各种困难带来的不良感受等，都会造成心理上的压力。因此，我们要努力提高自己的心理承受能力，尽力分散自己对这些身心感受的注意力，把精力全部集中于如何克服眼前客观存在的困难上，这样，注意力的转移就会让身心的不适反应随着时间的推移而逐渐消失。

总之，心理训练是户外运动准备的必要措施，只有经常性地坚持参加运动锻炼才能获得理想的训练效果。

第三节　户外运动健身的营养需求与补充

一般来说，户外运动的运动量都比较大，运动者在运动的过程中会消耗大量的体力和能量，因此加强运动者的营养补充是非常重要的。

一、营养、合理营养及人体营养需求

（一）营养

营养是指人体不断从外界摄取食物，经过消化、吸收、代谢和利用食物中身体需要的物质（养分或养料）来维持生命活动的全过程，营养并不是一种养分的特质，而是全面的生理过程。机体内物质代谢是维持生命、促进有机体生长发育、维持脑力劳动和体力劳动正常进行的基础，因此人体一定要不断地从外界（食物）摄取一定数量的新物质。

（二）合理营养

合理营养是指运动员每天所吃食物提供的热量和营养素与其每天完成训练的运动量所需能量和营养素之间保持平衡。运动者要想参加户外运动，离不开营养的合理补充，每天在选择食物种类和数量时，要确保营养的均衡与合理补充。

一般来说，不同的食物有不同的生理功能。但维持人体正常需要的营养素只有六种，即蛋白质、糖类、脂肪、矿物质、维生素和水。不同营养素的生理功能各有差异，人体的代谢活动离不开这些营养素的共同参与。自然界中，任何一种天然食物所含的营养素都是有限的，人类不可能从一种食物中补充所有的营养素。只

有按一定的比例来合理搭配多种食物，才能满足人体的生理需求。因此，运动者在补充营养时，所选择的食物要种类齐全、含量适度、比例适当。

（三）人体营养需求

一般来说，健康体魄的形成与保持、脑力及体能劳动的正常进行等都需要合理的膳食来提供能量。一个人性别、年龄、身高、体重、新陈代谢和活动量决定了其每天对必需营养素的需要量。美国有关部门定期发布推荐每日膳食营养供给量，这是对健康人的膳食需要量进行计算的一个科学有效的方式。

美国农业部门曾经提出，肉类和植物蛋白质、面包和谷物、乳制品以及水果和蔬菜这四类基本食物共同组成平衡的膳食结构。当前，为了确保人们能合理补充必需营养素，降低疾病的产生率，一种新的、优化的膳食建议被提出。这个建议中，针对不同人的不同热量消耗，提出了四类食物的不同搭配。例如，如果一个人的热量需要量为 1 600 千卡，其每天的食物搭配为谷面类食品 6 份、蛋白质食品 3 份，如果一个人的热量需要量为 2 400 千卡，其每天的食物搭配为谷面食品 10 份、蛋白质食品 5 份。通常，人体对脂肪的摄入量应占到总热量的 30%，而摄入的谷类、水果、蔬菜量可适当增加。

二、户外运动健身的营养需求

（一）水

水在人体中约占体重的 50%～60%，可以说，人体新陈代谢的一切生物化学反应都必须在水介质中进行，因此水对于人体生命的维持至关重要。

1.水的营养功能

（1）参与人体正常的代谢过程：人体的各种活动都离不开水

这一重要介质，它参与机体内代谢过程，一切代谢活动离开了水都无法进行。

(2)维持机体正常的新陈代谢：由于水有很强的溶解能力，许多物质可以溶解在水中通过循环系统转运，因此们可以说水是体内吸收、运输营养物质，排泄代谢废物最重要的载体。

(3)调整并维持正常的体温：水的汽化热很大，1 克水汽化要吸收 580 卡热量。因此，汗液的蒸发可散发大量热量，从而避免体温过高，维持正常的体温。

(4)润滑功能：泪液、唾液、关节液、胸腔腹腔的浆液起着润滑组织间经常发生的摩擦的作用。

(5)水还能够较好地维持血容量，使脏器的形态和机能得到有力保障。

2. 水的供给量与食物来源

一般情况下，人体的需水量取决于排水量。通常情况下，成人每天应补充 2 000～2 500 毫升的水，但具体要视年龄、气候、运动强度等情况有所差别。当高温、运动等出汗多时，供水量应相应增加。人们在平时生活中直接饮入的液体，食物中含有的水分，以及蛋白质、脂肪和糖在体内代谢产生的水分等，都是水的重要来源。

（二）糖类

糖是由碳、氢、氧三种元素组成的一类化合物，其中氢和氧原子数之比正好是 2∶1，与水(H_2O)相同，因而被称为糖，又称碳水化合物。由于糖是供给肌肉收缩的主要能源，因此，可以说糖是运动中最重要的能量来源，根据分子结构的繁简，糖分为单糖（包括葡萄糖、半乳糖）、双糖（包括蔗糖、麦芽糖、乳糖）和多糖（包括淀粉、糖原、纤维素、果胶）三大类。

1. 糖类的营养功能

总体来看，糖类的营养功能主要体现在以下方面。

(1)供给人体能量:糖是人体最为经济的热能来源之一,它在人体内可迅速氧化及时提供能量。脂肪和蛋白质氧化供能受机体供氧条件的限制,但肌糖原在肌肉活动时能快速氧化供给能量,不受机体供氧条件的影响和制约,能充分满足机体的需要。

(2)构成神经和细胞的主要成分:通常情况下,在所有的神经组织和细胞核中都含有糖的化合物。糖蛋白不仅是细胞的组成成分之一,而且还是结缔组织的重要组成成分,糖脂、核糖和脱氧核糖核酸参与构成神经组织。

(3)抗生酮作用:糖类能够为脂肪在体内氧化供给能量。如果糖类供给不足,脂肪则氧化不全,即产生酮体,酮体在体内积存过多,可以引起酸中毒。因此,糖类具有一定的抗生酮作用。

(4)保肝解毒作用:糖与蛋白质结合成糖蛋白,通过保持蛋白质在肝中储备量,摄取充足的糖量,能够使肝糖原的储备量有所增加,从而使肝对某些化学毒物等有毒物质的解毒作用进一步加强。糖原对各种细菌引起的毒血症也有解毒作用。由此可以看出,糖原不仅能够保护肝脏,使其免受有害因素的损害,而且还能使肝脏保持正常的解毒功能。

(5)节省蛋白质作用:运动者在参加户外运动的过程中,在人体摄取的糖类不足时,机体就会从蛋白质获取能量。需要注意的是,如要最大限度地利用氨基酸合成蛋白质,在摄取蛋白质的同时一定要有足够的糖类供给。如果糖的摄入充足时,人体就会首先将糖作为能量来源,这样可以节省蛋白质。

(6)维持心脏的正常生理活动:人的生命活动中,心脏活动的正常维持离不开磷酸葡萄糖和糖原的热能供给。由于神经系统中只能储存很少的营养素,只能利用葡萄糖进行热量的供给。因此,神经系统热能的唯一来源是血中葡萄糖。如果血糖过低,人体就会失去必要的供给能量,从而导致运动能力丧失甚至危及生命。

2.糖类的供给量与食物来源

(1)糖类的供给量:糖类的供给量受到饮食习惯、生活水平和劳动性质等因素的影响。中国营养学会建议适宜的糖类供给量为，除了2岁以下的婴儿，一般人糖类的摄入量应以占总能量的55%～65%为宜。

(2)糖类的食物来源：谷类和薯类是糖类的主要食物来源。其中，谷类含量为40%～70%，薯类为15%～29%。食糖几乎100%是糖，蔬菜、水果中也含有一定的糖类。由此可见，糖类的食物来源非常广泛，人们可以从生活饮食中摄取必需的糖类。

（三）脂肪

一般来说，人体能量贮存的有效形式就是脂肪。膳食中过多的脂肪摄入易贮存于人体的皮下和内脏周围脂肪组织中，脂肪来源不仅有膳食中的脂肪，而且膳食中过多的糖和蛋白质也能够转化为脂肪。脂肪大致可以分为三类，即单脂肪、复合脂肪和派生脂肪。

1.脂肪的营养功能

(1)供给能量：脂肪是高热能物质。脂肪是占空间小，可大量储存在腹腔空隙、皮下等处。体内摄入多余的热量，以脂肪的形式存储，成为机体的“燃料库”。人在饥饿时首先动用体脂来避免体内蛋白质的消耗。

(2)促进脂溶性维生素的吸收和利用：鱼肝油和奶油富含维生素A、D，许多植物油富含维生素E。维生素A、D、E和K是脂溶性维生素，脂肪能有效促进这些脂溶性维生素的吸收。

(3)保护内脏器官，形成皮下脂肪以维持体温：脂肪能够填充衬垫、支持和保护固定体内各种脏器和关节。另外，脂肪是热的不良导体，皮下脂肪不仅能够防止体温过多向外散失，而且还能阻止外界热能传导到体内，因此，脂肪还有维持人体正常体温的作用。

(4)增加食物的美味和饱腹感受：脂肪可使食物酥软、香脆，增进食欲；脂肪在胃肠道内停留时间长，所以有增加饱腹感的作用。

(5)构成生理物质:细胞膜的类脂层主要由磷脂、糖脂和胆固醇构成,合成胆汁酸、维生素 D 和类固醇激素又需要胆固醇这一原料。

2. 脂肪的供给量与食物来源

(1)脂肪的供给量:人体对脂肪需求量主要受环境、体质水平等因素的影响。一般情况下,膳食脂肪的供给量不宜超过总能量的30%,其中饱和、单不饱和、多不饱和脂肪酸的比例应为 1∶1∶1。亚油酸提供的能量能达到总能量的 1%～2%即可满足人体对必需脂肪酸的需要。通常情况下,每天摄入 50 克脂肪就能满足人体的正常需要,参加户外运动可以多摄入一些。

(2)脂肪的食物来源:猪油、羊油、牛油、奶油及蛋黄等动物性食物,是脂肪的主要来源,另外大豆、芝麻、花生等植物性食物中也含有较多的脂肪。胆固醇只存在动物性食物中,一般鱼类的胆固醇和瘦肉差不多。

(四)蛋白质

蛋白质是人体一切生命活动的基础,它主要由碳、氢、氧、氮四种元素构成,其中氨基酸是身体用来组建蛋白质的基本单元。一般情况下,蛋白质并不是主要能源。但是,如果是在糖摄入不足的情况下,那么蛋白质可转变为葡萄糖供给能量。如果糖摄入充足,那么食物中过多的蛋白质就会转变为脂肪,储存在脂肪组织中作为重要的能量储备。

1. 蛋白质的营养功能

(1)构成机体组织与细胞的主要成分:血液、肌肉、骨、皮肤等都由蛋白质参与组成。另外,蛋白质还对机体生理功能起到重要的调节作用,是体内缓冲体系的组成部分,能够有效保持体内的酸碱平衡。

(2)供给能量:蛋白质除了能够在糖和脂肪供给的热量不足的情况下,氧化分解放出热能外,在正常代谢过程中,陈旧破损的组织和细胞中的蛋白质还会分解释放出一定的能量。另外,体内蛋白质更新分解代谢中也能放出能量。由此可见,蛋白质是人体重要的能量来源。

(3)构成酶和激素的成分:许多具有生理功能的物质的构成都离不开蛋白质。酶本身就是蛋白质,在正常体温的情况下,酶广泛参加人体各种各样的生命活动。另外,激素能够有效调节代谢过程,而且承担氧运输的血红蛋白、进行肌肉收缩的肌动、肌球蛋白和构成机体支架的胶原蛋白等,它们本身就是蛋白质。

(4)构成免疫作用的抗体:一类球蛋白是有免疫作用的抗体,在体内和病原体(即抗原)起免疫反应,从而起到保护机体免受细菌和病毒的侵害,提高机体的抵抗力的重要作用。

(5)维持酸碱平衡:在维持体内酸碱平衡和水分的正常分布方面,蛋白质也具有非常重要的作用。

2.蛋白质的供给量与食物来源

(1)蛋白质的供给量:如果是来自奶、蛋等食品的优质蛋白质,则成年人不分男女均为每日0.75克/千克体重。如果是来自植物性食物的蛋白质,则一般人的供给量需要定为每日1.0～1.2克/千克体重。

(2)蛋白质的食物来源:膳食中蛋白质的来源主要是植物性食物和动物性食物。奶、蛋、鱼、瘦肉等动物性食物蛋白质含量高、质量好。谷类和豆类等植物性食物,尤其是大豆中,含有丰富的优质蛋白质。谷类是我国人民膳食蛋白质的主要来源,一般来说,蛋白质含量居中(约10%)。蔬菜水果等食品中也含有少量的蛋白质。

(五)维生素

维生素也是维持人体健康的必需营养素。维生素在机体的代谢、生长、发育过程中起着非常重要的作用。正常人每日只需要少量维生素，摄入的量要适宜，否则都不利于身体健康。目前大致有 14 种维生素，主要分为两大类，一类是包括维生素 C 族、维生素 B 族的水溶性维生素；一类是包括维生素 A、D、E、K 等的脂溶性维生素。每种维生素都有自己独特的功能，缺一不可。下面主要阐述几种重要维生素的功能与食物来源。

1. 维生素 A

(1)营养功能：维生素 A 的作用主要表现为健齿、健骨、使皮肤光洁、帮助消化等。

(2)供给量与食物来源：一般成年人及儿童 0.6 毫克/天。动物肝脏、深黄色或深绿色蔬菜、红黄色水果、蛋黄等食物中富含维生素 A。

2. 维生素 D

(1)营养功能：一般来说，维生素 D 不仅有利于钙和磷的吸收、利用，而且还具有一定的健齿和健骨的功能。

(2)供给量与食物来源：维生素 D 的供给量，儿童一般为 10 微克/天，成人 5 微克/天。肝、乳、蛋黄等食物中所含维生素 D 较多。

3. 维生素 E

(1)营养功能：在人体生命活动中，维生素 E 不仅具有抗氧化的功能，而且还能够有效提高人体的最大吸氧量。

(2)供给量与食物来源：一般情况下，人体所需维生素 E 的日供给量为 10～12 毫克。植物油、全粉谷物制品、禽蛋肉奶、绿叶蔬菜等食物中富含维生素 E。

4. 维生素 B_1

(1)营养功能：维生素 B_1 能增进正常食欲，帮助消化，维持正常的神经系统功能；维生素 B_1 能够有效促进能量代谢及糖代谢生成 ATP。

(2)供给量与食物来源：一般成年人 1.2～2.0 微克/天。主要来源为米、面、核桃、花生、芝麻和豆类等粗糙的粮食的胚芽和外皮部分，故加工越精细，损失越多。另外，瘦猪肉、动物肝脏等物质中也含有维生素 B_1。

5. 维生素 C

(1)营养功能：一般来说，维生素 C 的主要功能为健骨、健齿、维护血管和预防细菌感染等。除此之外，维生素 C 还具有抗氧化，缓解人体疲劳和疼痛的作用。

(2)供给量与食物来源：在水果、叶菜类、谷类等食物中都含有丰富的维生素 C。其易受储存和烹调破坏，所以蔬菜、水果应以新鲜、生食为好。

(六)矿物质

矿物质也是人体所必需的营养素之一。矿物质主要包括两大类，一种是含量较多的，包括钙、钠、磷、镁、氯、钾、硫的常量元素；一种是含量较少的包括铁、锌、碘、铜、硒、镍、钼、氟、钴、铬、锰、硅、锡、钒的微量元素。人体内所含矿物质元素的种类很多，总量约占体重的 5%。通常情况下，从基本的膳食中就能够满足人体对矿物质的需求，注意摄入量要适宜，摄入过多或过少，都会对身体造成一定的伤害。矿物质是机体组织的重要构成成分，能保证机体其他成分的合理利用。

1. 钙

(1)营养功能：钙对于骨骼和牙齿的巩固，正常心肌活动和神经系统功能的维持具有积极的作用。

(2)供给量与食物来源：一般来说，钙的供给量，成年人一般为 0.6 克/日，儿童、少年、孕妇和老年人供给量应较高，每天为

0.8～1.5 克。奶及其制品，绿叶蔬菜、虾皮、豆类、海带等食物中含有丰富的钙。

2.铁

(1)营养功能：铁与蛋白质一起构成血红蛋白，在体内起运载氧的作用。

(2)供给量与食物来源：一般成年男子需要摄入 12 毫克，妇女为 18 毫克，孕妇和乳母的需求量较高，需达到 28 毫克。含铁最多的是肝脏，其吸收率也最高，瘦肉、豆类、蛋类等食物中铁的含量也较高。

3.磷

(1)营养功能：能够帮助机体有效吸收其他的营养素。

(2)供给量与食物来源：各类动物性和植物性食物中都广泛存在着磷。需要注意的是，如果人体摄入的蛋白质和钙的量足够多，那么磷的需要量也会得到充分的满足。

4.镁

(1)营养功能：能够使正常的肌肉和神经系统功能得到较好的维持。

(2)供给量与食物来源：镁是常量元素中体内含量和需要量最少的，通常情况下，是不会缺乏的，但如果在运动时出汗过多，就会有较多的镁流失，应增加镁的供给量。富含镁的食物有植物性食物，比如全粉谷物、豆类、蔬菜及海产品等。

5.锌

(1)营养功能：能够使正常的细胞修复、再生和生长等机能得到较好的维持。

(2)供给量与食物来源：一般来说，成人每天摄入 15 毫克锌即可，孕妇和乳母对锌的需求量较大，应达到每天 20 毫克。锌主要来源于动物性蛋白质。

6.钾和钠

(1)营养功能:能够使体内的水分平衡和肌肉的正常机能得到较好的维持。

(2)供给量与食物来源:通常情况下,人体是不需要补充钠的。但是在从事大运动量的户外运动情况下,机体从汗中失钠较多,需要额外补充。在食物中,香蕉、橘子、土豆等都富含钾;食盐是丰富的钠源,几乎所有的食物都含钠。

(七)膳食纤维

一般来说,膳食纤维是植物性食物中含有一些不能为人体消化酶所分解的物质。它们是可食植物的细胞壁间质的组成部分,不能被人体消化、吸收和利用的多糖类碳水化合物,但却是维持身体健康所必需的。一般来说,膳食纤维主要分为非水溶性纤维及水溶性纤维两大类。

1.膳食纤维的营养功能

(1)预防便秘:刺激肠蠕动并保持水分,增大粪便体积,软化粪便,促进排便,防治便秘。

(2)控制体重,防止肥胖:这是由于富含膳食纤维的食物体积较大,能量密度(单位重量所含能量)较低,有利于减少能量摄入量。

(3)促进毒素排泄,预防肠癌,具有养颜功效。

(4)降低血液中胆固醇浓度:膳食纤维可抑制胆固醇的吸收,加速其排出,从而降低其在血液中的浓度,预防心脑血管疾病。

(5)减缓葡萄糖的吸收速度,防治糖尿病。

2.膳食纤维的供给量与食物来源

(1)膳食纤维的供给量:一般来说,健康人每日常规饮食中应有30～50克/千克体重纤维素。另外，还要求每日膳食不宜过分精细，主食要粗细搭配，副食要有荤有素。

(2)膳食纤维的食物来源：谷类、豆类、蔬菜、果皮等食物中都含有丰富的膳食纤维，其中，最主要的食物有五谷类、豆类、根茎类、蔬菜类、水果类等。

三、户外运动健身的营养补充

(一)水的补充

运动者参加户外运动会消耗掉大量的水分，因此运动中的补水就显得非常重要，合理的补水原则应该是少量多次、补大于失。

一般情况下，运动者在运动期间和运动后的补水可以通过喝水的方式补充，也可以选择运动性饮料进行补液，在补水的同时补充体内消耗的维生素和矿物质。但要注意饮用量要适当，不能一次饮用过多，要少量多次进行。

(二)糖类的补充

户外运动者在参加运动期间，会消耗掉大量的能量，如果运动者在没有及时补充而又继续运动的情况下，运动能量所需对糖类的大量消耗只能来自体内储备的糖原，从而造成糖原枯竭。严重的糖原枯竭可能会对运动者造成致命的伤害，因此运动者要高度重视运动中糖的补充。

一般来说，如果运动者参加户外运动的负荷较强，运动频率和强度非常大时，机体对能源的需求也很大，对糖的补充非常重要，但在补充糖类时要注意合理控制，不宜补充过多，否则就会影响运动的顺利进行。

(三)脂肪的补充

运动者在参与户外运动期间，体内脂肪的供给量应以满足生理需要为限，不能摄入过多或过少，以免增加胃部负担、引起心血管疾病、脂肪肝等疾病，增加体重使机体运动速度下降。因此，补充脂肪时，要限制摄入脂肪的质和量。

通常情况下，脂肪的摄入量以占摄入总能量的20%～25%为宜，应注意选用一些含不饱和脂肪酸的食油，少吃动物性脂肪。偏好肉类的运动者，可以多食用鸡肉、鱼肉等。

（四）蛋白质的补充

一般情况下，运动者在参加户外运动的过程中，蛋白质的补充与运动目标相关。通常来说，运动者蛋白质的供应量应达到2克/千克体重，优质蛋白质应占1/3。

需要注意的是，运动前蛋白质的摄入不宜过多，如果摄入过多的蛋白就会增加水分的需要量，而大量饮水后则不宜参加激烈的运动。

（五）维生素的补充

运动者在参加户外运动的过程中，大强度的运动可加快机体代谢和能量消耗，同时使各组织更新速度加快，使维生素利用和消耗增多，运动尤其会加速水溶性维生素从汗、尿排泄，尤其是维生素C的排泄，对此类维生素应有针对性地进行及时补充。

一般情况下，维生素的补充最好从天然食物中摄取，并注意控制维生素的供给量。但维生素的摄入量不应过多。长期摄入过多的维生素可使机体的维生素代谢始终处于一个较高的水平，一旦饮食中摄取的维生素突然减少会产生维生素缺乏症，引起机体代谢紊乱，导致运动能力降低甚至危害人体健康。

（六）无机盐的补充

运动者在参加户外运动的过程中，应特别注意以下几种无机盐的补充。

（1）钾：口服钾可迅速恢复生长素水平和促胰岛素样生长因

子的水平。

(2)铁:户外运动的运动强度较大,因此机体对铁的需要量较高,所以应加强铁的摄入。

(3)锌:锌是多种酶的组成成分和激活剂,能调节体内各种代谢,并影响睾酮的产生和运输,可饮用含锌饮料来补充锌。

(4)硒:硒是机体内谷胱甘肽过氧化物酶的辅助因子,具有消除过氧化物,增强维生素 E 的抗氧化能力等作用,与运动的关系非常密切。运动者在参加户外运动时,建议硒的摄入量应为平时的 4 倍,每天约 200 微克。

第四节 户外运动急救知识储备

一、户外运动急救的步骤

在户外运动中,受客观条件的影响,难免会发生各种各样的意外事故,当意外突然发生时,急救人员需立即采取有效措施展开施救。而整个施救过程不是盲目进行的,需要遵循一定的步骤。

(一)确定救援方案,明确队员职责

在发生意外事故时,施救者首先应根据当时的实际情况维护局面的稳定,然后尽快地确定救援方案,并明确队员的具体职责。在确定救援方案的过程中,应积极动员每一个人都积极参与到救援工作之中,保证救援工作的顺利开展。在实施救援时,还要评估意外事故的严重程度,以便合理安排救援工作。

(二)安全接近伤者,确保其安全

安全地接近伤者,尽可能避免伤者再受到伤害,确保伤者的

安全。在接触伤者时，动作要迅速，从而使伤者再度受到伤害得到避免，同时还要注意保护其他组员不受伤害。

（三）对于威胁生命的伤势展开急救

在展开救援工作时，对于威胁生命的伤势应采取急救措施。如果伤者处于危险地带，应根据实际情况将危险者转移至安全地带，然后再开展相应的急救措施。为了保证伤者伤势的稳定，应避免多次移动伤者。在急救过程中，应对伤者的呼吸状况、脉搏状况和出血状况进行必要的检查，以免出现更为严重的伤势。

（四）保护伤者，稳定伤者情绪

在户外运动中，运动者发生伤害事故后难免会出现一定的负面情绪，因此在施救的过程中还要采取一定的措施和手段使其情绪能够得到稳定。在紧急救治之后，应避免再次移动伤者。如果环境较冷时，应采取必要的保暖措施，覆盖衣物进行保暖；如果气温较热，应该进行相应的降温处理。在保持伤者的体力的同时，还应积极与伤者进行沟通，对其进行安抚，促进伤者情绪的稳定。

（五）进一步检查伤者的伤势，避免恶化

在展开施救的过程中，对伤者做急救处理后，还应对其伤势进行进一步的检查，以全面了解其伤势，避免伤势进一步恶化。

（六）制订全面的行动计划

在实施紧急救援之后，还需要制订一个全面的行动计划。救护组长应综合考虑伤者的伤势，在此基础上考虑队员的数量、环境因素、与外界的联系等诸多方面。在综合衡量之后，制订下一步的行动计划。行动计划要切实可行，具有较强的可操作性。

（七）根据行动计划展开具体的救护工作

在制订好相应的行动计划之后，根据制订的计划来开展对伤

者的救护工作。在开展计划时，还应保证其他队员的安全和健康状况。应避免意外的再次发生，针对意外情况采取必要的措施。如要转移，就要求必须选好向导并继续对伤者伤势进行观察，从而使伤者的安全得到保证；如需请求外部援助，则应对外部救援需 6～24 小时后才能到达的情况进行充分考虑。此外，要按照伤者的情况，以及当时的实际合理调整行动计划，以便安全地展开救援工作。

二、户外运动自救与呼救

（一）自救

自救，是指依靠一个人或团体利用自身的能力解除危险、脱离困境。一般来说，户外运动的自救主要包括生理自救和心理自救两个方面。

1.生理自救

生理自救的内容主要是为了保证我们的身体机能正常工作。在户外运动中常会出现一些自然灾难事故，学会生理自救的方法是非常重要的。关于生理自救的具体内容，下面做具体的讲解。

2.心理自救

心理自救更多的是在突发事件发生以后或者长时间等待援救时必须进行的工作。如果说生理自救更侧重于户外遇险人员的生存知识和经验，心理自救则更多的是一种生存信念，我们在教授自救内容时切不可忽视心理自救能力的锻炼。

在发生意外事故时，不要恐惧，要保持平和的心态，保持充沛的体力和精力，以应对接下来的考验。要使自己能够受惠于可获得性资源，需要个人的知识、辨别能力和足智多谋，更为重要的是要有渴求生存的意识。在参加户外运动时，人们必须有能力使自己以及共患难的同伴都能拥有乐观的精神。水、食品、火种及容身之所都是生存所必需的，人们应该知道遇险时如何得到它们。户外运动者应懂得运用指导性理论知识去获取所需物品。

（二）呼救

在参加户外运动时，如果遇有同伴或任何人士在野外受伤时，应做到及时救援。可以发出求救信号，直至有救援人员到达为止。求救者要通过各种手段向外界呼救，比如手机、对讲机等，并尽量向救援者提供有效信息。一般来说，呼救的方式主要有以下几种。

1.烟火信号

(1)燃放三堆火焰是国际通行的求救信号，将火堆摆成三角形，每堆之间的间隔相等最为理想，这样安排也方便点燃。如果燃料稀缺，简陋一点也可以。

(2)燃料应准备妥当，使燃料保持干燥，一旦有任何飞机路过，就尽快点燃求助。

(3)火堆的燃料要易于燃烧，点燃后要能快速燃烧，因为有些机会转瞬即逝。

(4)在白天，烟雾是良好的定位器，所以火堆上要添加散发烟雾的材料。浓烟升空后与周围环境形成强烈对比，易引人注意。

(5)在夜间或深绿色的丛林中亮色浓烟十分醒目。添加绿草、树叶、苔藓和蕨类植物等都会产生浓烟，可以引起人的注意。

2.音响信号

哨声造成的声音非常响亮，因此在可能的条件下，吹哨子是一种不错的求救方法。常用的SOS代码的声音节奏为：三短一三长一三短，之后，停1分钟再吹。

3.反光信号

利用阳光的照射可射出一定的信号光。可以说，任何明亮的材料都可用来进行反光。需要注意的是，由于这种光线可能会使营救人员目眩，所以一旦确定自己已被发现后，应立刻停止反射光线。

三、户外运动意外事故急救与处理

（一）地震

地震是地球内部长期积累的能量突然释放的一种地壳运动形式。在参加户外运动时，应学会如何处理。

1. 提前预防

留意自然界的反常现象，如动物的异常反应、特殊的地质变化。听到地震预报或者感觉到地震即将来临时，远离耸立的高大物体。防险地点的选择应注意：不要进入山洞，以防坍塌；不要待在山顶有碎石的山坡，以防被滑落的石块轧伤。

2. 求生方法

（1）在晃动中尽量保持平衡或通过滚动的方法，逃离可能有重物压下来的地方。

（2）一般情况下，首次地震会使任何建筑都不太牢固，在实施救援时，一定要戴好安全帽和其他保护用品。

（3）在山上时，尽量往山顶移动。

（4）在乱石岗时，应蹲在原地，以免摔倒。

（5）在堤坝下时，应马上逃离，以免堤坝决口。

3. 救援方法

（1）搬动覆盖物时，要遵循先上后下的次序，观察倒塌物的上下结构，以免引起新的倒塌。

（2）挖掘时，开始可以使用大型机械、工具，发现物品和服装等日常用品时，尽量徒手挖掘，以免给遇险者造成伤害。

(3)救援人员要有保护设备，并时刻警惕余震发生。

(二)火灾

野外火灾主要是森林大火及在野外宿营时由于用火不慎而导致野营设施着火，会对树木、植被和当地居民造成非常严重的损害，也会给运动者造成一定的伤害。因此，一定要做好提前预防措施。

1.提前预防

在生火时，要注意生火地点远离树木、草丛；不要在风口处点火；在有风天生火要用石块、泥块垒好防火墙；干树叶会引起飞舞的火星，有风天不要往火堆里添加干树叶；生火时，应在火堆旁准备好灭火的工具，如放上一桶水、准备好一堆泥沙土等；如遇到自然火灾要沉着冷静，迅速离开，然后再想办法灭火。

2.求生方法

(1)遇到大面积火灾时，可以利用附近的地形逃生，最佳的地点是水塘、河流，其次是缺少植物的干涸河道、乱石岗。

(2)在草原遇到草地大火时，一定要向来风方向转移，在被大火包围时(火已经接近时)，要顶风逃跑。

(3)如果衣服着火，应马上脱下衣服拍打，如果一时不方便脱下，可就地打滚将火压灭。但当被火围困时，即使衣服着火，也不要脱下衣服，因为衣服可以保护身体不被烧伤。

(4)如果被火包围，又无法逃脱，而附近的草丛又很快可以燃烧完，可主动烧出一块空地，并躲在空地上。

3.救援方法

(1)火势稍小时，可利用就近的水、泥土、湿树枝进行灭火。

(2)在火势凶猛、无法直接扑灭时，可以在火点周围砍伐树木、割草，使火势无法蔓延；也可通过火烧的方法烧出防火道。

(3)对窒息患者及烧伤患者马上进行处理。

(三)水灾

在户外运动中，做好水灾的预防与处理非常因。在山区和河流下游较易遭遇水灾。在山区进行户外活动时，如遇到暴雨，少则十几分钟、多则半个小时就有发生山洪的可能，采取的预防与处理措施如下。

1.提前预防

在进行户外活动之前，应了解当地的天气情况和地形环境，天气条件恶劣时应果断取消户外活动。去野外活动时，应携带必要的工具，如绳索等。对可能发生的灾害应有较高的警惕性，遇到暴雨就应考虑山洪暴发、上游水库开闸放水等因素。

2.求生方法

(1)如在山间行走遇到洪水暴涨时，可向高处找路返回。山洪暴发常有行洪道，要向其两侧避开。千万不要待在山脚下。

(2)在山间如果洪水将桥梁冲垮，可沿山涧行走，找河岸较直、水流不急的河段进行渡河。

(3)如有绳过河时应用手拉绳，无绳时可手持竹棍、木棒试探水的深浅并保持身体平衡。迈步时步幅宜小不宜大，一脚踩实后再迈另一脚。几人同时过河可增加稳定性，但也要防止同时摔倒。

(4)如河势凶猛无法前进及返回时，需要选择高处平地或山洞以备休息和求救之用。

3.救援方法

(1)当水流比较急时，救援人员可在下游方向调整好自己的位置，选择最佳点，待水流把落水者冲下来时再实施堵截救援。

(2)落水者意识清醒时,可以向水中抛投漂浮物、绳子等物品进行救援;如果水流较急,就要注意落水者的落点。

(3)受过专门的水上救援训练者可进行下水搭救,下水救援时要注意不要接近落水者,可以伸过去一根木棒或漂浮物,便于落水者抓住。

(4)如果岸上有很多人,可以采用后面的人负责保护前面的人的方法,利用长杆和绳子进行组合营救。

(四)滑坡

1.滑坡前征象

(1)滑坡裂缝是滑坡形成过程中的一种重要伴生现象。随着滑坡的发展,滑坡裂缝会由少变多,由断续变为连贯。

(2)斜坡前缘土体或岩层发生松脱、垮塌时,垮塌的土体一般较湿润,垮塌的边界不断向坡上扩展;斜坡前部有时会发生丘状鼓起,顶部常有张开的扇形或放射状裂缝分布。

(3)斜坡上出现局部沉陷,可能是即将发生滑坡的征兆。

(4)房屋、地坪、道路、水渠等人工建筑物相继发生变形,特别是变形建筑物在空间分布上具有一定规律性时,是发生滑坡的前兆。

(5)泉水出水量突然变大、变小,甚至断流,水质突然浑浊、原来干燥的地方突然渗水或出现泉水、民井水位忽高忽低或者干涸、蓄水池塘忽然大量漏失等现象时,都可能是即将发生滑坡的表现。

(6)滑坡发展过程中很容易造成地下岩层剪断,巨大石块间的相互挤压和摩擦,都可能发出一些特殊的响声。

(7)滑坡即将出现之前,一些树木会出现枯萎或歪斜等异常现象。

2.避开滑坡

(1)当地面变形速度加快、滑坡征兆越来越明显时,应提前主动搬迁到安全的地方。

(2)在滑坡隐患区附近事先选择一处或几处安全场地。避灾场地原则上应选在滑坡两侧边界之外,不宜选在滑坡的上坡或下坡地段。在确保安全的前提下,避灾场地距原居住地越近越好,地势越开阔越好,交通和用电、用水越方便越好。

(3)及时转移。通过实地踏勘选择好转移路线,转移路线要尽量少穿越危险区。要事先约定好撤离信号(如广播、敲锣、击鼓、吹号等),同时还要规定信号管制办法,以免误发信号造成混乱。

(4)事先了解当地的地质灾害防灾避灾总负责人,以及疏散撤离、救护抢险、生活保障等具体工作的负责人,以便及时联系求救或共同救灾。

3.滑坡危机应对

(1)及时将滑坡情况上报当地政府部门,由政府部门组织将险区内的居民、财产及时撤离出险区。

(2)发生滑坡时,要向垂直于滑坡轴的两侧山坡往上爬,爬得越快越高越安全。不要沿滑坡的方向逃避,也不要爬树躲避,更不要停留在低洼处。

(3)逃生时抛弃一切影响奔跑速度的物品。

(4)抢救滑坡掩埋的人和物时,首先要把后面的水设法排开,再从滑坡体侧面开挖,否则在开挖时后面的滑坡会影响抢救效率,甚至会再次发生危险。

第五节　户外运动计划的制订

在参加户外运动前,应根据户外运动的不同形式和特点,制订相应的活动计划。户外运动计划制订的内容与程序如下所述。

一、选择活动地点

活动地点直接关系活动的内容，选择活动的地点，首先要收集该地的历史、人文等资料，然后对所掌握的资料进行分析。

（一）收集资料

（1）历史资料。收集历史资料主要分为两部分：①当地的历史；②最近去过该地区的外来人员活动的历史资料。比如近十年来去过该地区的人员行走的路线和他们写的日志、报告、照片资料等。这些资料对于即将去往该地的人们具有很强的参考价值。

（2）人文资料。收集当地人文资料，可以更具体地了解当地的文明，了解当地的文化。收集人文资料的目的就是要尊重当地的文明，尊重他们的习俗文化，不破坏具有历史人文古迹的建筑和文物，和谐地与当地人沟通相处。

（3）特殊情况和限制。了解特殊情况及限制可以让户外活动顺利安全地进行，这包括当地的地形地貌、气候等。

（二）活动分析

在参加户外运动前，要重点分析活动地点的地形，这样才能预测发现运动中会出现什么问题，提前做好预防工作。

（1）此地形适合做什么。不同的地形决定了户外活动的项目，因此在选择户外活动项目的时候要充分考虑到该地区的地形地貌。

（2）此地形自身能做什么。除了第一点要考虑的问题之外，还要考虑此地形自身能做什么。

（3）重点分析风险程度的大小，是否适合户外运动。

二、明确活动目标

在参加户外运动前，要明确活动的目标，从而实现户外活动作用的最大化。没有目标的户外活动,首先在安全上存在隐患,其次就是活动本身没有什么乐趣。因此,明确活动目标是户外运动计划的重要内容。

三、确定活动内容

在明确活动目标之后,就要根据活动目标,确定活动的内容。户外活动内容的选择,首先要在保证安全性的原则基础上,把风险控制在可承受的范围内,尽量安排有意义的户外运动项目,这样才能实现户外运动的目的。

四、注意事项

在制订户外活动计划时,还应注意以下事项。

(一)训练计划要简明、直观、实用

简明要求计划使人一目了然,不宜有过多的分析,文字要简练,对一些具体安排一般不再作过多的说明和解释。直观要求训练计划应以图表为主,辅以必要的简单的文字说明。表格用于表示训练计划中的训练目标、任务、内容、手段、负荷、比赛等的一些安排和定量指标,而图示多用于反映负荷的动态变化及各种内容的说明部分等。实用要求计划中的各种内容要尽可能做到明确、具体和定量化,以便检查、分析和评定。这样才能保证户外运动爱好者顺利地按照计划参加户外运动训练,尤其是对于初学者而言。

(二)协调好运动计划中各种内容之间的关系

在户外运动计划中,协调好计划中各种内容的关系就是要求训练计划中训练目标、任务、内容、方法、手段、负荷、恢复措施等各方面的安排要相互协调,以保证运动计划得到顺利的执行与实施。

（三）运动计划要有明确的指导思想

在设计户外运动计划时，应强调针对性原则，针对运动者的具体情况，如运动者身体特点、体能状况、技能水平等，并结合户外运动专项特点和规律，明确运动训练的指导思想，以此展开运动计划的制订。

（四）训练计划有可行性

制订训练计划时必须考虑到所提出的各种指标和要求是否与运动员的情况和各种训练条件的可能性相统一，既不可提出过高要求，也不能过于保守，要根据“弹性控制”的原理，对训练目标、要求留有必要的余地。

（五）注意运动计划的稳定性与可变性

运动计划的稳定性和可变性是运动计划一个非常重要的特性。户外运动计划是在综合各方面的因素并进行反复的科学预测推敲和协调的基础上制定的。它应该是基本上符合未来即将进行的训练过程及训练对象的客观实际的，必须尽可能地执行，并保持计划的相对稳定性，不要随意改动。

然而，运动计划毕竟是一个未来进行训练过程的理论设计，加上由于主客观等各方面不确定因素的影响，在运动计划执行的过程中难免会发生一些变化。此时，如果仍坚持原计划不变，那么运动的科学性就难以保证，因此，对原计划进行必要的修改和调整是完全必要的，其目的就是保证户外运动安全、顺利地进行。

第六章　青少年户外运动健身指导方案

户外运动不仅有着非常重要的教育价值，同时其对青少年来说，也是非常好的健身运动选择。户外运动的特点与青少年自身的发展规律和特点是相符的，因此，青少年户外运动健身指导成为研究的重点具有一定的必然性。本章首先对青少年身心发展的基本规律和特征进行剖析，在此基础上对与青少年身心发展相符的户外健身运动项目及其健身指导方案进行探索和研究，由此能够为青少年参与户外运动健身提供科学的指导。

第一节　青少年身心发展的规律与特征

儿童向成年过渡，是需要经历青少年这一重要时期的，这一时期，青少年不管是生理还是心理，都产生了巨大的变化，而青春期是个体身体发展的鼎盛时期及性成熟时期。青少年时期身体和心理的发展都呈现出了特有的规律与特征。

一、青少年身体发展的规律与特征

青少年身体发展的规律与特征，主要在青春期得到体现，主要表现为青少年身高、体重的急剧增长以及第二性征的发育均在青春期发生。进入青年初期后，个体逐渐达到性成熟，青少年的心、肺、脑和神经系统等也继续发育，这些生理发育过程在青年初期结束时基本完成。

可以说，青春期是个体生长发育的第二个高峰期。这一时期，青少年的身体和生理机能都发生了急剧的变化，主要从三个方面得到体现，即身体外形的变化、体内机能的增强以及性的发育和成熟。

（一）身体外形的变化

青少年的身体发育速度是很快的，这主要在身高、体重及面部等方面的变化上得到体现，这些变化也在一定程度上预示着他们在逐渐接近成人。

1.身高的增长

（1）身高增长高峰

对于青少年来说，他们外形上的变化所呈现出的最为显著的特征就是身高迅速增长。一般的，人身高的增长有2个高峰，第一个高峰发生在1岁左右，那时身高一般增加50%以上；第二次生长高峰就是青春期，这一时期，青少年身高增长异常迅速。一般的，青春期的少年每年至少要长高6～8厘米，有的甚至可达到10～11厘米。

（2）身高的性别差异

青少年的身高变化，是有性别差异的。一般的，女孩从9岁开始，就已经开始进入身高生长加速期，在12岁左右就能够达到生长高峰；男孩进入身高生长加速期的时间要相对晚一些，通常是在13～14岁达到生长高峰，然后生长速度会有所下降，15.5岁时又回到以前的生长速度。

总的来说，青少年身高增长是有个体差异性的，这在速度和时间上都有所体现。这种差异不仅存在于男女之间，在城乡之间、地区之间，甚至在同一班级中的同龄人之间也存在着。

2.体重的增长

体重的增长能够在一定程度上将身体内脏的增大、肌肉的发达、骨骼的增长和变粗，以及营养及健康情况等都反映出来，由此可以说，体重也在一定程度上标志着身体的发育情况。

处于青春发育期的青少年在体重上的发展变化也是较为显著的。一般的，男孩体重增长最快的时期是12～14岁，平均每年增长5.0千克，增长高峰往往出现在13岁，15岁以后增长速度迅速下降。女孩体重增加最快的时期在11～13岁，平均每年增长4.5千克，增长高峰出现在11～12岁，13岁后增长速度迅速下降。另外需要强调的是，城乡差异不显著，增长趋势具有一定的一致性。

3.第二性征的出现

第二性征是性发育的外部表现，在一定程度上标志着青少年身体外形变化。随着第二性征的出现，青少年开始从童年的中性状态进入到两性分化的状态。对于男性来说，其出现第二性征主要表现为喉结突出、嗓音低沉、体格高大、肌肉发达、唇部出现胡须、周身出现多而密的汗毛、出现腋毛和阴毛等。对于女性来说，第二性征主要表现为嗓音细润、乳房隆起、骨盆宽大、皮下脂肪较多、臀部变大、体态丰满、出现了腋毛和阴毛等。这些第二性征的出现也在一定程度上标志着男女青少年外形上的差异越来越显著。

4.头面部的变化

进入青春期的少年，头面部也有了微妙的变化。童年期的面部特征在逐渐消失，主要表现为：以前较低的额部发际逐渐向头顶部及两鬓后移，嘴巴变宽；原来较为单薄的嘴唇开始丰满；随着身体其他部分骨骼的迅速增长，头部骨骼的增长速度却在显著减慢，头身比例协调的身体形态逐渐取代了童年期那种头大身小的特征。

（二）生理机能的增强

青少年不仅身体外形发生了变化，其体内的各种生理机能都在迅速增长并逐渐达到成熟,具体可以从以下几个方面得到体现。

1.心脏压缩机能的增强

青少年的心血管系统所表现出的新的机能特点主要有以下几个方面。

(1)心血管系统的形态方面

人体运输系统的心血管系统第二次生长加速的出现,主要是为了保证青春期生长发育突增的需要。一般的,儿童在9岁时,心脏重量会达到出生时的6倍,在青春期开始后,则增长至12～14倍;同样,心脏密度也在青春期阶段成倍地增长。而且,由于青春期少年活动量的增加,构成心室壁的肌肉增厚,心肌纤维更富有弹力,这就在一定程度上为心脏每次收缩时能压挤出更多血液创造了条件。

(2)心血管系统的机能方面

心律、脉搏开始减慢,是心血管系统机能发展的主要表现。导致这一现象的主要原因有两个方面:一方面,是支配心脏活动的神经纤维已发育健全,能对心脏活动起到更好的调节作用;另一方面,心脏本身机能的增强,能够使每次心搏所排出的血量增多,每分钟只需搏动70～80次便能满足机体的需求。心脏收缩力增强以及内分泌系统变化的影响,往往会导致血压升高,一般的,青春期少年的高压为90～110毫米汞柱,低压为60～75毫米汞柱,已经与成人水平相接近了。不同性别的青少年的心血管系统的生长发育也是有一定差异的,一般的,女孩在心脏重量、大小、每次收缩所排出的血量和血压等方面,均比男孩低10%左右,而心率、脉搏则比男孩快8～10次/分钟。

2.肺的发育

青少年的肺发育也是较为明显的。对于一般人来说,在12岁左右,肺重量就能够达到出生时的10倍,肺小叶结构逐渐完善，肺泡容量增大，与呼吸有关的某些肌肉发育速度也进一步加快，这就在一定程度上加强了呼吸功能。对于整个青少年时期，他们的肺活量将比之前增加1倍多。最后需要强调的是，肺活量也存在着显著的性别差异。

3. 肌肉力量的增强

青少年体重增加，就说明肌肉和骨骼有了一定的变化。在肌肉力量的发展水平上，也存在着性别上的差异。

4. 大脑的发育

从量上来说，由于儿童在10岁以前，其脑重已为成人的95%，因此，青少年脑重及脑容量的增长并不显著。从质上来说，青少年脑的发展进展较大。另外，青少年的神经系统与成人基本相同，大脑皮质沟回组合完善，神经纤维完成髓鞘化。随着脑和神经系统的发育成熟，青少年的兴奋和抑制也逐渐趋于平衡。

（三）性的发育和成熟

人体各系统中发育成熟最晚的就是生殖系统，它的成熟是人体生理发育完成的重要标志。具体来说，性的发育和成熟主要从以下几个方面得到体现。

1. 性激素增多

性激素分泌是整个内分泌系统活动的一个重要内容。在青春期以前，不管是男生还是女生，其分泌的性激素都是非常少的。进入青春期后，个体下丘脑的促性腺释放因子的分泌量增加，这就在一定程度上增加了垂体前叶的促性腺激素的分泌，进而导致性腺激素水平相应提高，对性腺发育起到积极的促进作用。卵巢是女性的性腺，睾丸则是男性的性腺。性腺发育成熟后，会导致女性月经的出现，男性遗精的发生。

2. 性器官的发育

卵巢、子宫及阴道是女性的性器官。在青春期前，发育缓慢，8～10岁发育速度不断加快，以后的发育速度则直线上升。子宫的发育从10岁始到18岁止，长度增加了1倍，其形状及各部分的比例也有所变化。

睾丸、附睾、精囊、前列腺及阴茎是男性的性器官。相较于女性来说，男性的性器官发育要晚一些，在10岁以前发育很慢，进入青春期后发育速度加快。

3. 性机能的发育

性器官的迅速发育，会导致青春期的女孩月经出现。通常，月经初潮的年龄在10～16岁。女性月经初潮出现的早与晚受到很多因素的影响，其中，较为主要的有：其所处的地理环境、气候条件、经济水平以及营养状况等方面。月经初潮后，由于卵巢发育尚未完全成熟，因而在一个阶段内，月经周期并没有呈现出一定的规律性，通常在一年内可达正常。男性首次遗精的时间也是有所不同的，通常会在12～18岁发生。

青少年在进入青年初期之后，个体身体的发育逐渐趋于稳定。身高、体重增长速率减慢，18岁以后个体的身高增加得很少。其他生理结构和机能也在此阶段发展减缓，并在不同的时段进入成熟状态。在19岁左右，青少年的心肺、肌肉、骨骼等的生理机能开始逐渐达到成人水平；大脑和神经系统处于缓慢持续的发展过程中，达到完全成熟需要在20～25岁之后。

二、青少年心理发展的规律与特征

人的生理发展与心理发展两者并不是单独进行的，而是有着非常密切的联系的。在人一生的大部分时间里，生理发展与心理发展的速度也是相互协调的，因而使个体的身心处于一种平衡、和谐的状态。青少年期作为个体发展的过渡时期,其生理、认知和社会性方面所产生的变化是巨大的,这就使其心理发展中一些与其他阶段不同的特点得以表现出来。

对于青少年来说,其在青春期的生理发展是非常迅速的,通常能够在2～3年内完成身体各方面的生长发育任务并达到成熟水平,但是,相较于生理发展,其心理发展的速度则相对缓慢,心理发展水平仍然处于从幼稚向成熟发展的过渡时期。如此一来,青少年的身心就处在一种非平衡状态,由此,种种心理发展上的矛盾也开始产生。

(一)生理变化冲击着心理活动

青少年生理上的发展变化,一定会对其心理发展产生相应的影响,这种影响主要表现在两个方面:一方面,青少年身体外形的变化,使他们产生了成人感,因此,这就导致他们在心理上也希望能尽快进入成人世界,有种摆脱童年时的一切的迫切愿望,希望能够寻找到一种全新的行为准则,扮演一个全新的社会角色,获得一种全新的社会评价,重新体会人生的意义,但是在这一过程之中,他们往往会产生各种困惑;另一方面,性的成熟,使得青少年对异性产生了好奇和兴趣,与性相联系的一些新的情绪体验便萌发出来,对性的渴望也滋生出来,但是,这种愿望和情绪无法公开表达出来,因此,这就使他们产生一种强烈的冲击和压抑感觉。

(二)心理上成人感与幼稚性的矛盾

青春期少年的心理活动往往是比较矛盾的,其心理水平具有半成熟、半幼稚性的显著特点。他们产生了对成熟的强烈追求和感受,这来自于身体的快速发育及性的成熟,就是其成熟性的重要表现。在这种感受的作用下,他们在对人、对事的态度、情绪、情感的表达方式以及行为的内容和方向等方面都发生了明显的变化,同时,也对社会、学校和家长能给予他们成人式的信任和尊重表现出非常强烈的渴望。其幼稚性主要从其认知能力、思想方式、人格特点及社会经验上得到体现。青少年的思维虽然已经是以抽象逻辑思维为主要形式,但其总体水平还是相对较低的,处于从经验型向理论型过渡的时期;另外,由于辩证思维的萌发,导致他们在思想方法上的片面性及表面性仍然是比较大的;在人格特点上,成人那种深刻而稳定的情绪体验以及承受压力、克服困难的意志力还是比较欠缺的;社会经验方面,也存在很多不足。由于青春期少年心理上的成人感及幼稚性并存,所以,表现出种种心理冲突和矛盾,具有明显的不平衡性。

具体来说,青少年心理发展所表现出的规律与特征,可以概括为以下几个方面。

1.反抗性与依赖性

青少年在进入青春期后,强烈的成人感便油然而生,进而强烈的独立意识也产生了。主要表现为:他们对一切都不愿顺从,不愿听取父母、教师及其他成人的意见。在生活中,不管是日常的穿衣戴帽还是对人对事的看法,常处于一种与成人相抵触的情绪状态中。尽管如此,在青少年的内心中并没有完全摆脱对父母的依赖,只是依赖的方式较过去有所变化。童年时,对父母的依赖更多的是在情感和生活上;青春期时,对父母的依赖则表现为希望从父母那里得到精神上的理解、支持和保护。存在于少年身上的反抗性也带有较复杂的性质。有时是想通过这种途径将其已经具有了独立人格告诉大家;有时又是为了做个样子给自己看,从而将自己的软弱掩饰起来。实际上,在生活中的许多方面,他们还是需要成人帮助的,尤其是在遭受挫折的时候。

2.闭锁性与开放性

进入青春期的少年,逐渐开始不再将心里想什么都说出来了,而是将自己内心封闭起来。他们的心理生活更加丰富,但表露于外的东西越来越少,再加上其对外界的不信任和不满意,使得这种闭锁性的程度更进一步。但与此同时,他们的孤独感和寂寞感越来越强烈，对能有人来关心和理解他们有着强烈的愿望。因此，这就导致他们不断地寻找朋友，一旦找到，就会推心置腹，毫不保留。因此，青春期少年同时表现出闭锁性与开放性。

3. 勇敢与怯懦

在某些情况下，青春期的少年的勇敢精神能够较好地表现出来，但是，这时的勇敢带有一定的莽撞和冒失的成分，具有初生牛犊不怕虎的特点。导致这一现象的主要原因有两个方面：一方面，他们在思想上很少受条条框框的限制和束缚，在主观意识中没有过多的顾虑，常能果断地采取某些行动；另一方面，他们在认识能力上具有一定的局限性，这就会导致其经常不能立刻将某一危险情景辨别出来。但在另外一些情况下，这些少年也常常表现得比较怯懦。比如，他们在公众场合常常比较害羞，不够坦然和从容，未说话先脸红等。这种行为上的局促是与他们缺少生活经验以及这个年龄阶段所特有的心理状态有着非常密切的联系的。

4. 高傲与自卑

由于青春期的少年对自身的情况不能进行客观的认识和评价，这在智力潜能和性格特征方面都有所体现，其通常是凭借一时的感觉对自己轻下结论，这样就导致他们对自己的自信程度把握不当。他们往往会因几次甚至一次偶然的成功，就将自己定位为一个非常优秀的人才，并且会因此而沾沾自喜；也会因为几次偶然的失利，导致他们产生自己无能透顶的想法，并且由此而陷入极度自卑中。在青春期的同一个体身上，这两种情绪往往交替出现。

5. 否定童年与眷恋童年

进入青春期的少年，身体发育逐渐趋于成熟，成人意识越发明显。他们迫切希望能够将自己的一切行为与幼小儿童的表现区分开来，并且力图否定自己童年的兴趣爱好、人际交往方式、对问题的看法等各个方面，期望以一种全新的姿态出现于生活的各个方面。但是，在否定童年的同时，在这些少年的内心中又留有几分对自己童年的眷恋。他们留恋童年时那种无忧无虑的心态，留恋童年时那种简单明了的行为方式及宣泄情绪的方法，尤其当他们在各种新的生活和学习任务面前感到惶惑的时候，仍然对父母的关照有着非常强的眷恋。

进入青年初期后，青少年的生理发展趋于平缓，其思维、社会性也逐渐趋于成熟，尽管青少年的心理发展还具有一定的动荡性和矛盾性，但是越来越弱化。随着他们独立性的不断增强，成人感越来越强烈；个性逐渐定型；良好的自我意识、社会适应能力也逐渐形成，价值观、道德观变得成熟，已做好了进入心理成熟而稳定的成人阶段的各方面的准备。

第二节 适合青少年参加的户外健身运动项目

户外健身运动项目是非常丰富多样的，适合青少年参加的也有很多，这里重点介绍比较有代表性的几种。

一、滑板运动

（一）滑板运动简介

作为极限运动历史的鼻祖，滑板运动有着非常重要的地位和意义，许多极限运动项目均是由滑板项目延伸而来的。

20 世纪 50 年代末 60 年代初，滑板运动逐渐从冲浪运动演变而成，如今已成为流行运动。

一般来说，常见的滑板的技巧主要有：THE AERIAL（在滑杆上）、THE INVERT（在 U 台上）、THE OLLIE（带板起跳），这些技术可说是除了翻板之外最重要的滑板动作。

(二)滑板运动健身的注意事项

青少年在通过滑板运动进行运动健身时,需要对以下几个方面的事项加以注意,从而避免不必要损伤的发生,并且保证健身运动的顺利进行。

(1)使用前,调整好轮子,使其运转自如得以保证。

(2)要以自己的使用情况为依据锁紧螺母,并且对缓冲垫的弹性进行合理调整。

(3)要定期给轴承注油,使轴承的润滑得到保证,减少滑行阻力。

(4)初学者需要在亲友的帮助下,在倾斜角度小的坡面上滑行,随着技术水平的提高,坡度可以进行相应的调换。

(5)不要在潮湿或粗糙的路面上滑行,当要跳下滑板时,要对周围的环境加以观察,并判断是否会撞到周围的人或其他物品。

(6)其换件的规格型号要与原来部件相同。

二、小轮车运动

(一)小轮车运动简介

小轮车运动主要是在各种比赛中进行锻炼的,常见的比赛形式主要有以下几种。

(1)泥地竞速比赛。

(2)DIRTJUMP(泥地跳跃)比赛,利用泥土做成的坡度进行跳跃花式比赛。

(3)STREET(街道),利用模仿街道障碍的道具场地进行比赛。

(4)HALFPIPE(半管道),在半管道场地里进行跳跃花式比赛。

(5)FATLAND(平地花式),在指定的平地里利用 BMX 车做各种平衡滑行的动作进行比赛。

(二)小轮车运动健身的注意事项

在进行小轮车运动健身时,需要对以下几个方面的事项加以注意,从而保证健身运动的安全性与顺利进行。

(1)为避免腕关节扭伤和摔伤,在控制车的时候要稳住把。

(2)为了避免危险的产生,一定要先将基础平衡动作练好,然后再进行高难度的攀登。

(3)在赛道上骑行时,必须有必要的装备,具体来说,就是使用全盔、袖长至手腕处的长衫、在脚踝处能收紧裤脚的长裤、全包的分指手套以及必要的护甲。而其他分项选手只需戴安全头盔、穿带袖的骑行服和短裤即可。

(4)购买防护装备时的注意事项:第一,要选择重量轻,具有良好的通风性、透气性的头盔;第二,骑行服要是紧身的,且具有良好的排汗性、透气性、保暖性,减少风阻,视觉效果良好,方便路人避让车手;第三,骑行鞋的鞋底有一个凹进的小槽,配合脚镫上的卡锁,骑行时将车手的脚与车子锁在一起不会脱离,便于用力;第四,手套主要起到防滑的作用,可以减少车手在抓持车把时的手部磨损,并且在车手摔跤的时候还可以起到保护作用;第五,防风镜能够起到防风挡光、抵挡飞虫、沙石和树枝等影响视线的东西的效果。

三、轮滑运动

(一)轮滑运动简介

轮滑,也被称为滚轴溜冰、滑旱冰,具体来说,就是一种穿着带滚轮的特制鞋在坚硬的场地上滑行的运动。现在多数的滚轴溜冰者主要都使用直排轮,又称刷刷、66。因此,直排轮往往被当成轮滑运动的代名词。

现代轮滑运动主要有五种类型，即极限轮滑、速度轮滑、花样轮滑、自由式轮滑和轮滑球。

(1)极限轮滑。极限轮滑，也被称为特技直排轮，很受年轻人的追捧。其又可以具体分为街式和专业场地，专业场地分道具赛和半管赛(U形池)。

(2)速度轮滑。以单排、双排轮滑鞋为比赛工具的竞赛项目，又可以具体分为两种类型，一种是场地跑道比赛，有300米计时赛、500米淘汰赛、1 000米、5 000米、10 000米积分赛、20 000米积分赛；一种是公路比赛，包括女子21千米半程马拉松赛、男子42千米马拉松赛。一般的，场地跑道像自行车场一样，是盆形的。

(3)花样轮滑。花样轮滑分为规定图形滑、自由滑、双人滑和双人舞4个项目。比赛在不小于50米长、25米宽的场地上进行。根据动作的难易程度、舞姿的优美程度打分确定胜方。

(4)自由式轮滑。自由式轮滑包括的内容主要有平地花式、速降、FSK、休闲、花式刹停、跳高和轮舞。

(5)轮滑球。轮滑球将冰球和马球两种运动项目的特点充分融合在了一起，在个人技巧和团体协作的基础上进行，比赛规则宽松，对抗性特点较为显著。

(二)轮滑运动健身的注意事项

青少年在参与轮滑运动健身时，需要对以下几个方面的事项加以注意，从而保证健身的安全性。

(1)在健身前，要做好充分的准备活动，要特别重视手腕和下肢各关节及韧带。

(2)穿戴一些必要的防护用具。

(3)健身前要对轮滑鞋的螺丝等紧固部件进行仔细检查，避免以因此受伤的情况发生。

(4)初学者要按照规定，在要求的场地和范围内练习，不要任意滑行。最好在同伴和指导员的指导下进行练习。

(5)禁止做危险或妨碍他人的动作。在公路上滑行更要重视交通安全,最好在人少车少的地方练习。

(6)要学会摔跤时的自我保护方法:当要向前或向侧摔倒时,要主动屈膝下蹲,用双手撑地缓冲,减小摔倒的力量;当要向后摔倒时,也要主动屈膝下蹲,降低重心,尽量让臀部先坐下,并注意保护尾骨处,同时低头团身,避免头部向后仰磕地;摔倒时应尽量避免直臂单手撑地,这样很容易损伤手腕。

(7)轮滑运动对于患有严重疾病的人(如有心脏病、高血压等)的人是不适宜的,可以慢速滑体验一下。除此之外,饮酒后和过度疲劳的人也不宜参加轮滑活动。

四、航空航海模型运动

(一)航空航海模型运动简介

航空模型运动和航海模型运动的统称,就是所谓的航空航海模型运动,简称航模运动。

以放飞、操纵自制的航空模型进行竞赛和创纪录飞行的一项航空运动,就是所谓的航空模型运动。由此,能够使对航空事业的兴趣进一步提升,还能够有效普及航空知识和技术,对航空后备力量人才的培养、智力的发展、身体健康的增进、情操的陶冶都有着积极的帮助。

船舶、军舰模型的制作、比赛、展览、表演的一项体育运动,就是所谓的航海模型运动。可以说,这是一项科技、军事、文化教育活动,科技性较为显著,主要研究制作、在水上操纵各种模型,学习航海科学知识。

1. 分类

(1)航空模型运动的分类

航空模型共有 14 个竞赛项目,四种类型,即自由飞行类(4

项),线操纵圆周飞行类(4 项),无线电遥控飞行类(3 项),象真模型类(3 项)。

①自由飞行类

自由飞行是指模型飞机在空中飞行没有任何约束。以动力装置和飞行方式为主要依据,可以将自由飞行类航空模型分为国际级牵引模型滑翔机(F1 A)、国际级橡筋模型飞机(F1 B)、国际级自由飞模型飞机(F1 C)、国际级室内模型飞机(F1 D)。

② 线操纵圆周飞行类

装有推进器(活塞发动机或喷气发动机)的航空模型,在飞行中由地面的运动员通过一根或几根钢丝或钢索操纵模型飞机。改变舵面的角度,达到改变模型的飞行姿态与高度。这种模型飞机都是围绕着运动员作圆周飞行的,这也是其被称为线操纵圆周飞行的主要原因。具体来说,其主要有四种类型,即国际级线操纵竞速模型飞机(F2 A)、国际级线操纵特技模型飞机(F2 B)、国际级线操纵小组竞速模型飞机(F2 C)、国际级线操纵空战模型飞机(F2 D)。

③ 无线电遥控飞行类

此类模型飞机是由地面的运动员通过无线电遥控设备操纵它的各个舵面,其变化会对模型飞机的空气动力产生影响,从而使它的飞行姿态、航向、高度和速度等发生改变,最终达到完成规定的特技动作或飞行的目的。具体来说,无线电遥控飞行类航空模型主要有三种类型,即国际级无线电遥控特技模型飞机(F3 A)、国际级无线电遥控模型滑翔机(F3 B)、国际级无线电遥控模型直升机(F3 C)。

④ 象真模型类

这是一种按重于空气、载人并成功地飞行过的航空器缩小比例而制作的模型飞机。象真航空模型按控制方式分为:自由飞行象真模型飞机、线操纵象真模型飞机和无线电遥控象真模型飞机。

(2)航海模型运动分类

根据不同的方法,可以对航海模型的类型进行不同的划分。以世界航海模型运动联合会 NAVIGA 的规则为主要依据,可以将航海模型的竞赛项目分为动力艇航海模型、仿真航海模型、耐久竞速艇、帆船模型、仿真航行航海模型这五种类型。

当前,我国开展的航海模型项目主要有:仿真模型、动力艇模型、帆船模型和表演模型等几种。

2.航空航海模型运动的特点

(1)航空模型运动的特点

①早教性。通过航空模型运动的开展,能够对青少年进行早期航空教育。

②实践性。航空模型运动本身就是一种理论和实践紧密结合的教育方式。其所具有的实践经验对于学生学习航模理论和将来学习航空专业和研究工作都是非常有利的。

③趣味性。青少年非常喜欢航空模型的制作、放飞和竞赛。这项运动与他们的心理特点是相符的。从中,他们能够得到满足感、成就感,并且不断激起他们的探索和求知欲望,由此,他们的兴趣也会长盛不衰。

④系统性。航空模型运动的体系已经形成并趋于完善,模型上有模型滑翔机、内燃机模型飞机、喷气式模型飞机和火箭模型等多种类型。有简单的纸模型到无线电遥控模型等从简到繁、从小到大的完备系列。

(2)航海模型运动的特点

①实践性。航海模型运动的实践性特点,在很多方面都有所体现,比如,技能的掌握与运用,材料的选择与工具的使用以及模型的完整制作和操纵等方面。

②综合性。航海模型运动的综合性特点,主要在知识的跨学科性、能力的综合性、品质的优化性上得到体现。

③趣味性。航海模型运动本身就是一项趣味性极强的科技

体育运动。从中，能够使学生在寻找和体会乐趣的同时获取知识。

④挑战性。作为一项国际范围的竞技体育项目，航海模型运动对要求参与者要具有更快、更高、更强的奥林匹克精神。具体来说，航海模型运动的挑战性有两方面：一方面，是在实践制作和操纵中克服困难、战胜自我，体验成功的喜悦，并建立自信心；另一方面，是参与竞争，培养个体进取精神。

3.航空航海模型运动的价值

(1)有助于青少年树立献身祖国航空航海事业的理想

兴趣和理想是青少年学习的最大动力。参加航空航海模型运动，能够使广大青少年从好奇到好玩到产生兴趣，从兴趣上升到爱好，从而最终能够将献身祖国航空航海事业的理想树立起来。

(2)学习有关航空航海知识的教育价值

青少年通过参加航空航海模型运动，能够积极学到有关航空航海知识，从而为未来从事航空航海工作的做好充分的准备。

(3)培养动手操作的能力

我国基础教育往往具有重理论轻实践的特点。学生的推理、演算能力较强，动手实验、操作能力较差。航空航海模型运动能够使这种不足得到一定的改善。

(4)进取精神和竞争意识的培养价值

航空航海模型运动中，会一直充斥着竞赛和创纪录。如此便对青少年竞争意识和奋力向上的精神的养成起到积极的推动作用。同时，在这个过程中领悟到探索新问题的途径、方法和乐趣。

(5)良好的心理素质的培养价值

航空航海模型运动对于青少年自信心、观察能力、发散思维、注意品质和意志品质等方面的培养和改善都是非常有帮助的。

(6)促进青少年间的交流和团队意识形成的价值

在航模运动中，不同年级的学生一起活动，能够有效促进相互之间的交流。能够在减少学习的盲目性的同时，使其在学习上相互竞争、相互帮助，这对于团体凝聚力的形成也是有所助益的。

（二）航空航海模型运动健身的注意事项

(1)在活动进行之前，要仔细检查飞机，及时处理发现的问题，切忌将有安全隐患的飞机带到活动场地强行起飞。

(2)要保证遥控器和油动飞机等的电池有足够的电量。对充满电后长时间没用的接收器，一定要放电后重新充电再装上飞机使用。

(3)在飞行活动开始前，一定要互相通报遥控频点，并将遥控打开，对是否有相互影响进行检测。需要强调的是，带有多个频点的同学，每一个频点都要在飞行前测试过，在空中有飞机的时候打开新的频点是不允许的。

(4)后赶到的参赛同学，到现场后，应等空中的飞机全部安全降落了，再与大家通报频点，相互测试没有影响了，再进行飞行活动。切忌立即打开遥控器，以免对正在参赛的飞机造成影响。

(5)参加活动的同学，自己的飞机没有在空中飞的时候，都有做好领航员工作的义务，要为飞机安全降落提供科学的导航。

(6)每个参加活动的同学都有疏导跑道周围的观众、行人及车辆的义务。

(7)把飞机飞到人群和建筑物的上空，或者把飞机飞到太阳下面的行为都是不允许的。

(8)在飞行过程中，其他人员不能站在飞行员的前面。

(9)参加活动的同学不要站在发动机螺旋桨平面内和前面，调机时尽量远离人群，从而使飞桨伤人的情况得到有效避免。

(10)掌握船模运动的必要知识。

(11)对运动员和各自船模的特点有所了解和掌握。

(12)对模型放航的姿势和技巧进行熟练把握。

(13)熟悉并合理利用规则。

五、攀岩运动

(一)攀岩运动简介

攀岩运动是人类利用原始的攀爬本能,借以各种装备做安全保护,攀登岩石构成的峭壁、裂缝、大圆石以及人工岩壁的运动。由于攀岩运动特有的惊险性、刺激性、技术性和趣味性,吸引了众多勇于挑战自我,敢于面对挑战的年轻人参与。它使人们在享受大自然博大胸怀的同时,更能体验到挑战自然、实现自我所带来的刺激、愉悦和成就感。

(二)攀岩运动注意事项

进行攀岩运动,除了学习基本的保护技术外,还要注意以下事项。

(1)攀岩前应做好计划,对岩石进行细致观察,识别岩石的质量和风化程度。然后确定攀登方向和路线,在观察清楚攀岩路线后,注意可能遇到的难点,并考虑好克服方法和准备休息的地方。

(2)攀岩前做好身体准备活动,并检查所带装备器材、保护装置。

(3)攀登时保持“3 点固定”,每一个支点都要很好选择,步子要均匀,选择最近和最稳固的支点。

(4)途中遇到浮石或松动的石块时,一定不能乱扔,可放置在安全处或通知下面的同伴注意后再作处理。

(5)攀登者和保护者要密切配合,在攀登中,切忌抓草或小树枝等作支点;有积雪或过于潮湿的岩壁不宜进行攀登。攀登者不能戴手套,但要戴安全帽。

(6)攀岩时,要注意保持体力,注意手脚配合和保持身体平衡;在选择立足点时要使脚有可靠而便利的固定点,同时头脑始终保持冷静,遇到意外一定要冷静。

第三节 青少年户外运动健身指导方案

一、滑板和小轮车运动健身指导方案

对于青少年来说，滑板和小轮车都属于极限运动的范畴，这两项运动对于小学生是非常适合的。下面就对滑板和小轮车运动健身指导方案加以分析。

（一）运动处方设计

(1)运动目的：促进身高体重的快速增长；促进血液循环，增强心肺功能；促进下肢力量和平衡能力的发展；愉悦身心。

(2)运动强度与运动时间：不同体力的青少年的运动强度与运动时间是不同的（表 6-1、表 6-2、表 6-3）。

表 6-1 体力较弱者的运动量

周	运动强度（心率）/（次/分钟）	运动时间/分钟
1～2	≈110	30～60
3～5	≈115	30～60
6～8	≈120	30～60
9～10	≈125	30～60
11～12	≈130	30～60

表 6-2 体力中等者的运动量

周	运动强度（心率）/（次/分钟）	运动时间/分钟
1～2	≈130	30～60
3～5	≈135	30～60
6～8	≈140	30～60
9～10	≈145	30～60
11～12	≈150	30～60

表 6-3 体力较强者的运动量

周	运动强度(心率)/(次/分钟)	运动时间/分钟
1～2	≈150	30～60
3～5	≈155	30～60
6～8	≈160	30～60
9～10	≈165	30～60
11～12	≈170	30～60

(3)运动频率:每周 2～3 次为宜,持续时间至少 12 周。

(4)注意事项:选择安全的运动场所;做好准备活动,要特别重视关节活动,并做好保护措施,避免损伤发生;以自己的能力为依据选择适宜的运动难度;运动前做好运动器械的检查工作;身体不适立即停止运动。

(二)运动效果评价

(1)评价方法:借助于观察法对学生运动后的行为表现加以观察;通过测量法对青少年运动前后的身心变化加以了解。

(2)评价指标:包括身高、体重、台阶试验指数、肺活量、握力、立定跳远和闭眼单腿站立在内的体质指标;包括情绪和人际交往能力在内的心理指标。

二、轮滑运动健身指导方案

轮滑运动对于青少年,不管是年龄较小的还是年龄大一些的,都非常适合。

(一)小学生轮滑运动健身指导方案

1. 运动处方设计

(1)运动目的:促进血液循环,增强心肺功能;促进平衡能力发展。

(2)运动强度与运动时间：不同体力的青少年进行轮滑运动健身锻炼的运动时间和强度是不同的(表6-4、表6-5、表6-6)。

表6-4 体力较弱者的运动量

周	运动强度(心率)/(次/分钟)	运动时间/分钟
1～2	≈110	30～60
3～5	≈115	30～60
6～8	≈120	30～60
9～10	≈125	30～60
11～12	≈130	30～60

表6-5 体力中等者的运动量

周	运动强度(心率)/(次/分钟)	运动时间/分钟
1～2	≈130	30～60
3～5	≈135	30～60
6～8	≈140	30～60
9～10	≈145	30～60
11～12	≈150	30～60

表6-6 体力较强者的运动量

周	运动强度(心率)/(次/分钟)	运动时间/分钟
1～2	≈150	30～60
3～5	≈155	30～60
6～8	≈160	30～60
9～10	≈165	30～60
11～12	≈170	30～60

(3)运动频率：以每周2～3次为宜；持续时间至少12周。

(4)注意事项：运动前要做好充分的准备活动，要特别重视手腕和下肢各关节及韧带；充分利用起防护用具；做好自我保护工作；采用适当的运动强度，避免过度疲劳产生；身体不适则立即停止运动。

2. 运动效果评价

(1)评价方法:通过观察法对学生运动后的行为表现加以观察;通过测量法对学生运动前后的身心变化加以测试。

(2)评价指标。包括肺活量、闭眼单腿站立在内的体质指标;包括适应能力在内的心理指标。

(二)初中生轮滑运动健身指导方案

1. 运动处方设计

(1)运动目的:促进血液循环,增强心肺功能;促进灵敏素质的发展。

(2)运动强度与运动时间:不同体力的初中生参与轮滑运动健身的运动量是不同的(表 6-7、表 6-8、表 6-9)。

表 6-7 体力较弱者的运动量

周	运动强度(心率)/(次/分钟)	运动时间/分钟
1～2	≈110	30～60
3～5	≈115	30～60
6～8	≈120	30～60
9～10	≈125	30～60
11～12	≈130	30～60

表 6-8 体力中等者的运动量

周	运动强度(心率)/(次/分钟)	运动时间/分钟
1～2	≈130	30～60
3～5	≈135	30～60
6～8	≈140	30～60
9～10	≈145	30～60
11～12	≈150	30～60

表 6-9 体力较强者的运动量

周	运动强度(心率)/(次/分钟)	运动时间/分钟
1～2	≈150	30～60
3～5	≈155	30～60
6～8	≈160	30～60
9～10	≈165	30～60
11～12	≈170	30～60

(3)运动频率:每周 2～3 次为宜,持续时间至少 12 周。

(4)注意事项:运动前做好充分的准备活动,要特别重视手腕和下肢各关节及韧带;戴好防护用具;做好自我保护工作;采用适当的运动强度;身体不适则立即停止运动。

2.运动效果评价

(1)评价方法:通过观察法对学生运动后的行为表现进行观察;通过测量法对学生运动前后的身心变化加以测试。

(2)评价指标:包括台阶试验指数和反应时在内的体质指标;包括人际交往能力在内的心理指标。

(三)高中生轮滑运动健身指导方案

1.运动处方设计

(1)运动目的:控制体重,减肥;促进血液循环,增强心肺功能;促进下肢力量的发展。

(2)运动强度与运动时间:不同体力的学生参与轮滑运动健身的运动量也是不同的(表 6-10、表 6-11、表 6-12)。

(3)运动频率:每周 2～3 次为宜,持续时间至少 12 周。

(4)注意事项:运动前应先做好准备活动,要特别重视手腕和下肢各关节及韧带;戴好防护用具;做好自我保护工作;采用适当的运动强度;身体不适立即停止运动。

表 6-10 体力较弱者的运动量

周	运动强度(心率)/(次/分钟)	运动时间/分钟
1～2	≈110	30～60
3～5	≈115	30～60
6～8	≈120	30～60
9～10	≈125	30～60
11～12	≈130	30～60

表 6-11 体力中等者的运动量

周	运动强度(心率)/(次/分钟)	运动时间/分钟
1～2	≈130	30～60
3～5	≈135	30～60
6～8	≈140	30～60
9～10	≈145	30～60
11～12	≈150	30～60

表 6-12 体力较强者的运动量

周	运动强度(心率)/(次/分钟)	运动时间/分钟
1～2	≈150	30～60
3～5	≈155	30～60
6～8	≈160	30～60
9～10	≈165	30～60
11～12	≈170	30～60

2.运动效果评价

(1)评价方法:通过观察法来对学生运动后的行为表现加以观察;通过测量法对学生运动前后的身心变化加以测试。

(2)评价指标:包括体重、台阶试验指数、肺活量和立定跳远在内的体质指标;包括情绪、人际交往能力和适应能力在内的心理指标。

三、航空航海模型运动运动健身指导方案

（一）小学生航空航海模型运动健身指导方案

1. 运动处方设计

(1)运动目的:促进身高体重的快速增长;促进血液循环,增强心肺功能;增加下肢力量;提高灵敏性;促进平衡能力发展。

(2)运动强度与运动时间:不同体力学生参与航空航天模型运动健身的运动量也是不同的(表 6-13、表 6-14、表 6-15)。

(3)运动频率:以每周 2～3 次为宜,持续时间至少 12 周。

(4)注意事项:航空模型在起飞、降落和飞行时都要注意安全;避免遥控器的相互干扰;熟悉掌握并合理利用规则。

表 6-13　体力较弱者的运动量

周	运动强度(心率)/(次/分钟)	运动时间/分钟
1～2	≈90	60～90
3～5	≈95	60～90
6～8	≈100	60～90
9～10	≈105	60～90
11～12	≈110	60～90

表 6-14　体力中等者的运动量

周	运动强度(心率)/(次/分钟)	运动时间/分钟
1～2	≈110	60～90
3～5	≈115	60～90
6～8	≈120	60～90
9～10	≈125	60～90
11～12	≈130	60～90

表 6-15　体力较强者的运动量

周	运动强度(心率)/(次/分钟)	运动时间/分钟
1～2	≈130	60～90
3～5	≈135	60～90
6～8	≈140	60～90
9～10	≈145	60～90
11～12	≈150	60～90

2.运动效果评价

(1)评价方法:通过观察法对学生运动后的行为表现加以了解;通过测量法对学生运动前后的身心变化加以测试。

(2)评价指标:包括身高、体重、台阶试验指数、肺活量、立定跳远、反应时和闭眼单腿站立在内的体质指标;包括人际交往能力在内的心理指标。

(二)初中生航空航海模型运动健身指导方案

1.运动处方设计

(1)运动目的:促进血液循环,增强心肺功能;提高合作意识和合作能力;提高灵敏性。

(2)运动强度与运动时间:不同体力的学生进行航空航天模型运动健身的运动量是不同的(表 6-16、表 6-17、表 6-18)。

表 6-16　体力较弱者的运动量

周	运动强度(心率)/(次/分钟)	运动时间/分钟
1～2	≈90	60～90
3～5	≈95	60～90
6～8	≈100	60～90
9～10	≈105	60～90
11～12	≈110	60～90

表 6-17　体力中等者的运动量

周	运动强度(心率)/(次/分钟)	运动时间/分钟
1～2	≈110	60～90
3～5	≈115	60～90
6～8	≈120	60～90
9～10	≈125	60～90
11～12	≈130	60～90

表 6-18　体力较强者的运动量

周	运动强度(心率)/(次/分钟)	运动时间/分钟
1～2	≈130	60～90
3～5	≈135	60～90
6～8	≈140	60～90
9～10	≈145	60～90
11～12	≈150	60～90

(3)运动频率:每周 2～3 次为宜,持续时间至少 12 周。

(4)注意事项:航空模型在起飞、降落和飞行时都要注意安全;避免遥控器的相互干扰;熟悉并合理利用规则。

2.运动效果评价

(1)评价方法:通过观察法对学生运动后的行为表现加以了解;通过测量法对学生运动前后的身心变化加以测试。

(2)评价指标:包括台阶试验指数在内的体质指标;包括情绪、人际交往能力和意志力在内的心理指标。

四、攀岩运动健身指导方案

(一)运动处方设计

1.运动目的

(1)促进身高的快速增长。

(2)控制体重,减肥。

(3)促进血液循环,增强心肺功能。

(4)增加下肢力量。

(5)促进平衡能力发展。

2.运动强度与运动时间

(1)体力较弱者的运动强度与运动时间(表 6-19)。

(2)体力中等者的运动强度与运动时间(表 6-20)。

(3)体力较强者的运动强度与运动时间(表 6-21)。

表 6-19 体力较弱者的运动量

周	运动强度(心率)/(次/分钟)	运动时间/分钟
1～2	≈110	30～60
3～5	≈115	30～60
6～8	≈120	30～60
9～10	≈125	30～60
11～12	≈130	30～60

表 6-20 体力中等者的运动量

周	运动强度(心率)/(次/分钟)	运动时间/分钟
1～2	≈130	30～60
3～5	≈135	30～60
6～8	≈140	30～60
9～10	≈145	30～60
11～12	≈150	30～60

表 6-21 体力较强者的运动量

周	运动强度(心率)/(次/分钟)	运动时间/分钟
1～2	≈150	30～60
3～5	≈155	30～60
6～8	≈160	30～60
9～10	≈165	30～60
11～12	≈170	30～60

3.运动频率

每周 2～3 次;持续时间至少 12 周。

4.注意事项

(1)为了防止伤害,要充分做好准备活动。
(2)攀岩前应准备好装备及保护措施。
(3)适当降低难度,一旦受伤应立即停止。
(4)避免运动强度过大。
(5)应以室内攀岩为主。

(二)运动效果评价

1.评价方法

(1)观察法,主要观察学生运动后的行为表现。
(2)测量法,采用体质测量和心理测量等方法测试运动前后的身心变化。

2.评价指标

(1)体质指标,包括身高、皮脂厚度、台阶试验指数、肺活量、立定跳远和闭眼单腿站立。
(2)心理指标,包括情绪、意志力。

第七章　山地户外运动实践方法指导

山地户外运动在时下已经成为一项非常热门的户外运动项目，它以其轻松愉快、阳光自由的特点深得人们的喜爱。常见的山地户外运动有登山、攀岩、徒步穿越和山地自行车，要想顺利参与到这些项目当中，体验在大山之中的运动乐趣，就需要掌握必要的运动知识并做好相应的准备工作。本章就对山地户外运动的实践方法进行指导。

第一节　登山运动实践指导

一、登山运动的起源和发展

（一）登山运动的起源

人类的生活、生产劳动实践是体育运动产生的基础与渊源，登山运动亦如此。登山技术的产生与发展，首先是来自于人们生活、生产劳动实践。在远古时期，洪水泛滥时，人们上山去躲避洪水。当人类社会出现部落、民族和国家后，人们又常常上山去躲避入侵的敌人或依山打击敌人。在商品交换形成之后，人们又赶上马匹，翻山越岭与外族进行商品和文化艺术的交流。整个人类的生活与山有着密切的关系，登山也就由此而不断得到发展。

贯穿法国、意大利、瑞士和奥地利等国家的阿尔卑斯山是现代登山运动的诞生地。其主峰——勃朗峰（在法国境内），海拔

4 810米,是西欧的第一高峰。据历史记载,法国一位名叫德·索修尔的著名科学家为探索高山植物资源,渴望有人能帮他克服当时不可逾越的险阻——阿尔卑斯山顶峰。1760 年 5 月,他在阿尔卑斯山脚下的沙木尼村贴出了一则告示:“凡能登上或提供登上勃朗峰之颠线路者,将以重金奖赏。”但告示贴出后长期未获响应。因此,他每年出榜一次。直到 26 年后的 1786 年 6 月,一位名叫帕卡德的山村医生才揭下了告示,他们经过两个多月的准备,并与在当地山区采掘水晶石的工人巴尔玛特结伴,于当年 8 月 6 日首次登上了勃朗峰。后来,人们把登山运动称为“阿尔卑斯运动”,并把 1786 年作为登山运动的诞生年,索修尔、巴尔玛特等人则成了世界登山运动的创始人,并得到了国际登山界的公认。

为了更加清晰明了地了解和认识登山运动的发展历程,可以将这一发展过程分为以下几个阶段。

在我国,民间还流传着许多登山的传统习俗,如人们利用 9 月 9 日重阳节登高来进行健身和旅游活动,许多文人墨客也非常热爱游览登山以尽情享受“会当凌绝顶,一览众山小”之壮观。为了登上顶峰,人们充分发挥自己的聪明才智。当登山专门技术和专门装备形成后,登山逐渐从旅行活动中分离出来,成为一个独立的体育运动项目。而把登山作为一项专门的体育运动,是在 18 世纪末期开始的。

(二)登山运动的发展

1.阿尔卑斯黄金时代(1786—1865 年)

1786 年登山运动诞生以后,特别是在 1850—1865 年的 15 年间,阿尔卑斯山区的登山运动发展极为迅猛。世界上第一个国家性的登山组织——英国登山俱乐部,于 1857 年宣告成立。这一时期阿尔卑斯山的西欧第二高峰杜富尔峰(4 638 米)、埃克兰峰(4 103 米)、芬斯特拉尔霍思峰(4 275 米)等 20 多座海拔 4 000 米以上的山峰先后被征服。1865 年 7 月,英国登山运动员文培尔等人又登上了当时被人们认为无法登顶的玛达布隆峰(海拔 4 505 米,其岩壁陡峭,平均坡度为 65°,有的地方达 90°),至此,以阿尔卑斯山为中心的登山运动达到了顶峰,出现了所谓的"阿尔卑斯黄金时代"。

2. 阿尔卑斯白银时代(1890—1917 年)

1890 年开始到 1917 年第一次世界大战期间的这个时期,是世界登山技术取得不断发展和进步的新时代,在世界登山运动史上被称为"阿尔卑斯白银时代"。

1865 年以后,阿尔卑斯山脉的 20 多座海拔 4 000 米以上的山峰被登山者征服后,登山者又向从未有人攀登过的、更为难攀的和更为艰险的路线去攀登阿尔卑斯诸峰,由于这一时期的登山运动具有难度较大,主要是坡度大,路线上有冰雪地段的特点,不但难以通过,而且还有很大的危险性。因此,克服这些困难,避免滑坠、滚石或雪崩等危险,就是这一时期人们需要解决的问题。1890 年 7 月,英国登山家马默里首创钢锥、铁索、绳结等登山工具,以用来制造人工支点(即手可抓握,脚可蹬踢的支撑点)及使人与保护工具灵活地连接在一起。由于创造了上述的工具和装备,使简单的登山提高为技术性很强的登山活动,马默里用新的技术登上了一些针状山峰,使登山运动在技术上有了重大突破,开创了"技术登山运动"的时代。马默里等人在登山技术上的重大成就,把登山运动提高到了一个新的水平,这是登山史上的一个重要转折点,它标志着登山运动的一个新时代的开始,把登山运动从西欧阿尔卑斯低山区引向喜马拉雅高山区。因此,人们又把"登山运动"叫作"马默里运动"或"马默里攀登法"。

3. 阿尔卑斯铁器时代(1918—1938 年)

在马默里改进技术和装备之后,各国运动员也开始对新式登山装备和工具进行不断研究。相继创造出了各种各样的钢锥、冰镐、冰锥、岩石铁锤、金属小挂梯、钉鞋、铁架背包等，这些装备和工具为登山运动增加了大量的钢铁制装备，这是马默里时代所无法比拟的。因此，人们把这一阶段称之为“阿尔卑斯铁器时代”。在这个时期，登山技术比马默里时代又进步了许多，当时马默里等人认为无法超越的“阿尔卑斯三大北壁”，即马达霍隆峰的北壁、古兰特·焦拉斯峰的北壁和埃格尔峰的北壁，成为英、法、德、意等国运动员进攻的目标。直到1938年夏，“阿尔卑斯三大北壁”被全部征服。在登山史上，“阿尔卑斯铁器时代”也就是登山运动员向“阿尔卑斯三大北壁”挑战的时代。

4. 喜马拉雅黄金时代（1950—1964年）

自1950—1964年的14年间，是人类高山登山运动一个重要的发展阶段。1950年6月3日，法国运动员莫·埃尔佐和勒·拉施纳尔付出了“血”的代价（一人冻掉了双脚，另一人冻掉了一只手），在人类的登山史上首次成功地登上了海拔8 091米的安纳普尔那峰。1953年5月9日，英国登山队的依·希拉里（新西兰人）和藤辛·诺尔盖（尼泊尔人，后入印度籍）从南坡登上珠穆朗玛峰（这是人类登山史上首次成功登上世界最高山峰）。在这14年间，地球上海拔8 000米以上的高峰，有14座先后被各国运动员所征服。

与此同时，新中国登山运动员也以崭新的面貌，生气勃勃地跨进了世界高山登山运动的行列。1964年5月2日，中国登山队许竞（队长）、王富洲等10名运动员首次成功地登上海拔8 012米的世界第十四高峰——希夏邦玛峰，创造了一次10名队员集体登上8 000米以上高峰的世界纪录。因此，世界登山史上将1950—1964年这段时间称为“喜马拉雅黄金时代”。

5. 喜马拉雅白银时代（1964—1979年）

1964年，中国登山队征服了名列世界第14位的高峰希夏邦玛峰，标志着世界登山史上人类“向海拔8 000米以上高峰进军”

的“喜马拉雅黄金时代”的结束。从而也迎来了一个新的高山登山时代——“喜马拉雅白银时代”。即从1964年至1979年的15年间，各国登山运动员在过去攀登8 000米和7 000米以上高峰经验的基础上，从14座8 000米以上山峰的各个不同的角度和路线上继续创造新的、难度更大的攀登路线和人数上的纪录（包括妇女登上了8 000米以上的高峰并创造了珠穆朗玛峰女子登山的新纪录）；而且这一时期，意大利登山家梅斯纳、奥地利登山家哈贝勒两人不使用氧气瓶从东南山脊上登上了珠穆朗玛峰，打破了过去认为不使用氧气不能攀登8 000米高峰的理论，开创了人类攀登珠峰的新纪元。

6. 喜马拉雅铁器时代（20世纪80年代）

自“喜马拉雅黄金时代”结束后，世界登山运动开始逐步向新难度（新路线、不同季节、无氧攀登等）的方向迈进。特别在20世纪80年代，各国登山队在攀登8 000米以上高峰的活动中，连创奇迹。日本、意大利、美国的登山家先后突破了喜马拉雅山区的“严冬季节禁区”“路线禁区”。日本、波兰、意大利、南斯拉夫、苏联、美国等登山队又开辟了六条攀登珠峰的路线，还出现了高水平的“高山纵走”（沿着一条山脊上山，连续登上在同一条山脊上的两座或两座以上的山峰的登山活动）的攀登方式。这些都标志着登山运动在20世纪80年代达到了一个高潮，因此，在世界登山史上将这段时间称为“喜马拉雅铁器时代”。

二、登山运动实践技术

（一）山间行军技术

登山行军技术是登山最重要的基本技术。如果登山者用一般人那种步伐去登山是很容易疲劳的。熟练的登山者有其独特的步行技术，这样的步行技术能够保持身体平衡，步伐节奏适中，随时调整呼吸。

山间行军技术种类较多，下面就详细介绍几种较为常用的步行法。

1. 上山步行法

上山步行法与平地步行法基本上没有太大的区别，但上山却比走平地耗费体力。因此，需考虑各种条件，如登山者本身的身体状况、登山时的气象条件、团体及个人能力与装备等。

开始登高时，需特别注意的是步伐不要太快。在低洼的地方行走时，除溪谷外，大体上不致有困难，但开始登高后，山路也就显得崎岖不平。因此，开始登高时步伐要小，但速度则要保持和走平地时一样，不要因岩石或树根的阻碍而踌躇不前。

不同的地形，步行的方法也有一定的差别。下面就详细介绍在两种不同的地形上进行登山运动的步行方法。

(1)登陡坡时采用的步行法

登陡坡时，不要直线登高，如路够宽时，可蛇行蜿蜒而上，山越高越陡，就越需如此。如果陡坡的山路太窄而无法蛇行时，就需渐渐降低速度，不慌不忙地以深呼吸调整步伐。

背着重装备登陡坡是登山活动中最辛苦的，但也是最令人回味的。上坡时，满头大汗，双腿麻木，全身骨头好像要散掉了，登山者不但没有时间去思考，也没有心情去欣赏那如诗如画的风景，满脑子想的只是往上爬，这就是登高的最高境界。

登山者一开始登陡坡，就要尽可能以队伍前进的速度为准，调整自己的呼吸与步伐，并尽可能保持走平地的速度。如果前面的登山者速度太快致使自己无法赶上时，不要勉强去赶，可请领队通知他，请其放慢脚步。如前行者是自己的伙伴，就可直接请他走慢一些。如果自己感到痛苦、疲劳不堪或体力不支时，应即刻通知同行的人。

(2)登草坡和碎石坡时采用的步行法

草坡和碎石坡是山间分布最广泛的一种地形。在海拔 3 000

米以下的山地，除了悬崖峭壁以外，几乎都是草坡和碎石坡。因而，攀登草坡和碎石坡是每个登山者必须掌握的一项基本技术。

登草坡和碎石坡时通常采用的步行法主要有两种，一种是直线攀登法，一种是之字形攀登法，具体如下。

①直线攀登法。直线攀登法适用于攀登坡度在 30°以下的山坡。上升时身体稍向前倾，全脚掌着地，两膝弯曲，两脚呈八字，迈步不要过大过快。

②之字形攀登法。之字形攀登法主要适用于攀登坡度大于 30°的山坡时，这种攀登法能够减少直线攀登时的难度和滑坠的危险。“之”字形攀登法是指按照“之”字形的路线左右斜越、盘旋而上的攀登方法(图 7-1)。采用这种方法攀登时，腿微微弯曲，上体前倾；内侧脚脚尖向前，全脚掌着地(主要用脚外侧蹬地)，外侧脚脚尖稍向外撇(主要用脚跟蹬地)。除此之外，在采用“之”字形攀登法行走时，为了更好地保持身体的平衡，还要注意向左方转弯时，要先迈左脚，向右方转弯时要先迈右脚。

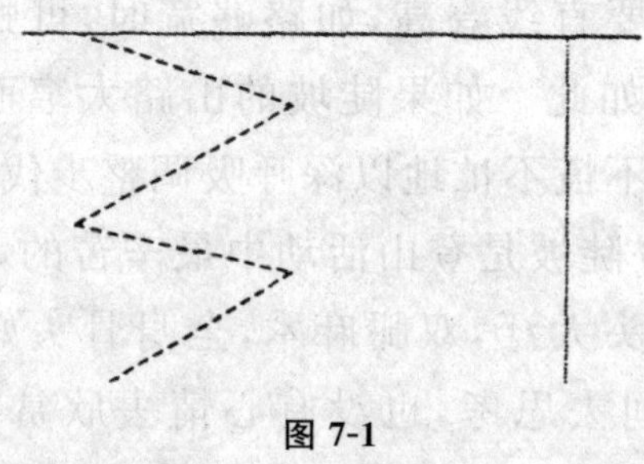

图 7-1

2. 下山步行法

下山时使用的能量较少，几乎和平地行走差不多。但是，下山发生意外的情形却比上山时要多。一般来说，下山的步行法要根据具体的地形而进行一定的调整，以达到理想的下山效果，并减少发生危险的概率。

(1)下坡度小于 30°的山坡采用的步行法

在下坡度小于 30°的山坡时，一般是两腿微微弯曲，膝关节放松，用脚跟先着地，身体重心先放在两脚跟上，然后过渡到全脚掌，将整个身体的重量压在脚上，步子要小而有弹性（这种下法速度较快）。

（2）下坡度大于30°的山坡采用的步行法

在下坡度大于30°的山坡时，则仍需采用"之"字形路线斜着下山。一般是内侧脚用脚掌和脚外侧蹬地，外侧脚用脚跟和脚内侧蹬地；身体向内后方（指山坡方向）倾斜以保持身体的平衡。

3. 山脉棱线步行法

一般所说的登山大都指走山脉棱线，但也有从溪谷攀登没有小径的岩壁，以达山顶的登山法——这只是为特殊目的而用的登山法。无论如何，走棱线仍是登山活动中最常见的。但山的棱线却有各种不同的形态，具体应该根据实际情况而适当调整步行的方法，以达到理想的登山效果，并且减少发生危险的可能性。另外，由于在山间行走容易迷路，做相应的标记也具有非常重要的作用和意义。

（1）在深山应该设立石堆等作为登山标记

有经验的登山者，一到自己没有把握的地点就会立即堆砌石堆、绑布条或割开草。一旦真的迷路，就可找堆砌的石堆、布条或割开的草等各种标记，以便寻找正确的路线。等雾散后，也可上树梢望四周，或尽量站在高处寻找山的棱线。

在人迹罕至的深山，这种标记就成为登山者登山时的重要依据。在光秃秃的岩石山上，如没有别的东西可做标记时，只要在岩石上摆一些石头，就可成为显著的目标，对登山者颇有助益。

（2）在草木繁茂的地带应在较高的树枝上设立标记

如在草木繁茂的地带，石堆的作用就不大，反而是以割草辟小径或在树枝上绑布条的方法比较有效。

（二）渡河技术

有时候在登山的过程中可能还会遇到山间的河流。这些河流的水文情况不同，有的缓慢、有的湍急、有的清澈见底、有的浑浊不堪。因此，要想在登山过程中顺利渡过河流，就需要对这些河流的情况有所了解，并且掌握必要的渡河技术。为此，在涉水渡河时首先要对河流进行实地考察，了解河流的深浅、流速及河底的结构，待河流相关信息准确后，再确定渡河的地点和方法。

一般情况下，渡河可根据同行人数的多少来进行分类，如单人渡河、双人渡河和多人渡河。

1. 单人渡河法

单人渡河法顾名思义就是由一个人凭借自身的能力渡河的方法。单人渡河需要渡河人找到一根长棍辅助，以感知河底的情况。在渡河时，木棍的支点与人的两脚要形成一个稳定的三点，且木棍的落点力争要在水的上游一侧。渡河时的两脚移动过程中，身体重心需始终保持略向上游倾斜的状态，依靠木棍的支点，两脚站稳后再移动木棍。在渡河双脚交替移动时，起脚不要太快、太高，步幅不要太大，务必要保证有两个支点稳定后再移动另一个支点。如遇到水流较为湍急的河流时，为了提高安全系数，渡河人可在腰上系一条保护绳，绳子由岸上的同伴固定，如此可以使渡河人在不慎遇到危险时有多一层的保护。

2. 两人渡河法

两人渡河法是两名渡河人共同协作完成渡河的方法。两人渡河的方法主要为两人对面站立，双手相互搭肩，然后做横向侧跨步前进渡河。这种两人渡河法的关键就在于两人在渡河移动脚步的过程中必须要保持步调的一致，否则会造成两人移动不稳，提高摔倒的风险。

3. 多人渡河法

多人渡河法是两人以上的团队渡河方法。常用的多人渡河法包括三到五人一组“墙式”渡河法。具体的构成方式为三人或五人站成一列横队，相邻的成员互搭肩膀面向对岸前进。此外还有一种方式叫作“轮状”渡河法，即四五个人围成一个圆圈，互搭臂膀，朝着水流方向像车轮一样地转动，横渡前进。

（三）休息

登山对人的体能的消耗是非常大的。在整个登山的过程中需要根据情况合理安排休息时间，以此获得人的短暂的体能恢复，这一时间内还能整理服饰、进食进水，并对未来即将攀登的路程进行细致的研究。为了取得理想的休息效果，要注意休息时间的掌握以及休息活动的安排，具体如下。

1. 休息时间的安排

第一次休息时间的安排可于开始行进登山的20～30分钟后进行。这个时间的休息主要是为了消除刚刚开始行进后可能出现的不适感，如调整行装、整理服饰、增减衣物等。这次休息后，此后的每次休息时间间隔可为50～60分钟一次，每次休息的时间为10分钟左右。另外，在登山行进的节点处也要安排休息，这个节点主要为登山不同海拔高度设置的大本营。在大本营的休息要更为充分和全面，还可以在这个时间内对照地图确定所处位置和观察周围地形，并要做好必要的记录。

实际上，对于休息时间的安排是一种较为灵活的计划，只是单一的固定休息间隔与休息时间并不现实，也不科学。由此也使得对于休息时间的安排合理程度也是判定一个登山领队水平的标准。因为休息时间的安排与分配的参考因素是需要根据路线难易情况、天气情况、全程计划时间以及队员身体情况而定的，如果不能将这些因素考虑周全，制订的休息计划可能就会拖延团队的行进时间，抑或是不能满足队员的体能恢复需求。

2. 休息活动的安排

依据休息时间的不同可以将休息分为短暂休息和较长时间休息两种。这两种休息的过程中登山者的休息内容有一些差别。

(1)短暂休息

短暂休息中的主要内容是登山者调整呼吸、解除疲乏、短暂恢复体力。如果休息时间特别短暂,如 5 分钟,那么就不要坐下以及卸下装备,只需手拄登山杖、弯曲上身,将上体重量移到登山杖上,便可使肩部和腰部得到暂时的放松。如果是 10 分钟甚至更长一些时间的休息,可在地上铺上防潮垫后坐下,并将一些易于拿放的装备放下。

(2)较长时间休息

较长时间休息中的主要内容是进餐和恢复体力。为此,在卸下装备后可先做一些简单的放松活动,然后开始创建进餐环境,如铺设防潮垫、生火、煮水等。休息场所的选择应考究一些,一般来说这个地点多为背风、景致好的地点,但应将安全性放在第一位。

第二节　攀岩运动实践指导

一、攀岩运动的起源与发展

攀岩是一项基本不依靠辅助工具克服自身重力以实现对岩壁的攀爬的运动。这项运动是当下时尚运动中的重要内容,受到广大休闲人士的欢迎。

攀岩运动与登山运动有着很多相似之处,可以说它就是登山运动的一个分支。攀岩运动起源于 18 世纪末期的"阿尔卑斯运动",也就是登山运动。当时,登山是人们展现自身综合运动能力和意志品质的重要方式。但真正攀登高山的活动并不是人人都能参与的,为此,为了让更多人能体会到登山运动的魅力,一些热爱登山运动的登山家把惊险、刺激且具有非凡观赏性的攀登悬崖峭壁的技术、方法移到郊外的自然岩壁、城市内的室外室内的人工攀岩壁上,如此就构成了一种"微缩"的登山运动。到 20 世纪

50年代后，攀岩才真正开始成为一项体育运动，其首先在欧洲开展起来，并且当时人们所攀爬的岩壁主要为自然岩壁。

世界攀岩运动于20世纪60年代末兴起并迅速传播。这一时期举办的攀岩活动所使用的大多为自然岩壁。鉴于此，就使得这项运动对自然岩壁条件、天气、场地位置等环境的要求较为苛刻，如此就自然会对这项运动的广泛开展带来阻碍。而这个问题在1985年得到较好的解决，当时一位法国人使用可自由装卸的仿真沙子、石头、玻璃纤维和其他原料混合制成的岩壁，这种岩壁最大化地模拟了岩壁的棱角和攀爬着力点，有利于攀岩运动的开展，而这种人造岩壁也可以在城市中的任何地方建设。

目前，世界攀岩运动的风格主要有两大类，一个是以苏联为代表的“速度”派，另一个则是以西欧国家为主的“难度”派。早期攀岩比赛的形式是结组攀登，以速度为主。后来攀岩运动的发展越发朝着个人竞速的方向转变。后来当人工岩壁出现后，对于攀爬着力点的设计更加方便，如此就更加使攀岩运动倾向于难度赛。1987年，国际攀登联合会(UIAA)规定了正式的攀岩比赛必须采用人工岩壁，同年首届人工攀岩比赛在法国举办。1989年，首届世界杯攀岩分站赛分别在法国、英国、西班牙、意大利、保加利亚和苏联举行。1991年举行了首届攀岩锦标赛。攀岩运动进入亚洲的时间较晚，其进入的标志为1991年亚洲竞技攀登联合会在香港的成立。1992年9月，韩国汉城(今首尔)举办了第1届亚洲攀岩锦标赛。

1987年，我国举办了第1届全国攀岩比赛，当时吸引了众多的攀登爱好者，使攀岩运动在我国逐渐被人们所知。从1997年开始，我国每年都要举行多次全国或国际性的比赛，大大促进了我国攀岩运动的发展。经过近30年的发展，特别是近五年来的突飞猛进式的发展我国攀岩运动已初具规模，参与人数越来越广，年龄跨度越来越大，特别是攀岩运动已经成为众多少年儿童选择的运动，这对于他们培养身体机能和良好的意志品质都能带来极大的促进作用。

二、攀岩运动装备

攀岩运动带有一定的惊险刺激性，如此也就带有一些风险性。为此，在进行攀岩运动时就必须做好必要的防护措施以及选择质量可靠的装备。那么，了解攀岩运动中的常用装备并且能顺利使用就显得格外重要，这也是攀岩运动的基本技能之一。

攀岩运动中所需要的装备主要有个人装备和技术装备两大类。

（一）个人装备

1. 攀岩服装

(1)攀岩服装要防风和透气

防风、透气是攀岩服装必须具备的功能。这种服装主要是对攀登户外岩壁有较大作用，它可使穿着者保持身体的干爽和舒适，并且现代高分子材料也可以使得攀登服的耐磨性更好。此外还有一类具有快干、透气的衣服可以作为打底衫和打底裤穿着，这些材料具有独特的速干性，有些材料在洗后 10～15 分钟即可变干，可以有效减少服装因出汗而导致的穿着不适感。

(2)攀岩服装要能够很好地保暖

如参与户外自然岩壁的攀岩运动，还需要顾及保暖的问题。此时，抓绒材料制成的夹克和背心就是很好的选择。抓绒的材质轻，而且保温性好，同等重量的抓绒和同等重量的羊毛相比，抓绒的保暖性要强于羊毛。此外，这种材质的导汗性也较为理想，只是这种材质衣服对于大风的抵抗力较差，易被风打透，如需穿着还需要在外面多穿一层防风外套。

(3)全功能外套

全功能外套以其具备的较多的功能和较好的舒适性成为人们攀岩服饰的选择之一，这种服饰对那些热衷户外登山和攀岩的人士特别适合。全功能外套的款式有短风衣或束腰夹克式样，有些还外带帽子。内里服装的不足都可以靠这一层来弥补，像保温层服装大都耐磨性较差，抓绒夹克的防风性也不好，而全功能外套则完全弥补了这些不足。

2.攀岩鞋

对于攀岩运动来说，脚部是非常重要的着力点。因此，一双好的攀岩鞋对于攀岩运动来说至关重要。评判一双攀岩鞋是否适合还可要看鞋是否符合穿起来舒适且不痛，趾尖部分合脚的要求。对于攀岩鞋来说，鞋底的磨损是非常严重的，为此就需要对鞋底进行必要的保护，具体方法为使用后将鞋底上的黏土、灰尘、小沙粒清理干净，放在凉爽的地方风干，绝不要暴晒或放在高温处烘干。

3.头盔

攀岩运动具有一定的风险性，为此就需要佩戴头盔以对头部起到保护作用。这种保护一方面是针对高空可能出现的坠物，另一方面则是在意外跌落时的撞击。

（二）技术装备

1.主绳

坠落是攀岩过程中最为常见的危险来源。为了防止坠落，就必须设置一条主绳系在攀岩者的身上。主绳为攀登者与保护者之间建立起一种连接，它的主要作用是当攀登者无论因任何原因坠落时，都能保护好攀登者。为此，在每次攀岩运动开始前，攀岩者自己和负责保护工作的人员都要对主绳进行细致检查，以确保主绳的使用状态保持在最佳，切不可抱有侥幸心理。

攀登主绳在使用一定时期后就要对其质量和状态进行判断，具体标准为室内攀登训练用绳大约几个星期就需要更换；每个星期数次攀登,2～6 个月需要更换;一个星期一次攀登,大约需要 2 年更换。

2.绳套

绳套是一种在保护系统中做软性连接的装备。绳套主要有机械缝制和手工打结两种。机械缝制的绳套具有更强的拉力,最大拉力可达 22 千牛,而手工打结的绳套耐拉强度就相对较小,其最大拉力很难达到 20 千牛。

3.安全带

安全带是穿在攀登者身上的用以承载因攀登者脱落或下降而产生的重量和冲力的装备。这种安全带是一套安全组件,其中腰带是承受较大拉力的部分,其余腿带等则为了舒适、便利而设计。

对于安全带的选择要根据使用者的体形和体重进行。不同样式安全带的使用方法也有所差别,常见的安全带有可调式和不可调式两种。为了更加保险,每次在使用新型安全带时都要认真阅读使用说明,严格按照说明书的方法使用,特别是长时间使用安全带。佩戴完成后还要进行检查,如有问题立即明示,安全带保护套起毛或断裂,就应及时更换,确保问题得到解决后再行开展攀岩运动。

4.镁粉及粉袋

攀岩运动对于手脚的摩擦力有着较高的要求,这些摩擦力有助于攀岩者更好抓握着力点和稳定身体。为此,就需要配备镁粉及装盛镁粉的粉袋。粉袋系在安全带上,位置通常为左侧或右侧腰部,以方便在攀登难度大的岩壁或线路时使用。

5.保护器

保护器是在保护和下降过程中,通过它与保护绳之间产生的摩擦力来减少操作者所需要的握力的装备。目前,保护器的种类很多,其中适用于攀岩运动的有"8"字环、管状保护器和自动保护器"GRIGRI"。其中"GRIGRI"是最为理想的保护器,其工作方式类似于套绳器,由旋转凸轮卡住绳子,使用便捷可靠。它的自动工作方式为将绳子猛拉一下,它就会卡在凸轮中间而不会滑动。当然,这种保护器的价格也相对较高。

6. 铁锁和快挂

(1)铁锁

铁锁是用来连接不同安全带扣环或在保护系统中作刚性连接用的装备。没有了铁锁,其他安全装备之间就不能有很好的刚性连接,就不能整体上保护攀岩者的安全。

(2)快挂

扁带的两端分别连接一个铁锁成为快挂,使用时一端扣入保护点,一端连接人体安全带或主绳,操作便利。不过,如果快挂两端的铁锁不带丝扣的话,则可能会出现承载负荷太大而不慎打开或收力压开的危险,因此当只有一个快挂时,则不能将其绝对地看作为是万无一失的固定保护点。

7. 螺栓

螺栓在攀岩运动中的使用较为广泛。常用于攀登的螺栓为直径 3/8～1/2 英寸的膨胀螺栓。这种螺栓适用于多种岩石表面,具有易于安装、牢固可靠的特点。

8. 岩锥

岩锥是一种用金属制造的钉子。这种装备在自然岩壁的攀登中用途较大,使用时将其敲进岩缝做成一个固定点。

9. 绷带

绷带的使用是保护疼痛的手指或关节,保护擦伤或破皮的指尖以及其他一些用于固定的用途。

10. 挂片

挂片的种类较多,使用较为方便,从初级的、手工制作的挂片到光滑而结实的专用挂片都有。几乎每种挂片都有其特别适合的使用需要。其中铝制的挂片由于材质的原因可能会因为在反复承受大力下降时出现弯曲或变形,耗损比较大,因此需要格外注意。而钛或不锈钢材质制作的挂片就相对更为坚固可靠。

11. 保护垫

在所攀岩岩壁的下面普遍会放置一块保护垫,该保护垫的作用在于可以对攀岩者在下降或意外坠落时提供一定的减震和保护作用。当然,对于攀岩运动的安全保护来说,并不能将太多的保护措施放在这一最后的环节上,保护垫的使用只能是最后的一环。

三、攀岩运动技术

(一)手的动作

在攀岩运动中,手部动作是非常关键的技术动作。可以说,没有手部动作,就不存在攀岩这项运动。手在攀岩过程中是抓握支点和维持身体平衡的关键,因此,参与攀岩运动需要有好的手臂力量,反过来,经常参与攀岩运动的人可以使其手臂力量得到提升。

对于攀岩运动的初学者来说,需要扎实掌握手的动作,根据不同情况,尽管是在同一个支点上,手的动作也有可能不同(图 7-2)。

另外,还有一些常用的手部动作如下。

1. 开握

如果支点的边缘或某些点的小洞可以支撑住手指的第二关

节，手就可以平坦地靠在岩面上。如此就可以使手张开，手指并拢，让手指与支点充分接触，整个手掌不用紧握支点。在这个动作中，大拇指的作用较小。

图 7-2

2. 抓握

抓握有些类似于开握，不同的是抓握需要拇指协同发力，可以用手掌去握住它。由于这种握法不仅仅依靠手指，所以可以增加抓握的稳定性。

3. 紧握

紧握手法是四指并拢把拇指搭在食指上，通常只有第一指关节受力，紧扣支点；四指第一指关节弯曲程度超过 90°。大拇指在紧握中提供较大的力量。如果紧握的支点过小，这样紧握时就会感到手指的肌腱被压迫得很疼。整个手掌的紧握可以增加抓点的稳定性，但这会增加手的疲劳感，因此只要找到了另一个合适的抓握位置，就需要更换。

4. 半紧握

半紧握方式与紧握相似，只是拇指并未压在四指上。同样只有第一指关节受力，而且第一指关节弯曲程度超过 90°。

5. 反扣

反扣动作是支点的可抓握方向朝下或与身体移动方向相反

的握法。反扣动作更多的是靠手与手或手与脚之间的反作用来实现的。

6. 手腕扣点

手腕扣点是在大支点上放松前臂，再通过弯曲手腕曲握支点的动作。手腕的弯曲可以转移力量到骨头上，是较为理想的休息姿势。但实现这种握法的条件有限。在有比较大突出的支点上，这种动作应用很多。

7. 侧抠

侧抠的方式在有些可捏住的点可以用四指侧向拉住支点，而大拇指压在支点的边上，拇指所压的方向与其余四指成 90°。大拇指在这个动作中起到的更多是辅助的作用，使抓握支点更加稳定。

8. 抓点

岩壁上的有些支点是向外或向下的柱状点，对于这种支点就可以使用抓点的方法，使整个手掌充分与支点接触。

9. 手掌按点

手掌按点的使用是对于那些特别大的圆形支点。手掌按点可以最大化地增加手掌的摩擦力。这个动作的关键点在于要将手掌和手腕弯曲成一定的角度，使整个手掌充分与支点接触，从而增大摩擦力。这种方法在野外自然岩壁的攀登中的使用更为频繁。

10. 捏握

捏握是由大拇指与其余手指共同完成的手法。一般的捏握中大拇指捏的方向与手指的方向是相对的。有些可捏握的点可以让你的大拇指压在支点的一边，其压的方向与四个手指拉的方向成90°。但如果遇到的支点很小，就只能用拇指和食指的第二关节外侧面去捏握。

11. 侧握

侧握的手法和侧抠、捏握手法较为类似，不同之处在于侧握手法中的拇指几乎不发力。侧握的使用通常在于保持身体平衡，另外在一些需要侧身的动作中也有使用。

12. 前臂勾点

在面对较大支点时可以使用前臂勾点的手法。这种手法是用肘关节夹住支点，利用大臂的力量再与脚部动作配合。这种手法更多也是用于短暂休息时。

13. 拇指扣点

通常情况下，有水平抠槽的支点有时也会使用拇指扣住支点，其余四指辅助发力的手法。此时的拇指为主要发力点，另外四指可以稍稍放松，以此获得短暂的休息。

14. 曲握

曲握将手掌弯曲，四指并拢，大拇指压在食指上，用手掌的外部边缘曲握住支点的手法。大拇指在这个手法中提供较多的力量，并且可以对手形有较好的控制。

15. 口袋点

口袋点是对于那些有手指插入点的支点时使用的手法。岩壁上有些支点就属于口袋点，大的口袋点可以将四指的前端全部伸进去，小的口袋点则只能通过一个或两个手指，故也被称为指洞点。

16. 交叉手

交叉手是当一只手抓握一支点时，用另一只手去抓握线路中下一支点,且双臂形成交叉的手法。交叉手动作的关键点在于交叉手的过程中需要注重身体重心的转换,为此就需要提前判断好抓握下一个支点时的手法。此外,还有一种支点交叉手技术为一只手抓握一个比较大的支点时为另一只手留下一定的抓握空间,使另一只手可以交叉抓握此支点的剩余部分。

17. 扣握

扣握是当手遇到较小的支点时,四指并拢后套住支点,用大拇指压住食指的手法。这个手法中大拇指的力量为主要力量,它不仅要锁住手指,还要靠住岩板。

18. 换手

换手在攀岩运动中较为常用,即左右手在同一个支点上的交换抓握。换手动作较为简单,在交换手的过程中要特别注意重心的稳定,同时保证换手动作结束后身体也要保持同一平衡状态。另外,当遇到支点较大的情况时,两手可以同时抓握,实际上这也是一种换手技术。这时可以先用一只手抓住支点,并给另一只手留下可以抓握的空间,以便于另一只手抓握支点,以省去换手的麻烦。

19. 指甲抠点

这是一种较少使用的抓点手法。指甲抠点通常在应对可抓握部分非常薄的支点时使用,方法为手指指尖部分垂直顶住支点,利用手指第一指关节的力量支撑。此时指尖和指甲都要承受较大的力,这会带来较大的痛感并且可能会造成指甲的损伤。因此,这种手法的使用通常只是短暂的调整。

(二)脚的动作

除了攀登岩面大于90°岩壁外,脚的动作始终是攀岩的主要技术。常用的脚法有蹬、钩、挂、塞、挤等。

1. 踩

在踩点时首先要观察好点的面积，实际上这些点的面积并非是越大越好，而是尽可能能找寻到有利于发力踩踏的点。具体来说，踩的方法主要为正踩、侧踩和鞋前点踩三种。

(1)正踩

正踩是指使用鞋尖内侧边拇指处踩点。这个动作的用处在于可以依靠增加攀岩鞋与支点之间的压力来增大摩擦力，那么抬高脚跟就可以将身体的重心最大化地转移到脚尖，以此来实现增大脚尖部位与支点的摩擦力的目的。

(2)侧踩

侧踩是指用攀岩鞋的前脚掌外侧边四趾部位踩点。侧踩的原理与正踩类似，都是以增加压力来获得较大的摩擦力。为此，在侧踩时也尽量抬高脚跟即可。

(3)鞋前点踩

鞋前点踩是指使用攀岩鞋的正前方部位踩点。这种踩法更多是用来面对那些面积较小的或是指洞支点时使用。

2. 摩擦点

尽量让鞋底与支点最大面积地接触，因此获得更多的摩擦力。为此，这种踩点就需要较多地用到攀岩鞋的内外侧边，如果可以还要使用到整个前脚掌，以增加接触面积。踩点时脚跟要适当向下倾，使踩点时更加牢固，同时也正好与正踩和侧踩相反。由此可见，摩擦点动作最适合身体悬空时使用。

3. 脚后跟勾

脚后跟勾就是指用脚勾住支点，这种动作通常出现在屋檐的翻出部位上，一般是把鞋后跟放在一些合适做这种动作的支点上，脚的后跟挂住支点。在钩的过程中，伸腿、屈胸，向上直到脚能勾到支点，腿部发力将身体勾向勾点的方向，以减少手部所受的力量，达到省力的目的。为了完成这个动作，需要攀岩者具有一定的灵活性和柔韧性，而且需要更多的实践才能运用自如。

4. 交换脚

如果岩壁上的支点较少，就需要经常使用交换脚技术。交换脚技术的完成方法为在移动脚之前确定自己所要踩到的脚点，判断支点的性质，包括点的大小、方向和位置。尽量选择那些落脚点低于落手点的点。然后准确落脚到点的最佳位置，并且保证力量相对集中，然后再将重心平稳过渡到另一个脚点，最后确保脚的绝对平稳，移动时以脚踝为中心减少上身的运动。需要注意的是，移动可能会导致脚滑出支点，为此就需要格外注意保持脚的平稳，特别是发力时的平稳。

5. 交叉脚

交叉脚是当一只脚踩踏支点时，另一只脚从身体内侧或外侧交叉穿过踩踏线路中下一支点的动作。由于交叉脚后要移动身体重心，所以在此之前务必要预判好下一个动作。同支点的交叉也是交叉脚的一种，当遇到一较大的脚点时，可以用脚踩踏支点的一侧，另一只脚交叉踩踏支点的剩余部分，完成交叉脚的动作，这与前面交叉手是同一种方式。交叉脚也会分为内交叉和外交叉两种，具体采取哪种方法需要根据实际情况而定。

6. 顶膝动作

顶膝动作多用于想获得短暂休息的时候。动作方法为用脚部踩住支点的同时用膝盖顶住另一个支点，形成脚部和膝部的互压而完成的。这一动作完成后获得的身体相对静态的平衡，可以腾出双臂以获得放松手臂的时间。

7. 膝盖勾点

膝盖勾点主要用于翻出屋檐地形，当翻屋檐的手点和脚点很近时，可以用膝盖内侧勾住支点，以达到平衡的状态。

8.挂腿

当一只手抓握比较大的支点时，同侧腿抬起挂在手腕上，然后依靠手腕和手臂的力量将身体抬升，另一只脚做辅助的发力，以控制平衡。该动作难度较大，主要是因为这对攀岩者的手腕力量要求很高。这种脚部动作对于喜欢静态攀登的攀登者最为适宜。

第三节　徒步穿越运动实践指导

一、徒步穿越的概念

徒步穿越，是指规划区域里主要依靠徒步行走完成从起点到终点的穿越里程。徒步穿越中可能遇到的地形包括群山、丛林、沙漠、草地、河川乃至雪原。徒步穿越因富于求知性、探索性、不可预见性等特点深受现代热衷时尚休闲运动人士的喜爱。

野外徒步穿越对运动者的户外综合技能有着较高的要求。为此，运动者首先就要具备出色的体能、稳定的心理素质以及过硬的意志品质。如果是团队进行徒步穿越还要拥有良好的团队意识和协作精神。为了顺利完成穿越活动，需要在每次活动开始前制订一份详细、缜密的穿越计划，计划中应包括对徒步穿越的区域的地形、水温情况分析，还包括天气、可能遇到的风险以及所需的装备、食物、药品等。

为了具备参与徒步穿越运动的能力，就需要对自身进行较为系统的训练，做好体能和心理两方面的准备，为此需要制订一个全面的训练计划，在耐力、力量、负重行走等方面渐渐增进。如果想获得体能耐力的提升，可以通过游泳、攀岩、长跑等训练。

二、徒步穿越的路况与方法

徒步穿越要面对的地形多是远离市区喧嚣的、绝对的自然环境。这些地区鲜有人迹、地形复杂多样，更不会有明确的路标和任何指示方向的标识。在这种环境下开展徒步穿越活动非常依赖于地图、指南针等工具，此外还要有敏锐的观察力和对细节的洞察力。

既然是徒步穿越运动，就必定离不开行走的路面，路况、地形的好坏直接影响这项活动难度。如果所穿越的路面太过复杂，不仅难度较大，甚至还可能给穿越者带来一定的危险。如能很好地掌握行走不同路面的技巧，在路上就会更轻松。为此，这里就主要对徒步穿越中较为常见的几种路面情况及其行走方式进行分析。

(一)石板路面

1. 路面特点

石板路面大多出现在石质山崖、陡崖、石质断层之中，当然也有一部分石板路面是由人工铺设的。这种路面长期在户外环境下暴露，久而久之会多青苔，踩上去非常容易打滑，如果遇到雨雪天气走上去更易发生意外事故，轻则摔倒、崴脚，重则跌落和骨折。

2. 行走经验

在石板路面上行走，特别是雨后的行走首先应该选择相应的步行鞋，这样可以保证基本的防滑。在行走时，注意将重心保持在正直，不要太靠前，如果有手杖此时也可以使用。如果背负的包较重，包的肩带应该放长，以使包的重心在中下部。下山时遇到石板路面务必要使用登山杖，身体重心略微后倾，脚的落点尽量踩在石板之间的缝隙。两人以上的团队行走时需要保持一定的距离，以此避免由于一个人的跌倒带倒许多人。雪后在这种路面上的行走需要使用较为专业的四齿冰爪。如果没有，就需要在行走时脚的落点为路旁树根或草木上，而且仍旧需要登山杖的辅助，或是寻找长度大小适合的树枝、木棒来替代登山杖的功能。

（二）跳石路面

1. 路面特点

跳石路面实际上并没有明显的路，之所以叫“路”主要是由于山谷沟壑经长期雨水冲刷和山洪暴发形成的开始有“路”的特点的路。或有路但周边是农地，农户在耕作时将地中石块分拣抛出，堆积于路面上，长此以往使一条原本没有路的区域形成了路。在这种路面上行走，需要在石头、细纱、小溪、巨石之间躲闪前行。

2. 行走经验

面对跳石路面首先要调整好心理状态，集中注意力。如果在雨季中，或预测到大雨即将来临，就应尽量避免选择跳石路面作为主要行进路线。在一般跳石路面行进前，应准备好厚硬底的登山鞋，并且检查鞋带是否系牢，然后要把背包肩带和腰带拉紧，让背包紧贴背部，以免跳跃时背包晃动。开始行走后，在照顾到脚下的落点时，还要顾及下一“跳”的落点，选择落点时最好选择那些看似有前人走过时留下痕迹的石头。而如果鞋底逐渐沾上了很多泥沙的话，则需要暂时停下稍作清理后再行前进。

（三）泥土路面

1. 路面特点

在户外遇到泥土路面的概率很大。此类路面为石头风化和没有植被覆盖的地面经过人们的长时间踩踏形成的。泥土路面的行走难度较大，特别是当来到雨季时，这种路面的行走难度就更加增大，对穿越者的体能消耗也相应提升。

2.行走经验

泥土路面无论是在其泥泞时还是在表层被晒干后都有其行走困难的情况。泥泞中的泥土路面为了克服泥泞，穿越者需要不停地调整身体重心，保证不会滑倒。而在泥泞表面被晒干时，其表层下面依旧水分很多，此时下山就会增加危险。为此，在这种路面上行走时每一步都需要确定鞋底牢牢抓地，并且要更多地利用登山杖的辅助作用。如果是在温度接近0℃的地方，还要小心泥泞路面的结冰，这时就更需要小心谨慎一些。遇到这种情况上下山时要充分利用登山杖和可以攀扶的东西，注意攀扶物体时要先确保该支点是牢固的。

（四）灌木丛

1.路面特点

灌木丛的种类很多，常见的包括自然灌木丛和人工造林灌木丛。在户外进行穿越活动更多的是遇到自然灌木丛。有些灌木丛中的灌木高度较为低矮，这种灌木丛所处的地质状况为土质湿滑松软，可能会有沼泽隐秘其中，危险性较大。

2.行走经验

在灌木丛中的行走要戴上眼镜、帽子，并将上衣的拉链拉到最高处。如果是多人行走要注意保持适当的距离，以防止前面队员行进时挪开的树枝反弹回来伤到其他成员。在前面行走的成员在遇到一些情况时应随时对后面队友予以提醒。鉴于有些灌木丛较为浓密的特点，成员之间的距离也不应太远以免彼此迷失，为此，有过灌木丛穿越经历的人应走在队伍的靠前位置。

在灌木丛中行走时还需要注意的是有些灌木带刺、蚊虫较多,有的地方还有蛇、蝎子、蜈蚣、大蚂蚁等生物出没,因此要做好必要的防蜇防咬准备,而一双高帮防滑鞋底、纹路大且凹凸较深的丛林靴就显得非常重要,而服饰的选择也要尽可能地穿长袖、长裤,同时还不要忽视了对脸部的保护。

在灌木高度较高的灌木丛中穿越时,还需要戴上手套,穿长袖高领防刮衣裤。行走时尽量选择那些土质扎实、不滑、较宽的路,最好扶着枝干新鲜且可以支撑手力的活树枝,换手扶枝要牢固,落脚时需要确定脚下的稳定,然后再松开手落稳重心。

(五)雪地

1.路面特点

雪地路面的特点在于由于受到积雪的掩盖,很难对雪下的真实地面情况有正确的判断,因此情况更为复杂。积雪导致湿滑,阻力较大,给在上面的行走活动带来很多麻烦。

2.行走经验

雪地穿越的最关键技术在于保持较小的步幅且步调稳定有节奏,如果随意改变行走节奏则可能会打乱体能的合理分配,如此会很快出现疲劳现象。如果行走在积雪厚度超过鞋子的雪地中时,这并不会影响正常的行进,按正常的行走方式前进即可。但如果雪深达到膝盖,仅仅是移动就已经相当耗费体力了。若积雪深及腰部,就得用自己的脚和腰推开挡在眼前的雪,采取步步为营的走法即所谓“除雪前进的方法”。当然,如果真的遇到这种厚度的雪的话,还是终止此次穿越活动为宜。如必须前进,则可以将自己的身体(尤其是上半身)倾向前行方向,靠自己的重心和自己的体重推开雪往前进。若数人结队行走于膝盖以下程度积雪的雪地,脚步需与领头队员的脚印重叠前进,这样可以最大化地减缓整个队伍成员的体能消耗。在松软的雪地上长时间行走时,要跨大步,缩短在雪地行走的时间。行走时要先把脚往后稍退一点,这个动作的意图是使雪鞋前有活动余地。

如果在穿越雪地时遇到雪坡就会更加棘手一些。这里的注意点包括防裂隙,还要注意不要将雪蹬塌。攀登坡度很大的雪坡时,一定要两脚站稳后再移动。向前跨步,要用两前脚掌踏雪,踩成台阶再移动后脚。如果不慎滑倒,要立即俯卧,防止下滑。

三、徒步穿越技术要领

徒步穿越因富于求知性、探索性、不可预见性等特点,就使得穿越者必须掌握相关野外生存知识与技能,去应对千变万化的野外情况。

健康的体魄与良好的体能储备是徒步穿越最重要的条件之一。这些没有捷径可走,必须制订一个适合自己的体能训练计划,在耐力、力量、负重行走等方面渐渐增进,体能耐力训练可以通过游泳、爬山、长跑、骑自行车去获得,力量训练可以每天通过坚持做俯卧撑、举哑铃、仰卧起坐、引体向上去获得。

徒步行走听起来好似更多是通过下肢的行走来完成,但实际上完成这项运动需要全身的配合。在行走过程中要不断控制节奏,走而不喘,脉搏尽量不要超过 120 次/分钟是较为合理的节奏,不要时快时慢,时跑时停,尽量保持匀速。行走时对背部的要求是肩沉背挺,用腹部深呼吸,全脚掌触地。

穿越刚开始的时候速度不宜太快,此时的行走更多是用来使身体进入到运动的状态,也就是“热身”,5～10 分钟后再逐渐加快步伐。团队穿越时队员之间要始终保持一个合理的距离,这个距离的长短视穿越的地形和环境而定,常规地形的距离通常为 2～3 米,这样可以避免有人因各种原因暂停时,暂停队员与前进队员就不会互相影响。暂停人员与队伍的安全距离一般在白天不能超过10分钟或者200米，夜晚必须在5分钟或者20米以内。特别要注意的是，徒步穿越是一项具有挑战性和一定危险性的户外运动，而不是轻松的春游活动，因此在行走中要时刻保持高度集中的注意力，严禁嬉戏打闹。

在上坡时，应将身体重心放在脚掌前部，身体稍向前倾，下坡时重心稍向后仰，同时降低重心。为尽可能地节省体能，缓解腿部疲劳，在上下坡时应沿“之”字形前进。而手部在这一过程中应攀拉周边可能存在的一切石块、树枝、藤条等，当然在借助这些物体时首先要试拉一下，检验该物体的结实程度。

通常徒步穿越活动的耗时较长，为此其中就必定要安排休息时间。休息时间的安排需要秉承科学合理的原则，绝非随机而定。一般的休息安排是长短结合，短暂休息居多，长时间休息较少。短暂休息的时间一般在5分钟左右，这种休息不用卸下背包，甚至不用坐下，用途为调整呼吸、缓解腿部疲劳。如需要长时间休息，则时间以半小时左右为宜，休息时可以卸下装备，先做一些放松运动再行坐下。

徒步行走对体能的消耗较大，行走过程中也会排出大量的汗液，为此带足饮用水就是非常必要的。根据成年人正常的每日摄入水的标准来看，参加徒步穿越的穿越者每人每天应携带3升的水，如果天气炎热干燥还应适当多带。如果路途中有确定的水源地，则可以适当少带以提升行进的便捷性，不过在使用水源前应首先测试该水源是否适宜饮用，如果适宜，在饮用前也还需要进行必要的过滤。饮水以少量多次为原则，定时补水。一般的徒步等户外运动消耗水分的补充方式以每15分钟200毫升为宜。身体内的水分是否充足适当可从每次的排尿中判断，判断方法为观察尿液颜色，如果尿液呈深黄色，微感口渴，脉搏速度正常为轻微脱水症状；尿液呈暗黄色，口内黏膜干燥，口渴，脉搏速度加快且弱为中度脱水症状；重度脱水症状为无尿液，脸色皮肤苍白，口渴昏睡，脉搏快而无力，很弱，此种状态下需要紧急补水，再无水分补充则可能危及生命。

第四节　山地自行车运动实践指导

一、山地自行车概述

（一）山地自行车的起源

自行车是我们最常见的人力交通工具，骑上山地自行车征服艰难的路段总能产生一种成功的喜悦。20 世纪初期越野赛跑应运而生，随着 30 年代初期第一个大车轮的制造，自行车在街道旁边行驶就容易得多了，当今的山地自行车运动是 20 世纪 70 年代初期才在农村逐渐发展起来的。现如今，山地自行车已发展成为一项单独的赛事，山地户外挑战赛中也少不了山地自行车的赛段。

20 世纪 70 年代早期，美国加利福尼亚州的塔马尔帕伊斯是这一运动公认的发源地，加里·费歇尔、查里·康宁安、基思·班特杰、汤姆·里奇等，常常被尊奉为山地自行车运动的奠基人。每年都有成千上万山地自行车运动爱好者来到这里，朝拜那些勇于挑战传统、意志坚定的运动发起者们。这些先驱者把老式的游览用自行车和配有充气轮胎的自行车改造成能够在高低不平的地面上行驶自如的人力车。1979 年凯利在《外面的世界》杂志发表了第一张山地自行车的风景照，这对新的体育潮流的出现起到了决定性的作用。汤姆·瑞奇于 1978 年底制造出了他的第一辆山地自行车，1979 年一家以“瑞奇山地自行车”冠名的公司成立，这就是山地自行车这个名称的来历。

（二）山地自行车的发展

山地自行车产生以后，山地自行车比赛也被国家运动协会所接受。并且随着比赛的不断发展，山地自行车运动也得到了一定的发展和改进。

1983 年举行了美国山地自行车冠军赛。并且在该次比赛中，女子山地自行车水平让世界震惊。

1987 年，在法国举行了一次非正式的山地自行车比赛。1988 年便正式在欧洲举行比赛，德国的根德电气制造公司组织的全欧“根德挑战杯”赛，紧接着又于 1991 年举办了“根德世界杯”。根德公司为山地自行车运动的迅速发展创造了良好的条件和环境，并且为山地自行车的发展做出了极大的贡献。

1990 年 9 月，24 支国家自行车队在美国科罗拉多州多伦哥市参加了第一次正式的世界比赛。在越野和下山比赛中分别设置了 3 枚奖牌，越障碍、爬山项目的获胜者并无头衔。1991 年举行了首届“根德世界杯”。

1996 年，山地自行车越野赛成为亚特兰大奥运会的正式比赛项目，这标志着山地自行车最终在体育界有了一席之地。这是山地自行车历史中的一个里程碑，比赛在观众巨大的欢呼声中举行，并向全世界进行了转播，在那天，山地自行车骄傲地出现在大众面前。

二、山地自行车骑行装备

为了舒适地骑行，我们应准备一些必要的装备。装备的舒适程度与实用性决定车手能否充分地享受这一运动。这些常用骑行装备包括如下内容。

(1)骑行服装。在山地自行车运动中随时都会遇到恶劣的天气，因此，必须准备能防风、防雨的服装，尤其要注意防御寒风。中医认为风是最危险的，风使毛孔张开，大多数情况是在一段时间之后让人生病。例如慢性关节炎、肩痛、背痛、支气管和呼吸系统疾病都是典型的由风引起的疾病。如果骑行时没有充分的保护来抵御骑行中的寒风，其后果是不堪设想的。有经验的运动员深知风的危险，并学会了怎样避开它。只有那些没有经验的运动员在寒冷的天气穿短裤训练。下山的时候要穿上随身携带的风衣，积极防雨也很重要。遇上恶劣的天气时，如果有好的雨衣也能照常进行训练。这种雨衣由内外两层高级合成的纺织纤维构成，内层吸汗，外层存热，因此它能使体温总是保持恒定。一件透气性好的雨衣是每个山地自行车运动员所必备的。

(2)手套。一副好手套的重要性仅次于骑行鞋，它可以保证在任何天气中或任何地面上都能使车手紧紧地握住自行车车把，同时还能够防止手掌起泡，使之保持舒适。一旦摔倒，车手通常手先着地，这时手套还能起到保护手上皮肤，防止手掌严重擦伤的作用。手指较长的冬用手套还能防止双手在比较冷的天气中抽筋。

(3)头盔。头盔是山地自行车运动员的必需装备，因为只要进行山地自行车运动就必然会摔跤。虽然大多数时候摔跤对身体不会造成很大的损害，但有时还是会出现头被擦破的情况，因此头尤其需要保护。头盔不仅能够救人性命，而且没有头盔也是不允许参加自行车比赛的。为了能让头盔最大限度地发挥保护作用，其大小必须合适。新购买的头盔的缚带和衬垫需要进行调整，目的在于保证头盔戴在头上比较舒适。同时还要保证所购买的头盔必须经过安检部门的检验，并有合格证。

(4)护眼镜。一副好的运动眼镜虽然不便宜，但能有效地防风，防止脏东西进入眼睛以及阳光照射。特别是在高速行驶的情况下，好的运动眼镜就显得尤其重要。除此之外，一副好的护眼镜不仅不容易破碎，能起到护罩的作用，从光学角度来讲也应该非常完美。选择护眼镜时，最重要的是重量轻，戴着舒适，镜片适合各种光线。同时还需要准备一条细绳挂在脖子上，以免摔倒时把眼镜甩出去。骑车时，当镜片被泥浆挡住，或者由于天气冷，镜片被水汽覆盖住时，需要把护眼镜摘掉。

(5)骑行鞋。有助于提高车手水平的另一个重要的因素就是购买一双质量较好的骑行鞋。硬挺的骑行鞋不仅穿着舒适，还有助于最大限度地传送能量，减少骑车过程中的体力消耗，避免因为鞋底过软而造成的不适。选用带踏脚套的脚镫，再购置一双质量相当不错的骑行鞋，即使骑行条件比较恶劣，也应该能够对付。只要脚暖和，就能应付各种天气，也不会轻易着凉。冬季穿的运动鞋不要太小，应让脚有足够的活动空间，保持顺畅的血液循环。鞋袜应高于脚踝，以保证运动的稳定性。

(6)饮水装置。体内水分的减少有可能会严重影响车手的表现。在任何形式的消耗体力的运动当中，及时给身体补充水分是非常重要的。普通的水瓶也能够满足这一需求，但水瓶在自行车越野运动中用起来会不方便。因为水瓶有时会从瓶套中掉出来，最糟糕的是瓶嘴极有可能沾上泥巴。给水包是最佳的选择，坚固耐用，可以不用手就能饮水。一些饮水装置的外面还常常有用来储存食物、工具、钱币等各种物品的口袋。这种附属装置绝对是物超所值。

(7)气筒。用脚踏式气筒比较省力，气筒上的压力表还能显示充气的数量。不过任何一种气筒，都必须放在带拉链的袋子里，或者紧紧地固定在车架上，以确保安全。目前，在市场上也能买到很多种质量上乘的双管气筒，使用非常方便。

三、山地自行车骑行技术

(一)应对不同地形的骑行技巧

自行车越野运动的挑战性主要来自于车手能否应付各种地形。

1. 多石的地面

在岩石较多的地方骑车，平衡性不好把握，自行车很难控制。车手必须运用各种技能，骑在车上的时候要尽量放松，还要学会挑好走的路走。在多岩石的地面上骑车，最好的部分就是要像冲浪一样“随波逐流”。下行时根据路况，要放开胆子，凭借着一股冲劲，以较高的速度，迅速穿过去。车速越快，地面也就显得越平坦。但是，在这之前必须仔细研究这里的地形。

在多岩石的地面上骑行，车手会随着自行车左右摇晃，如果距离不是太长，采取俯卧的姿势，站在脚镫上，降低身体的重心，把自行车控制住。这样，一方面能够比较灵活地使自行车保持平衡，同时双腿还能更好地发挥杠杆作用，使前轮保持平稳。肘部下垂还可以防止前轮上翘。要想改变骑车的方向，车手只需要把身体的重心从一侧移动到另一侧，再轻轻地推动自行车朝着某个方向前进就行了。

2. 沙地

沙地常常让车手望而生畏，但应付这种地形的技巧与铺满碎石和沙砾的地形一样。遇到这种地形，自行车前轮很容易陷在沙里，车手也很难控制自行车前进的方向。大面积的沙地通常很难穿过，车手一般要扛着自行车步行前进。但对于面积较小的沙地，车手可以借助较高的车速，成功地穿过去。

进入沙地之前，自行车要达到一定的速度。把链条调到小一号或小两号的飞轮上，同时身体重心后移，减少前轮上的重量，保证前轮不会陷在沙土中。用足力气，保证脚镫以平稳的节奏转动，以保持自行车前进的速度，同时不要转动车把。这么做的目的是用最快的速度穿过沙地，不至于被沙土困住。如果在其他质地比较硬的道路上遇到沙土，通常沿着路边没有沙土的地方骑过去。比较潮湿的沙地，只要身体的重心不在前轮上，并且用力均匀，一般能够成功地穿越。

3. 泥泞、杂草丛生的地形

在旷野骑车随时会遇到满是泥浆的路面、杂草丛生的地形，车手要有思想准备，也要掌握一定的技巧。

骑车外出不可能总会遇到干爽的天气，要有思想准备，因为随时都会遇到满是泥浆的路面。遇到这种情况,不要回避,要去勇敢地面对。要知道,在下坡或爬坡的过程中,滑倒是不足为怪的,扛着自行车走也是经常的事情。车轮与车架接合的地方很容易积满泥巴,泥巴更是常常粘在轮胎上,致使自行车寸步难行。如果有水,从水中骑过去,可以去掉泥巴,使问题有所缓解。遇到大面积的沙地、泥浆和水时,要保持身体的重心离开前轮,落到鞍座的后部。尽量不要刹车,因为刹车会减少轮胎与地面之间的摩擦力。也不要挺直后背,不然会失去控制。把自行车调到比较省力的齿轮上面,让前轮从沙土、泥浆和水面上方轻轻地“飘”过去。

如果所经过的地方植被比较浓密(例如森林中铺满树叶或小草的地面),自行车骑起来会比较费劲,但一定不要用力太大,以免弄得自己心跳加快,筋疲力尽。有时这种地形还会使轮胎同地面之间的摩擦力减小,车手要像对待泥泞地形一样来对待这种地形。在这种情况下骑车,需要对自行车及其相关部件的操作规程做一些调整。安装适于在泥泞环境中使用并能增加与地面之间摩擦力的轮胎。

4.坚硬的地面

在比较硬的地面上骑车最省力,骑起来也最舒服。这种地面就同公路一样,有时候比公路还要好:阻力小,车轮滚动的速度快。但是,如果地面比较潮湿或者上面覆盖着一层沙砾和树叶,这就需要谨慎小心,注意降低和稳住重心,因为,这种地形往往非常滑。

5.坡路

(1)上坡骑行技术

山地自行车运动是在山地中骑车,因此爬坡成了不可缺少的一部分。正确的骑车技巧有助于车手成功地应付各种各样的山道。能否驱动自行车向前、向上运动,取决于两个关键性的因素:一是动力传动系统的运转与力量的大小;二是车轮与地面之间的摩擦力。动力传动系统的运转与力量的大小同车手身体的强健程度和力气的大小直接相关。摩擦力则与骑车技巧、自行车轮胎的类型、车手身体的重心位置以及轮胎的压力有关。

对于短而陡的坡，运动强度很大。高强度运动持续的时间可能比较短，关键是车手要保持正确的骑车姿势。要想冲到坡顶，在助跑阶段积累足够的冲力。一般情况下，急转弯以后紧接着就要爬坡。这时，车手一般没有冲力，但一定要保持相当的牵引力。最好的办法是保持正确的骑车姿势，把身体的重心移到后轮上，不过前轮上也要保持足够的重量，以防自行车前翻。

遇到很长的上坡，由于运动强度和骑车技巧与爬陡坡时不同，应根据自己的体力状况及时调整传动比，也就是调节蹬踏用力时省力的齿轮来保持车子能快速前进，不能等到骑不动车和速度完全降下来时再改变传动比，应坚决避免重新启动的现象出现。坡路较长或有陡坡时，可适时使用站立式骑行方法，调节用力部位，让部分肌肉得到休息。

(2)下坡骑行技术

下坡时，车手应该牢牢记住的一句名言是：骑得越快，路面显得越平坦。下坡骑行要勇敢机智，胆大心细，精力集中，两眼密切注视前方路面，随时准备果断处理路面上出现的任何情况；不仅要充分利用车子运动惯性滑行，重心后移，以手臂完全伸直为宜。同时，上体前倾、下压使胸部降到鞍座的高度(图 7-3)。

图 7-3

但在没有了解前面的地形之前，下坡的速度却不应该太快。车手需要熟悉途中有什么障碍，以便能够安全地绕过去。即使对当地的地形比较熟悉，但最近没有在这里骑过车，尤其是近来天气不好，车手也应该先仔细地观察一下地形，以免比较危险的意外事故的发生。

下坡骑行过程中，免不了出现车速过快或有意外情况出现要使用刹车，这时应主要使用后闸。如果后闸达不到理想的刹车效果，可以轻轻地按动前闸，但不要把前轮完全锁住。在下坡时最好不使用前闸，因为一旦摔倒，从自行车上往后摔要比从车把上向前甩出去安全得多。

6. 弯道

过弯道时技术要求：转弯前要控制车速。用点刹的方法逐渐减速，尽可能前后闸同时使用，进入弯道后将闸放开，转弯时，身体和车子要保持一致，向里倾斜，上体和车子保持一条直线，以克服离心力。倾斜角度根据速度和弯道大小而定，但一般不得超过28°角，否则就有滑倒的危险(图 7-4)。

图 7-4

转弯时，车手还可以像专业摩托车手那样使内侧的膝盖触地。如果弯道不是太急，并且脚镫离地面还有足够的距离，可以再踏几下脚蹬，以进一步提高车速。有些车手喜欢使外侧的脚镫处于低位，并用脚使劲踩住，以减少鞍座所承受的重量。这样，身体可以充分放松，同时又能增大内侧脚镫与地面之间的距离，但这样做会影响平衡性。向下按压内侧的车把，以增加前轮同地面的摩擦力。

（二）骑车过石块、圆木的技术

遇到比较大的石头、圆木时，最好避开，从旁边绕过去。要想从上面跳过去，则要看石头、圆木后面是否有足够的空间，自行车落地时是否安全。如果自行车速度较慢，石头又比较大，则需要特殊的骑车技巧。靠近大石头、圆木时速度要放慢一些，同时要选择动力传动速比比较大的齿轮。一般链轮、飞轮应选用中号的。比较小的石头或细圆木可以利用“齐足跳”技术跳过去。

为了便于了解和学习掌握，这里将前轮离地过“坎”技术的具体方法分为三个步骤，具体如下。

第一步：就在前轮要碰到障碍物的时候，向上猛拉车把，通过动力传动系统用力，就像自行车前轮离地时的平衡特技一样。需要注意的是，前轮抬起来后，其高度以能够爬上圆木和石头边缘为宜。

第二步：等前轮安全地落在圆木上面时，身体重心尽量前移，保持前冲力，并迅速移动身体，卸去后轮上的所有负重。

第三步：继续蹬踏，让后轮落在障碍物的上面。由于车手身体大部分重量落在前轮上，并保持着一定的前冲力，后轮能够爬到圆木顶部。此时，将重心后移，恢复正常的骑车姿势（图 7-5）。

图 7-5

（三）骑车过沟壑的技术

穿越沟壑时，要尽可能地使自行车保持水平状态。如果被卡在沟中，轻者会撞击一下，重者则会损坏自行车。具体要根据实际情况和需要，有针对性地调整技术方法。

1. 骑车过一般沟壑的技术方法

小沟可以跳过去，如果沟比较宽，可以从沟底骑过去。前轮碰到沟边时，先把身体重心后移，使之离开前轮，然后推动前轮下到沟内。等到了对面的斜坡时，再提起前轮并从沟中冲出去。身体重心前移时，要继续蹬踏。这一技巧与跨越比较大的石头所用的技巧相似。不过，这里不是从障碍物上面跃讨去，而是从沟底冲出去（图 7-6）。

图 7-6

2. 骑车过"V"字形沟壑时采用的技术方法

由流水冲刷而成的"V"字形沟壑是比较难对付的地形之一。这种沟通常宽约 50 厘米，最深处也在 50 厘米左右。最简单的方法是把自行车从沟上面扛过去。除此之外，还有许多方法。最好的方法是在跨越沟壑时运用前轮离地平衡特技。后轮碰到沟底时身体重心稍微前移，同时继续蹬踏，直到冲出沟底。

（四）在土质松软的斜坡上重新发动自行车技术

一旦自行车在斜坡上停了下来，重新起步并非一件易事。一般来说，这时候可以采取的方法主要有两种，具体如下。

方法一：车手必须下车，向前走几步，或者向后退几步，选择合适的地点重新发动。所选择的地方必须地势平坦，摩擦力大，比如说一块比较平整的岩石。同时，选择传动速比不是太大的齿轮，只要能够应付当前的情况就行。如果太大，自行车还有可能会“抛锚”。选择好合适的齿轮以后，利用力量比较大的那条腿蹬动自行车，同时按住车闸。均衡用力，慢慢地松开车闸。等自行车开始向前运动时，把另一只脚也放在脚镫上，然后平稳地用力、加速，直至回到预定的车道上为止。

方法二：把自行车斜停在车道上，等发动起来以后再把车头掉过来(图 7-7)。

图 7-7

第八章　冰雪户外运动实践方法指导

依托冰雪资源发展起来的冰雪运动集健身、休闲、娱乐、教育等多元价值于一体，充满趣味与挑战性，是近年来世界各地开展较为广泛的一项户外运动，受到了很多户外运动爱好者的喜爱。世界各国普遍重视冰雪运动的发展，这类户外运动现在在我国已成为提升冬季运动项目竞技水平的重要路径，颇受关注，且群众基础广泛。为更好地发挥与实现冰雪户外运动的教育价值，本章重点对冰雪户外运动实践方法指导进行研究。

第一节　滑冰运动实践指导

常见的滑冰运动有速度滑冰、短跑道速度滑冰、花样滑冰、冰球等几个项目，本节重点对短跑道速度滑冰和花样滑冰的基本技术指导进行研究。

一、短跑道速度滑冰技术指导

短跑道速度滑冰是以身体素质、心理素质、身体机能、智能能力、技能水平等条件为基础，以战术运用为灵魂的体能类竞速性的冰上运动项目。这项运动是相对于速度滑冰而言的，其使用的跑道比速度滑冰使用的跑道短，所以在速度滑冰的基础上将此称作短跑道速度滑冰。

在全国性的短跑道速度滑冰比赛中，比赛场地冰面最小面积是 60 米×30 米，采用周长 111.12 米的椭圆形跑道，直道宽度至少7米，弯道弧顶与板墙之间的距离要大于等于4米，弯道弧度匀称，从一条直道终端到另一条直道起端。除标准跑道外，另外还对四条跑道进行了设置，每条跑道朝标准跑道的任何一个方向移动1米（或2米）的距离，所有跑道共用1条终点线，比赛场地上这样设置跑道是为了保证冰面的质量。

短跑道速度滑冰标准场地规格如图8-1、图8-2所示。

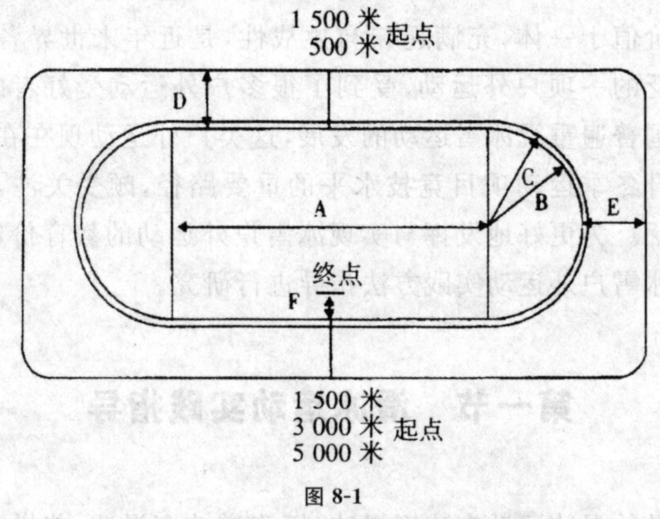

图 8-1

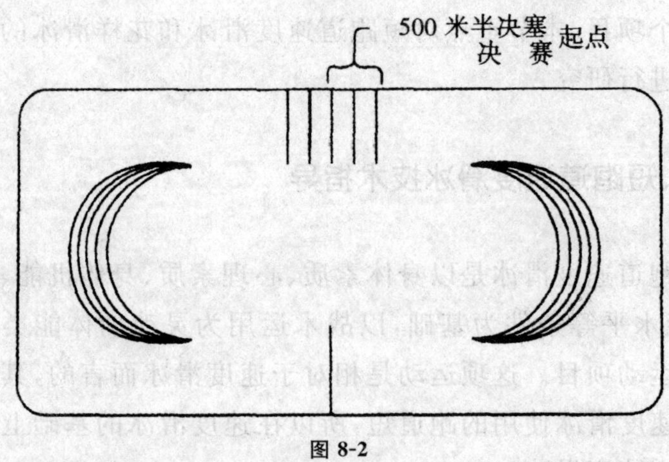

图 8-2

冰场有比较多的设备，如浇冰车、制冷设备、防护垫子和板墙等都是必要的设备。板墙和防护垫是非常重要的比赛设备，主要作用是保护运动员安全。板墙的制作材料主要是木质，防护垫的制成材料主要是海绵。防护垫要将板墙全部遮住，并与板墙保持一样的高度。

防护垫的制作材料必须具有防水防切割性质。所有防护垫附着在一起，成为一个整体，紧紧贴于板墙，置于冰面。

图 8-3 所示的是标准的防护垫规格。

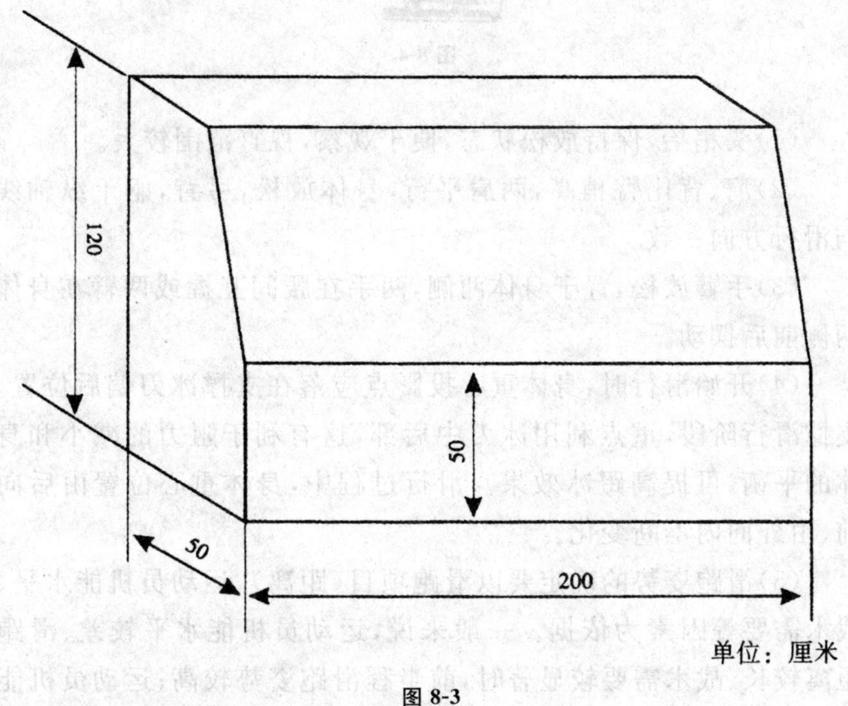

图 8-3

（一）直道滑行技术

1. 基本姿势

流线型蹲屈姿势，上体向前倾，髋、膝、踝关节弯曲。躯干纵轴线与支撑大腿纵轴线形成 45°～75°的夹角（"髋角"）；支撑大腿纵轴线与支撑小腿纵轴线形成 90°～110°的夹角（"膝角"）；支撑小腿纵轴线与水平线形成 50°～90°的夹角（"踝角"），如图 8-4 所示。

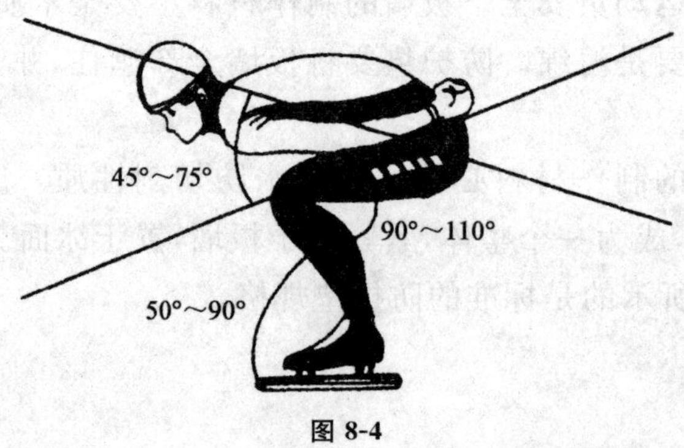

图 8-4

(1)头稍抬,保持放松状态,便于观察,视野范围较大。

(2)肩、背比臀稍高,两肩平行,身体放松,弓背,躯干纵轴线与滑行方向一致。

(3)手臂放松,置于身体两侧,两手在腰间互握或两臂在身体两侧前后摆动。

(4)开始滑行时,身体重心投影点应落在支撑冰刀偏后位置。支撑滑行阶段,重点利用冰刀中后部,这有利于阻力的减小和身体的平衡,可提高蹬冰效果。滑行过程中,身体重心位置由后向前、由外向内不断变化。

(5)滑跑姿势的确定要以滑跑项目(距离)、运动员机能水平、战术需要等因素为依据。一般来说,运动员机能水平较差、滑跑距离较长、战术需要较显著时,前半程滑跑姿势较高;运动员机能水平较强、滑跑距离较短时,滑跑姿势较低。为提高滑速,滑跑姿势必须适当降低并保持流线型。

2.蹬冰技术

在滑行中,身体重心在支点内侧时支撑腿完成伸展动作就是蹬冰。蹬冰应从建立支点开始,至蹬冰腿冰刀从冰面离开为止。

蹬冰动作主要是展髋、伸髋、伸膝,用支撑腿冰刀的内刃中部将冰面“咬住”,向侧蹬冰。

蹬冰由以下三个动作阶段构成。

(1)开始蹬冰阶段。

(2)最大用力蹬冰阶段。

(3)结束蹬冰阶段。

3. 收腿技术

在短道速度滑冰中,动作技术具有周期性,收腿是其中一个非常重要的阶段,一般从蹬冰腿蹬冰结束后进入收腿阶段,收腿直到与支撑腿后位的某一点接近。在滑跑过程中,收腿环节可促进肌肉放松,维持身体平衡。

收腿技术包括以下几个要点。

(1)迅速收腿,以建立起新的平衡,使周期动作时间缩短,使蹬冰腿积极蹬冰。

(2)准确完成收腿动作,避免后引腿幅度过大。

(3)收腿动作的完成要对充分放松浮腿肌肉群有积极作用,使机体持久工作。

4. 下刀技术

从收腿动作结束到浮脚冰刀触及冰面这个阶段的技术就是下刀技术,包括向前摆腿动作、冰刀着冰动作两个动作阶段。

下刀技术有以下几个动作要点。

(1)向前摆腿屈髋时,上体保持平稳,头稍抬,上体平行于冰面,重心稳定。

(2)前摆腿动作要加速完成,与蹬冰腿的积极蹬冰相配合,同时将滑行周期时间缩短。

(3)前摆腿动作与收腿、冰刀着冰动作自然紧密地衔接,动作放松,避免停顿。

(4)着冰位置准确,尽量向支撑腿靠近,身体保持平衡。

下刀技术的作用主要体现在以下几个方面。

(1)利于滑行方向的确定。

(2)对蹬冰时机进行调节。

(3)协调配合蹬冰动作。

(4)保持身体平衡等。

5. 自由滑行技术

蹬冰动作完成后,新支撑腿支撑滑行到再次蹬冰的滑行过程就是自由滑行。发挥向前冲滑的惯性,维持身体平衡,为再次蹬冰创造条件是这一技术的主要任务。

自由滑行技术由外刃支撑滑行、平刃支撑滑行和内刃支撑滑行三个动作阶段构成。蹬冰结束,冰刀从冰面离开后,开始进行单支撑自由滑行,全部体重落在新支撑腿上,支撑冰刀随重心的变化而移动,由外刃向平刃过渡。此刻进入相对的稳定平衡阶段,在收腿和摆臂的协调下,重心向内移动,平衡被破坏,建立蹬冰角。此时向内刃支撑滑行过渡,做好蹬冰准备。

6. 摆臂技术

摆臂具有调节身体平衡、加强蹬冰、使身体协调运动及实现战术目的等作用。

在直道滑行中,短距离项目一般是采用双摆臂技术,长距离项目则多用单摆臂技术,有时在后程也用双摆臂技术,单摆臂主要是右臂摆动。摆臂动作幅度较小,两臂以肩关节为轴前后自然摆动。手半握拳向前摆到颌下,向后摆到平行于躯干。

摆臂方向与躯干纵轴线形成 40°夹角。摆臂的节奏、速度与蹬冰腿协调,臂、腿要做好配合,即蹬冰腿同侧臂向前摆、异侧臂向后摆(图 8-5)。

图 8-5

7. 配合技术

在滑跑过程中，配合技术的作用主要表现为联结、协调、促进和带动。

动作配合主要由两腿间配合、身体与腿的配合、臂与腿的配合三个方面构成。

（二）弯道滑行技术

在短道速度滑冰运动中，弯道滑行这一技术最重要，弯道滑行技术由弯道滑行基本姿势、蹬冰、收腿、下刀、摆臂及全身动作配合等几方面构成。

1. 基本姿势

上体前倾，髋、膝、踝三关节弯曲，身体向圆心倾斜，鼻与支撑腿膝关节、刀尖位于一个纵轴平面。倾斜幅度较大，形成 30°～40°的蹬冰角。左臂自然下垂，右臂向前后方向自然摆动，手指轻触冰面，重心尽可能落在冰刀中部位置（图 8-6）。

图 8-6

2. 蹬冰技术

（1）左腿蹬冰

主要动作是伸髋、伸膝、髋关节内收（图 8-7）。

（2）右腿蹬冰

主要动作是伸髋、展髋及伸膝，辅助动作是伸踝（图 8-8）。

图 8-7

图 8-8

(3)技术特点

①两腿都向右侧蹬。

②蹬冰角保持在 30°～40°之间。

③髋角、膝关节分别伸至 120°～130°、165°～170°。

④弯道滑行中连续蹬冰。

⑤冰刀滑行方向与弧线方向一致。

3. 收腿技术

(1)左腿收腿

主要是屈髋、屈膝，辅助动作是背屈踝关节，以膝关节领先，左踝放松，冰刀向冰面贴近并向左上方提拉腿，左腿收到支撑腿左侧合适的位置(图 8-9)。

(2)右腿收腿

主要动作是内收、屈髋、屈膝，辅助动作是屈踝，膝关节领先，冰刀与冰面贴近，平移到左侧，选择在左脚冰刀左前方的适宜位置着冰(图 8-10)。

图 8-9

图 8-10

4. 下刀技术

弯道滑行技术中，下刀指的是冰刀着冰瞬间。

（1）左腿下刀

左腿完成收腿动作后，左踝关节背屈，冰刀尖稍翘起，冰刀外刃后部在右脚冰刀前内侧的合适位置着冰（图 8-11）。

图 8-11

（2）右腿下刀

右腿完成收腿动作，右踝关节背屈，冰刀后部在左脚冰刀前内侧的合适位置着冰（图 8-12）。

图 8-12

5. 摆臂技术

摆臂技术以单臂摆动为主。

左臂自然下垂，右臂摆动时，右臂摆动幅度基本上类似于直道滑行中的摆臂技术，摆动方向稍向侧，以肘关节屈伸为主、肩关节屈伸为辅，与蹬冰动作协调配合，前后自然摆动，手指轻触冰面，摸冰向前滑(图 8-13)。

图 8-13

6. 配合动作

配合动作主要包括两腿配合及臂腿配合。

(1)两腿配合

①两腿之间的配合要掌握好两腿与下刀动作的时机，最有利的时机是一侧腿蹬冰大用力后，浮腿冰刀着冰。

②每个周期动作的各个环节之间的动作要连贯，特别是下刀与蹬冰动作之间不能顿，着冰即是蹬冰的开始。由于弯道滑行过程中，左腿支撑蹬冰的时间比右腿长，形成两个不对称的动作。为使两腿配合协调，一般收右腿时，动作速度可稍慢些。

(2)臂腿配合

①摆臂与蹬冰动作时机相同,开始、结束都是同时进行。

②摆臂与蹬冰动作节奏一致,在较大负荷条件下蹬冰,做功时间相对长,而且蹬冰动作伸展速度由慢到快变化。因此,在摆臂开始阶段速度稍慢些,做好控制,摆臂后阶段适当加速,臂腿动作保持一致的节奏。

③连贯摆臂,在前后高点处稍停顿,时间不能过长,否则会对蹬冰造成影响。

④利用摆臂动作对腿部动作频率进行调节。

(三)起跑技术

起跑是运动员在最短时间内从静止到移动并获得较高速度的过程。起跑质量对全程滑跑的速度有直接影响,启动快,瞬间达到较高速度是较理想的起跑效果。

起跑包括下面三个动作阶段。

1.预备姿势

短跑道速度滑冰起跑技术中,常见的起跑姿势是正面点冰式起跑。听到“预备”口令时,迅速前移,越过起跑预备线到起跑线后用前腿冰刀刀尖点冰,用后腿冰刀内刃支撑压住冰面,与起跑线基本保持平行,慢慢屈膝下蹲,重心投影点位于两脚之间稍偏前;起跑线同侧臂屈肘下垂,异侧臂肩外展,肘部适当弯曲抬起;与滑跑方向相对,冰刀和身体保持相对静止(图 8-14)。

图 8-14

2.启动

听到鸣枪后，在预备姿势基础上，向前移动重心。前点冰腿快速抬起，展髋、踝关节外旋；用后腿冰刀内刃快速用力向后蹬伸；蹬冰腿同侧臂向前屈肘快摆，异侧臂快速后摆（图 8-15）。

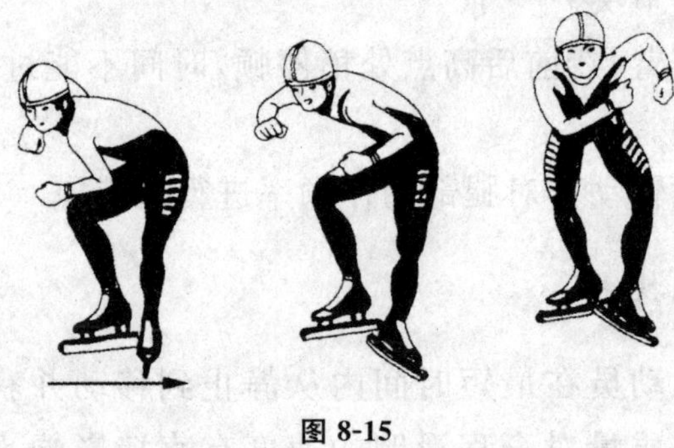

图 8-15

3.疾跑

踏切式、踩冰式和滑跑式是常见的三种疾跑方式。疾跑方式不同，冰刀接触冰面部位、用力形式及与上体配合动作等也都各有特点。这几种疾跑方式中，动作较为简单的是踏切式疾跑，这种方法掌握起来比较容易，启动速度也较快，因此下面主要分析这种疾跑方式的动作方法。

从启动后的前腿着冰动作开始，一般要快速向前跑 8～10 步。在疾跑过程中，两腿连续快速蹬收，两臂配合摆动，整体向前跑动。同时，两脚冰刀之间的开角要保持较大的程度，冰刀前半部先与冰面接触，再用冰刀中部向后用力蹬冰，逐步过渡，身体姿势整体保持向前倾斜，以较高动作频率向前跑（图 8-16）。

（四）冲刺技术

冲刺技术是短跑道速度滑冰中非常重要的一项技术，当临近终点且相互距离比较近时，冲刺直接决定了最后的成绩。下面主要分析送刀式冲刺技术。

滑行过程中接近终点时，用有利于克制对手一侧腿支撑重心，另一侧腿迅速向前伸，保持身体平衡，快速向终点冲（图 8-17）。

图 8-16

图 8-17

二、花样滑冰技术指导

花样滑冰是滑冰运动的一个分支，是运动员在冰面上穿着带冰刀的冰鞋伴随音乐通过做滑行、跳跃、旋转和各种舞姿表演一系列的规定和自选动作而进行的冰上竞赛项目。[①] 目前，花样滑冰有男、女单人滑，双人滑和冰上舞蹈四个正式比赛项目。

（一）基础滑行动作

1. 冰上站立

两脚分开到与肩宽一样的距离，平稳站立，冰刀垂直冰面，微屈膝，上体正直或稍向前倾，两臂伸开，保持身体平衡，眼睛注视滑行方向。

2. 单足蹬冰、双足向前滑行技术

两脚平行分开到与肩宽一样的距离，膝微屈，上体挺直，两臂伸向侧前方，手心向下，用左脚内刃前半部分蹬冰，注视滑行方向。开始蹬冰时，重心右移，由右脚支撑身体重心。蹬冰后，迅速收回蹬冰足至原位，此时身体重心在两脚间，形成双足向前滑行动作，然后右脚蹬冰，反复进行。

3. 单足蹬冰、单足向前滑行技术

准备姿势同双足滑行，蹬冰结束后重心不变，始终平稳，保持单足向前滑行姿势，蹬冰足在滑足后，两臂在体侧自然伸展。

4. 双足向后滑行

两脚成内八字形，脚跟分开，脚尖靠近，身体重心落在冰刀前

① 赵睿. 冰雪运动技巧[M]. 北京：中国社会出版社，2007.

半部，微屈膝。开始时，用两脚内刃向后蹬冰，脚间距同肩宽时，两脚跟向内收紧，形成双足平行向后滑动作，此时逐渐伸直腿，两腿靠拢后再蹬冰，如此反复，滑行路线如图 8-18 所示。

图 8-18

（二）弧线滑行

弧线滑行包括四种，分别是前外、前内、后外、后内。

1. 前外刃弧线滑行

如以左脚内刃蹬冰，用右脚外刃滑出时，身体向右侧圆弧内倾斜转体，左臂在后，右臂在前，逐渐伸直滑足膝部（图 8-19①、②）。换脚时用右脚内刃蹬冰，左脚外刃着冰，形成前外刃弧线滑行动作（图 8-19③、④）。

图 8-19

2. 前内刃弧线滑行

如右脚滑前内弧线时，先向前用左脚内刃蹬冰，右脚内刃向前滑出，同时身体重心向左倾斜转体，左臂在后，右臂在前，目视滑行方向。微屈右膝，左脚蹬冰后沿滑线前移，向滑足靠近，移动过程中逐渐伸直，同时慢慢伸直滑足膝部（图 8-20①、②）。换脚时用右脚内刃蹬冰，左脚内刃滑出（图 8-20③、④）

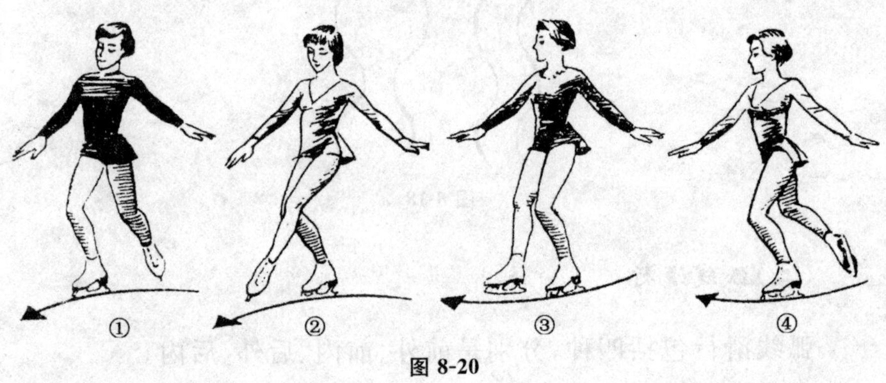

图 8-20

3. 后外刃弧线滑行

两脚平行，两肩和臂保持水平，目视滑行方向。右脚后内刃蹬冰，两臂协调配合下肢动作，左臂在前，右臂随滑行方向用力向后摆动。右脚蹬冰后迅速移动到滑足前，左脚做后外刃弧线滑行，当滑行到弧线一半时头向圆内，上体配合向外转，浮足移向滑线前，向滑足靠近，上体姿势保持不变（图 8-21①、②）。然后再做右后外弧线滑行（图 8-21③、④）。

4. 后内刃弧线滑行

双足在冰面上平放，与滑行方向背对，两臂向身体两侧自然伸展，用右脚蹬冰，左后内刃做弧线滑行，右臂在前，左臂用力向滑行方向摆动，右脚蹬冰后迅速移到滑线后，当滑行到弧线一半时，浮足靠近滑足，上体向圆内均匀缓慢转动，此时左臂在前，右臂在后，浮足向滑线前伸展，上体姿势保持不变（图 8-22①、②）。然后再做右后内弧线滑行（图 8-22③、④）。

图 8-21

①　②　③　④

图 8-22

(三)急停

1. 双足急停

以双足向后内刃急停为例。

向后滑行时,左右脚尖突然分开,脚跟相互靠近,伸直双腿,身体稍前倾,前场双足内刃向后刮冰的急停动作(图 8-23)。

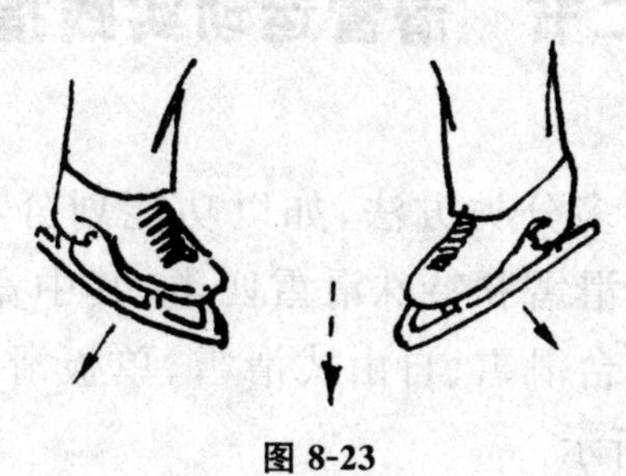

图 8-23

2. 单足急停

(1)单足前外刃急停

向前滑行时,用右脚或左脚前外刃突然横向刮冰急停,离开冰面,如图 8-24 所示。

图 8-24

(2)单足后内刃急停

向后滑行时,左脚或右脚后内刃突然横向刮冰急停,身体前倾,离开冰面(图 8-25)。

图 8-25

第二节　滑雪运动实践指导

滑雪运动有很多分类方法,如以功能划分,可以分为竞技滑雪、大众滑雪、实用滑雪和特殊滑雪四类,其中竞技滑雪又有高山滑雪、越野滑雪、跳台滑雪、自由式滑雪、单板滑雪等多种项目,详细分类如图 8-26 所示。

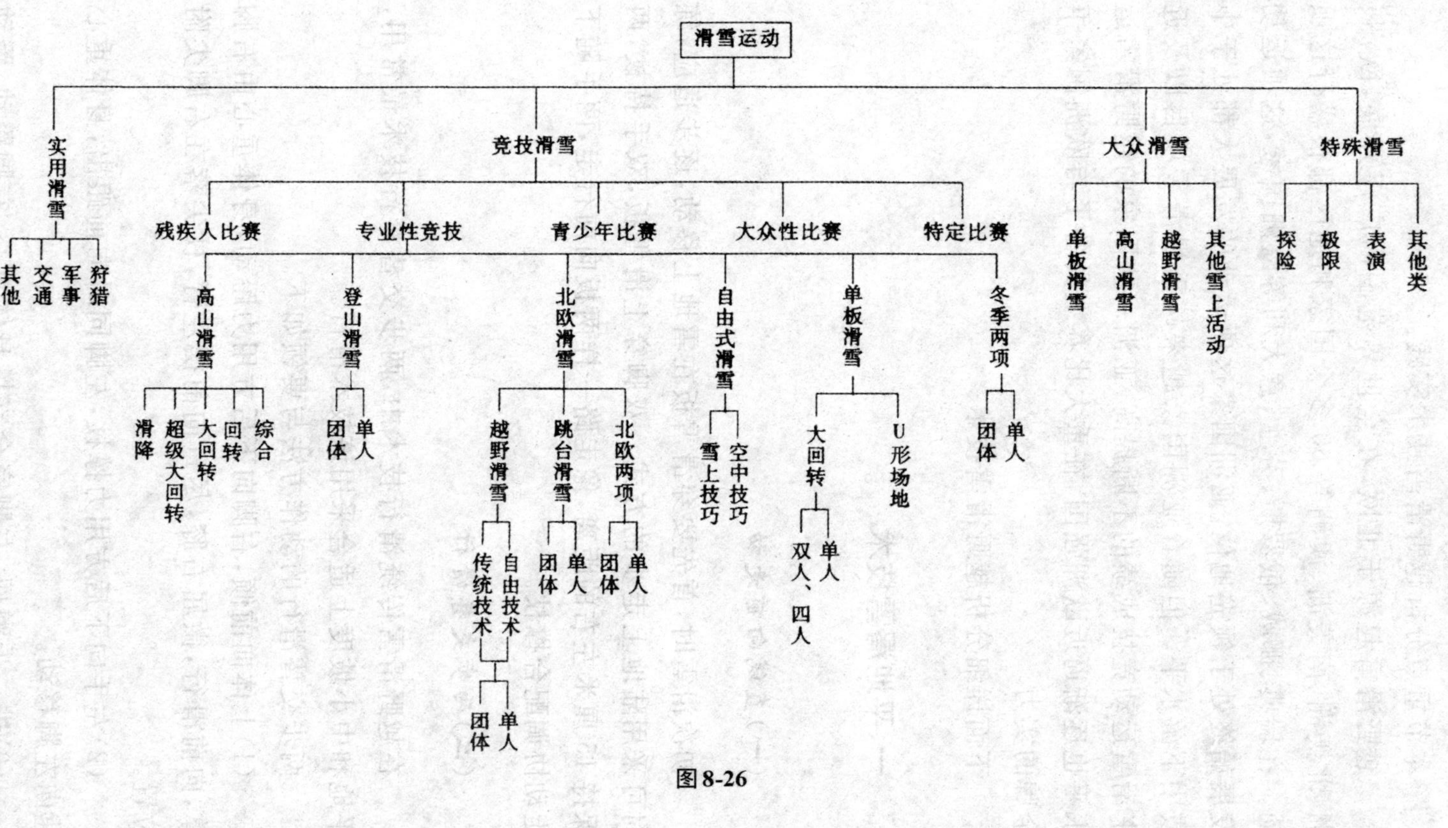

滑雪运动
实用滑雪
其他
交通
军事
狩猎
竞技滑雪
残疾人比赛
高山滑雪
滑降
超级大回转
大回转
回转
综合
专业性竞技
登山滑雪
团体
单人
青少年比赛
北欧滑雪
越野滑雪
传统技术
自由技术
团体
单人
跳台滑雪
团体
单人
北欧两项
团体
单人
大众性比赛
自由式滑雪
雪上技巧
空中技巧
单板滑雪
大回转
双人、四人
单人
U形场地
特定比赛
冬季两项
团体
单人
大众滑雪
单板滑雪
高山滑雪
越野滑雪
其他雪上活动
特殊滑雪
探险
极限
表演
其他类

图8-26

本节重点分析越野滑雪技术实践。

越野滑雪起源于北欧，在全世界范围内广泛开展，欧洲、亚洲、北美洲、南美洲、澳洲等 60 多个国家和地区都很盛行这项运动。在瑞典、挪威、俄罗斯、芬兰、意大利等欧洲国家，这项运动的发展始终处于领先地位，亚洲国家这项运动的发展大都处于中游或中下游水平。但随着亚洲国家越来越重视滑雪项目以及近年来滑雪运动竞技成绩的不断提高，亚洲一些国家的越野滑雪运动水平也逐渐逼近欧洲强国，在重大比赛上具备了与欧洲国家争夺金牌的实力。

下面详细分析越野滑雪技术。

一、平地滑雪技术

(一)直线向前走动

初次滑雪时，首先要穿滑雪板在雪地上移动，逐步适应，练习时可采用陆地上走步的方式。双脚穿上滑雪板，双手持杖，两板保持 15 厘米左右的距离，像走路一样两板向前行走，两手随下肢走动协调配合撑杖。

(二)两步交替滑行

在越野滑雪传统滑行技术中，两步交替滑行技术最常用，在平地和中小坡度上适合采用该技术滑行。

两步交替滑行的动作方法与要领如下。

(1)上体向前倾，右脚向下后方用力蹬动，身体重心由右脚支撑，向前滑行，微屈右膝，尽量向前摆左臂，杖尖落在右脚尖附近位置。

(2)左手向下后方用力撑杖，左脚同时向前跟出，身体重心快速向左脚移动。

(3)进一步蹲屈，左脚完全支撑身体重心，右脚蹬动，蹬动幅度保持在70～75厘米范围内，手臂继续向前摆动(图8-27)。

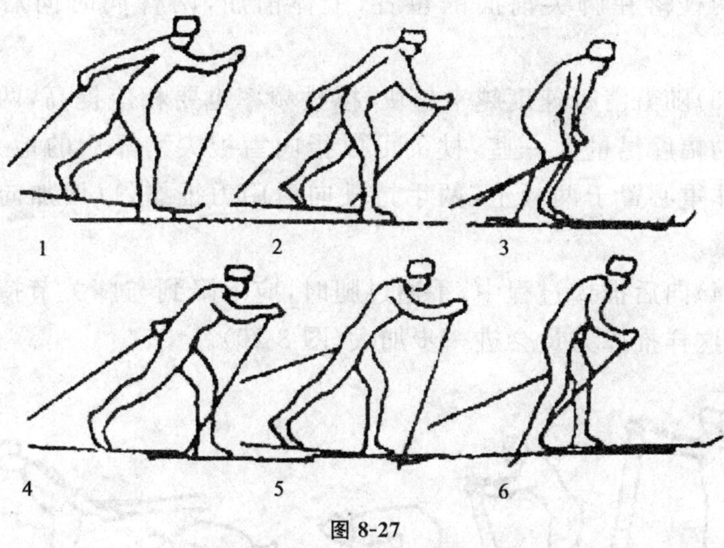

图 8-27

在两步交替滑行中，容易犯的错误是单脚滑行时，由于膝部没有充分弯曲，造成身体重心线落后，对滑进距离造成了影响(图8-28)。

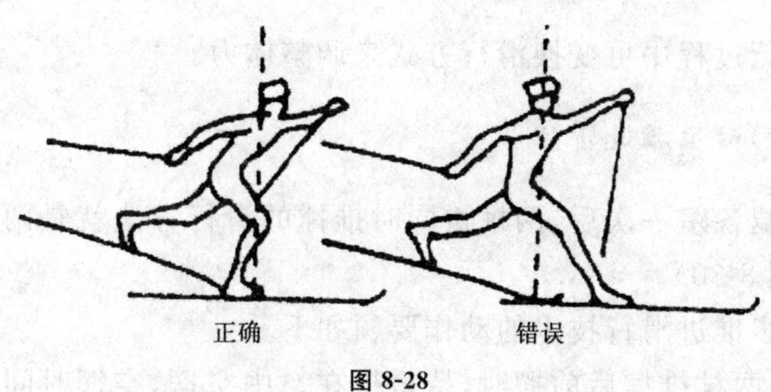

图 8-28

(三)同时推进滑行

两板保持平行，手持两杖同时推撑向前滑进，这就是同时推进滑行技术，在一段较长的平坦地段上，可采用该滑行技术。

同时推进滑行技术的动作要领如下。

(1)两板平行，身体稍微向前。

(2)两臂放松前摆,当前摆高度比肩高时,稍微暂停休息,然后把两杖落在脚尖前面的位置,上体前屈,两臂同时向后用力推撑。

(3)随着滑行速度越来越快,撑杖频率也要相应提高,两杖向前摆动幅度尽量大一些,杖尖可以指向雪板尖稍靠后的地方,接着身体重心置于两板上,两手持杖向后用力推撑,以增加向后推撑力量。

(4)向后推撑过程中,手通过腿时,应下降到与膝关节持平的高度,这样推撑力量会进一步加大(图 8-29)。

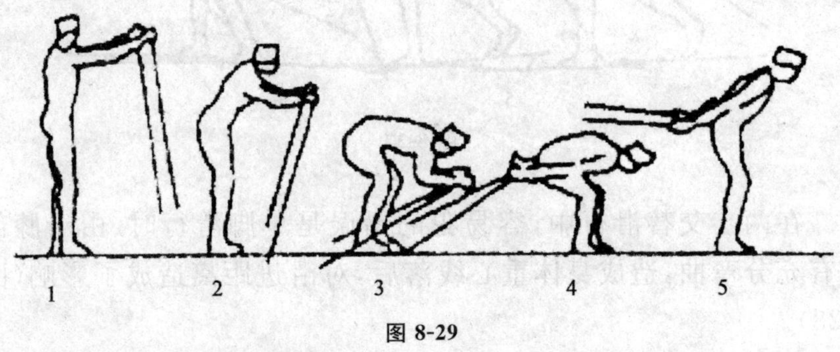

图 8-29

滑行过程中可变换滑行方式来调整体力。

(四)两步推进滑行

两腿各蹬一次后,两杖再同时推撑的滑行方法就是两步推进滑行(图 8-30)。

两步推进滑行技术的动作要领如下。

(1)两杖推撑后前摆时,持雪杖在空中空摆,空摆时间不宜太长,一般为一拍的时间,然后再着地推撑。

(2)两脚承担全身重量,以免身体摇晃。

(3)在心中数一、二、三,数“一”和“二”时各滑一步,“三”时推撑。从而掌握好滑行节奏。

(4)两脚滑行时吸气,两杖推撑时呼气,保持呼吸节奏。

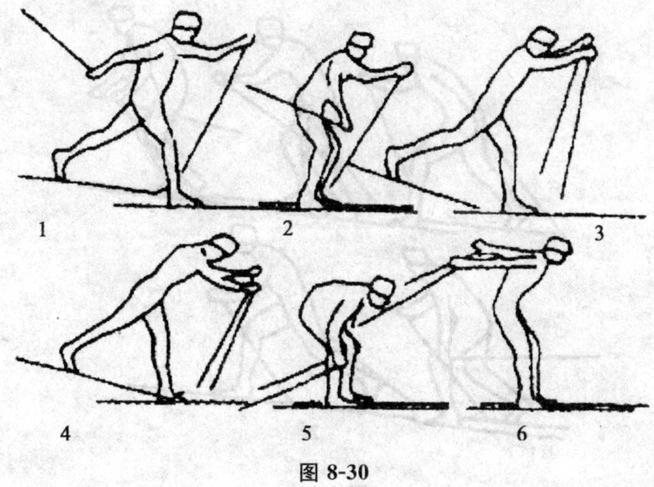

图 8-30

（五）变换雪辙滑行

如果路上有障碍，需要在整理后的雪道上一边滑行一边改到另一条雪辙上滑行，以避过障碍，这种方法就是变换雪辙滑行。

变换雪辙滑行技术的动作要领如下。

(1)变换雪辙前，先两杖同时推撑，以加快速度。

(2)右脚支撑身体重心，左脚板提起，板尖指向左前方，再由左脚支撑重心。

(3)右脚到达右侧雪辙，把右板及时放在雪辙内，并支撑身体重心，接着把左板放在左侧雪辙内，身体重心落在两板上。

(4)两杖再同时推撑，以加快滑行速度。

二、登坡滑行技术

（一）直线登坡

直线登坡技术的动作要领(图 8-31)如下。

(1)上体适当前倾，避免过度前倾而导致雪板向后脱滑。

(2)雪杖落在身体重心线后面的位置。

(3)步幅随坡度调整，坡度大，步幅小。

图 8-31

(二)斜线登坡

斜线登坡技术一般用在坡度比较陡的情况下,如果坡的距离长,可走"之"字线路。

斜线蹬坡滑行技术的动作要领如下。

(1)两脚山上侧一方的板刃稍用力刻进雪面,身体与山坡侧对。山上侧腿屈膝向斜前方迈进。

(2)雪杖不要过分前摆,杖尖落在前后脚中间,用山下侧雪杖支撑身体。

(三)八字登坡

雪板尖向外张开成倒八字形,两雪板内刃刻住雪面,向坡上直线登行,这就是八字登坡技术。这种方法虽然速度快,但也比较费力气。

八字登坡技术的动作要领(图 8-32)如下。

(1)身体向前倾,两雪板形成倒八字形。

(2)两雪杖在身后交替支撑,防止雪板后滑。

(3)用支撑脚雪板内刃刻住雪面,身体重心落在支撑脚上,非支撑脚迈向前上方。

(4)非支撑脚的雪板不要踏在支撑脚雪板板尾部,重心移到这一只脚,原先的支撑脚再向前迈出。

(5)根据坡度调整两板尖分开角度,坡度大开角大。

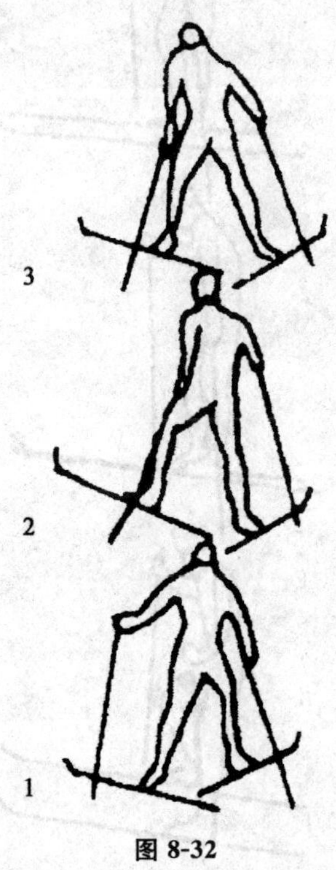

图 8-32

(四)阶梯式登坡

在陡坡或线路较窄的地段,身体侧对山坡,两板顺次登行上山的方法就是阶梯式登坡技术。

阶梯登坡技术的动作要领(图 8-33)如下。

(1)身体与山坡侧对,两脚替换登行上坡。在两板板刃刻进雪面时,山上侧脚先向上横跨,体重落在山下侧雪杖上,山下侧脚再向上蹬动,并用内刃刻进雪面。

(2)山下侧脚落地的同时,马上提起同侧雪杖并放在脚旁,防止身体脱滑。

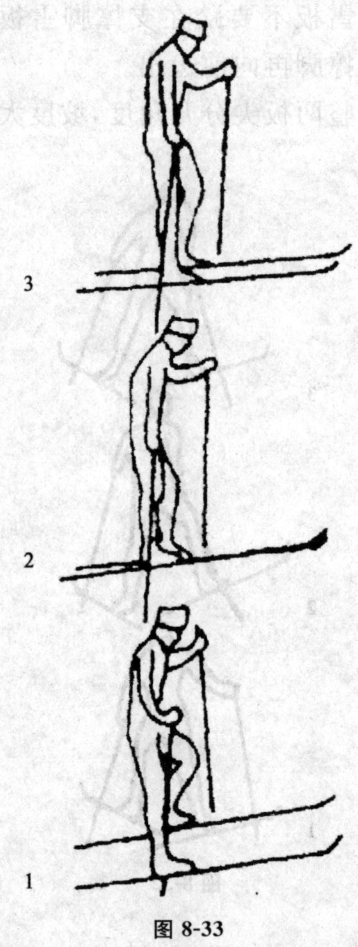

图 8-33

三、下坡滑行技术

(一)直线滑降(图 8-34)

(1)两板之间间隔 15 厘米,弯屈膝和足踝关节,上体稍高,保持该姿势。

(2)身体重心平均落在两板上。

(3)两臂稍向前抬,杖尖与地面靠近。

图 8-34

（二）横向滑降

在场地窄而陡的线路地段采用横向滑降技术，能达到控制速度和制动的效果。

横向滑降技术的动作要领（图 8-35）如下。

（1）两脚之间间隔 15 厘米，山上侧板稍前，弯屈膝和踝关节，通过膝关节的屈伸使身体横向下滑。

（2）身体保持“外倾”。

（3）在滑降过程中，如向前移动身体重心，板尖斜向山下侧，则向斜前方滑行；身体重心如果后移，板尖稍向山上侧，则向斜后方滑行。

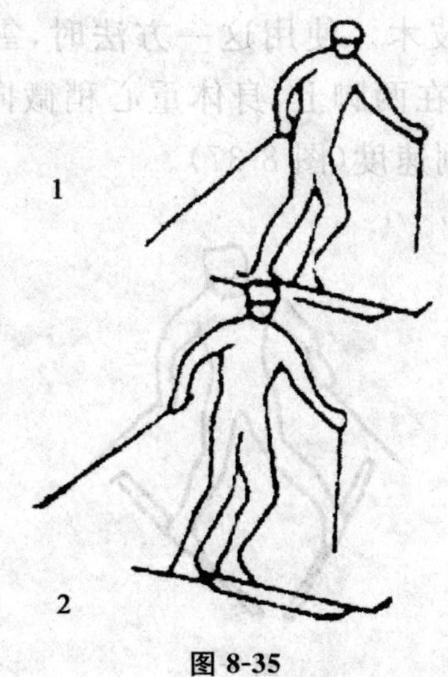

图 8-35

(三)斜线滑降

在较宽阔的陡坡场地采用斜线滑降技术,有利于控制下滑速度。

斜线滑降技术的动作要领(图 8-36)如下。

(1)基本姿势同上。

(2)身体呈“外倾”姿势,山下侧板支撑大部分体重。

(3)斜向下滑时,用山上侧板外刃、山下侧板内刃刻住雪面。

图 8-36

(四)八字滑降

向两侧分开雪板尾部,沿山坡呈八字形直线向下制动滑降的方法就是八字滑降技术。使用这一方法时,雪板呈八字形,屈膝并内扣,体重均匀落在两脚上,身体重心稍微向后移,通过调整两板尾分开程度来控制速度(图 8-37)。

图 8-37

（五）半八字式转弯

（1）胯部向左或右移动，使重心落在一侧板上。

（2）一侧板支撑身体重心并用内刃制动时，另一侧板放平不用刃，这样身体才能协调转弯。

（六）双板平行转弯

双板平行转弯指的是两板平行时做转弯动作的滑行方法，该技术有一定难度，需要具备良好的基础。

双板平行转弯技术的动作要领（图 8-38）如下。

（1）转弯时两板平行，膝部向前和向山上侧压，双板用刃同时将山下侧杖尖插向脚尖前部。

（2）以山下侧雪杖为支点，重心上提，两板变平刃，重心再落在两板尾部并使之立刃划弧转向。

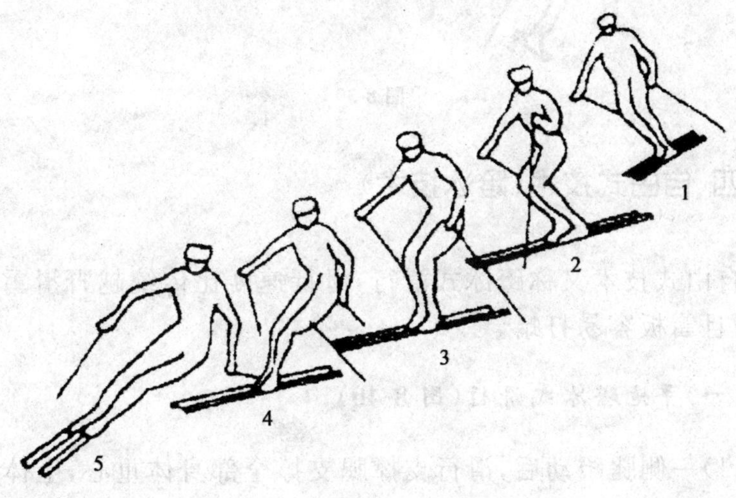

图 8-38

（七）跨步式转弯

动作方法类似于平地滑雪技术中改换雪辙滑行技术动作，只是要以转弯弧度大小为依据调整跨步。

跨步转弯技术的动作要领（图 8-39）如下。

(1)一侧板向侧前方跨出,重心随之移动,撑杖,另一侧板紧紧跟上。

(2)另一侧板跟上后,两板保持平行。

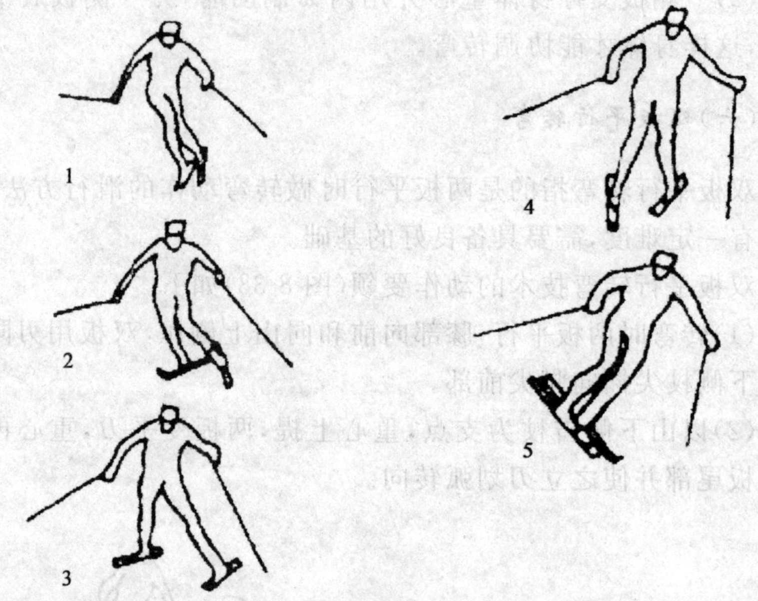

图 8-39

四、自由式技术(蹬冰技术)

自由式技术又称蹬冰式滑行,滑行速度比传统越野滑雪技术快,而且雪板容易打蜡。

(一)平地蹬冰式滑行(图 8-40)

(1)一侧腿蹬动后,滑行支撑腿支撑全部身体重心,上体稍前倾,保持放松。

(2)蹬伸腿用力蹬向侧后方,同时用板内刃刻住雪面。

(3)膝盖保持 100°～110°的弯曲幅度。

(二)交替蹬撑滑行(图 8-41)

(1)身体姿势和腿部动作参考蹬冰式滑行技术。

(2)同时完成撑杖与蹬动动作。

图 8-40

图 8-41

在缓坡、平地或下坡时适合采用这项技术。

(三)同时蹬撑滑行(图 8-42)

(1)不要偏向一侧撑杖与蹬动。

(2)充分撑杖、蹬腿,注意控制节奏。

在加速、冲刺或超越对手时适合采用该技术。

(四)二步、四步蹬撑滑行(图 8-43)

(1)两腿蹬动方法参考蹬冰式技术。

(2)两臂持杖前摆时,上体直起,弯曲两肘,两手摆到头上高度后，再落杖。

(3)撑杖时上体顺势下压，两手经过膝盖部位向后推撑。

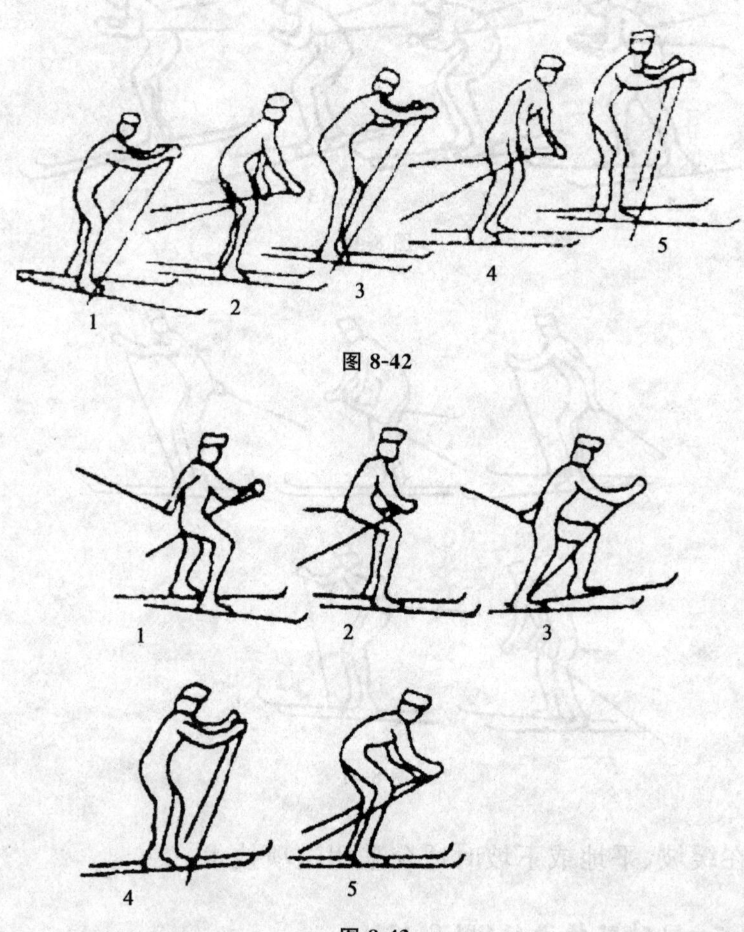

图 8-42

图 8-43

在比较平坦的地段适合采用该技术，有利于节省体力，保持一定的速度。

(五)单蹬同撑滑行(图 8-44)

(1)蹬腿和撑杖后身体重心落在滑行板上。

(2)两臂以均衡的力撑杖。

图 8-44

在线路较窄或弯道转变时适合采用该技术。

第三节 攀冰运动实践指导

攀冰源于登山运动，是登山运动基本技能之一。攀冰主要攀爬的冰壁是自然冰，现在也有人工浇筑的冰壁和模拟冰壁。攀冰运动是一项依靠的冰爪、冰镐、冰锥以及和攀岩运动可以共用的一些设备，再结合脚法和镐法进行的冬季运动。本节主要从攀冰的起源发展、攀冰装备介绍、攀冰基本技术以及攀冰运动发展价值这四方面进行研究。

一、攀冰运动的起源与发展

早期的冰壁攀登存在于高山探险中大坡度冰面或者陡峭冰壁攀登过程中。从 20 世纪初期开始，攀冰运动慢慢发展成为一项专门的运动。在早期的登山探险运动中，难以逾越的冰壁障碍并刺激着攀冰装备和攀冰技术的形成、演变和发展。20 世纪 70

年代，乔伊纳德融合“法式技术”和“德式技术”的特点，提出了适合各种冰壁线路、打破地区之间的技术壁垒的“现代技术”，成为现代攀冰运动开始的标志。优良的攀冰设备和成熟的攀冰技术把欧美攀冰运动发展提升到了更高的水平。攀冰运动从 20 世纪 80 年代开始成为欧美国家的新潮运动，攀冰爱好者不断增加。2002 年国际登联（UIAA）攀冰委员会成立，成为领导全球攀冰运动普及、发展最权威的机构。

我国攀冰运动较之欧美起步晚、发展慢、发展水平低、关注度低、研究少、宣传少、赛事少。攀冰运动在 20 世纪 90 年代进入中国，但是从 2017 年开始我国才有了以全国攀冰锦标赛为代表的官方主导的赛事。根据奥林匹克宪章规定：只有在至少在 25 个国家或地区和 3 大洲中广泛开展的运动项目才可列入冬季奥林匹克运动会比赛项目。中国庞大的人口基数以及这些年成功在国内推广普及攀岩的经验对攀冰运动的普及有极大的经验优势。

二、攀冰装备介绍

攀冰需要准备的主要器材有：冰镐、冰锥、头盔、冰爪、绳索（防水）、安全带、保护器、手套、攀冰服装和高山靴等。其中，攀冰需要的安全带、上升器、下降器、头盔、绳索等基本装备和攀岩一样。

（一）冰镐

冰镐分为基础型冰镐和技术性冰镐两类。现代攀冰运动的攀登主要靠技术型小冰镐完成。冰镐长度一般为 40～55 厘米长。在攀登过程中小冰镐一手一支代替双手来攀登。按照镐把特点分成直把技术冰镐和弯把技术冰镐，直把镐适合一些坡度相对较缓的冰壁，而弯把镐则适合陡峭垂直的冰壁和一些屋檐使用。小冰镐的镐头都具有尖头，另一面分有铲头（图 8-45）和锤头（图 8-46）两类。锤头的主要用途是在冰壁及冰岩混合壁上打如岩钉等固定保护点用，铲头一般用于劈砍台阶，在保护点设置时去除表面的松雪和腐冰。

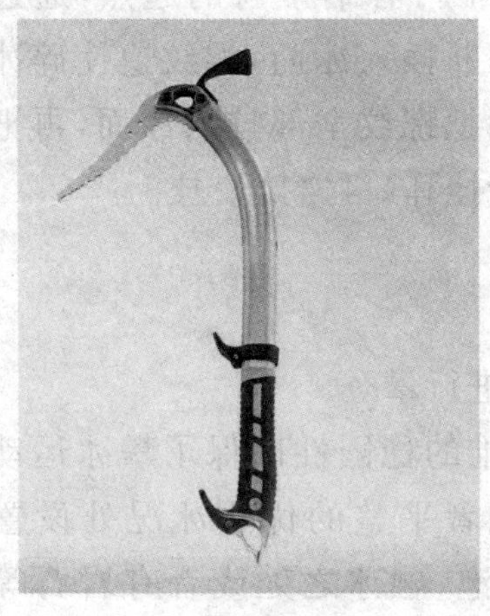
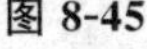

图 8-45

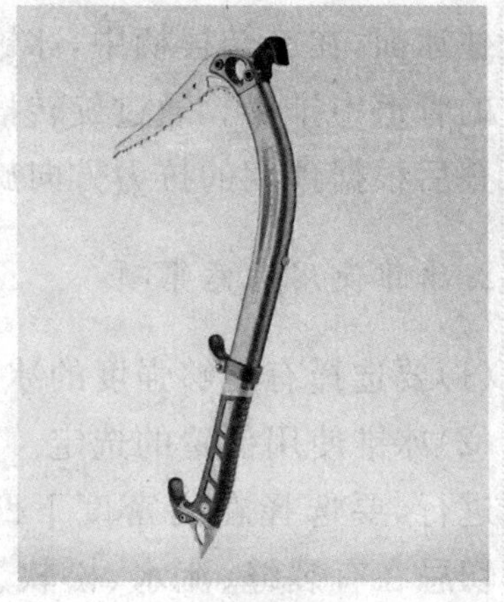

图 8-46

（二）冰锥

冰锥是攀冰运动的必须设备。冰锥在攀冰运动中起到固定主绳，保护安全的作用。在现代攀冰运动中，保护点的设置和冰上下降等技术操作都离不开冰锥。冰锥由摇柄、柄头、挂耳、锥身、螺纹和锥齿构成(图 8-47)。

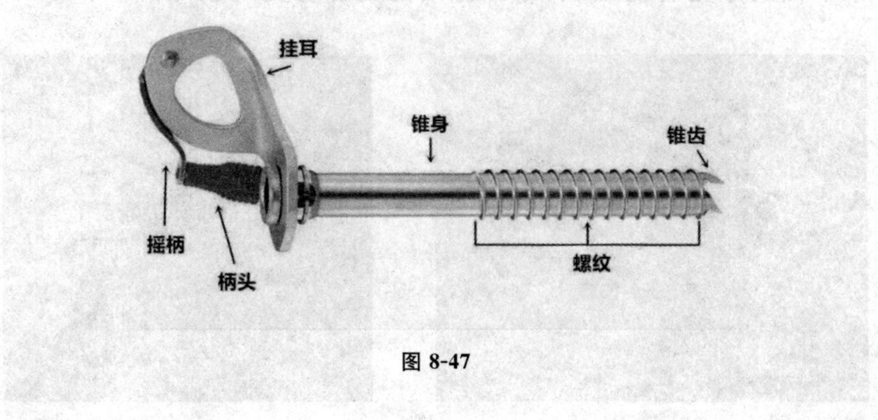

图 8-47

1. 冰锥的使用方法

在适合的冰面，用冰镐凿出一个可容纳锥齿的起点，通过锥齿咬住冰面，在旋转摇柄中，冰锥不断插入冰面，螺纹迫使碎冰从中空的管道中排出。通过旋转摇柄把螺纹全部拧入冰面，再把摇柄折叠后根据预期的拉力方向旋转挂耳，再连接快挂。

2. 冰锥使用注意事项

(1)要选择有足够强度的冰面进行攀登。

(2)冰锥使用位置的选定。冰锥的稳固性确保了攀冰运动的安全进行，要选择在高密度下凹或者平整的优质冰况处设置冰锥。切忌在有裂缝、流水、松软、气泡、融冰之处或者有岩石等劣质冰况处设置冰锥。

(3)冰锥设置角度的选择。冰锥在冰壁中设置的角度分为水平放置(垂直于冰面)、向下放置(图 8-48)和向上放置(图 8-49)三种。20 世纪末，克里斯·哈姆斯顿(Chris Harmston)进行了冰锥角度的最初研究，通过试验发现冰锥向上放置保护强度最大。水平放置是冰锥设置保守的放置方式，它的保护强度大于向下放置。但是向下放置的方式在攀冰运动冲坠中，由于冰锥受力，冰锥下面的冰更容易破裂，冰锥稳固性更容易受到破坏。

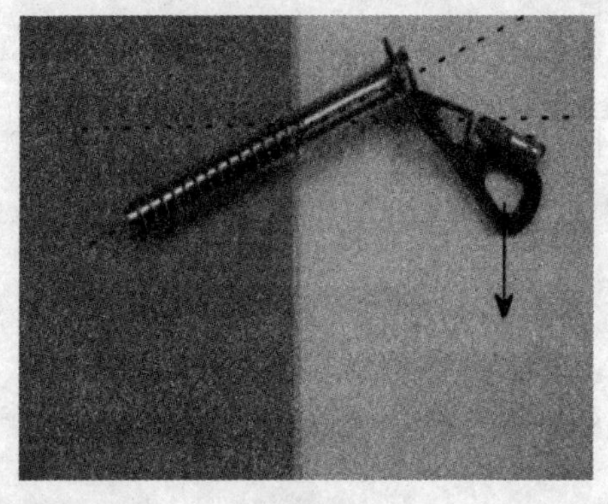

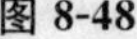
图 8-48

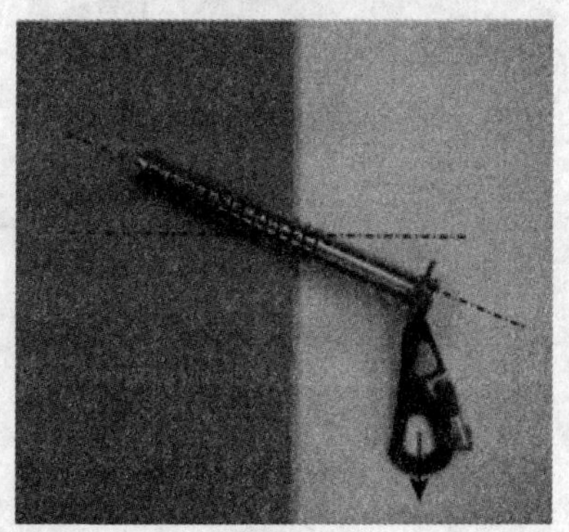

图 8-49

(4)冰锥螺纹完全进入冰面，螺纹具有一定的摩擦力，进而可以确保冰锥与冰壁完全咬合，确保冰锥设置的稳固和安全。

（三）冰爪

在攀冰运动中，冰爪主要是通过攀爬者自身的重量将前齿刺入冰面，使攀爬者在光滑的冰面上得到稳固，并且不断向上攀爬。冰爪的齿数各有不同，一般 10 齿以上的冰爪前面才有前立齿，也才能适用于大角度冰壁攀爬。根据冰爪与高山靴的固定方式来分，可以分为全卡式冰爪（图 8-50）、全绑式冰爪（图 8-51）、半卡式冰爪（图 8-52）这三类。全卡式冰爪固定性好，不易松动，穿脱方便，必须要搭配高山靴使用。全绑式冰爪利用绑带将冰爪绑在鞋子上，可以配合任意的登山鞋使用，但是它穿脱不便，固定程度不如全卡冰爪，而且绑带容易被冰冻结。半卡式冰爪结合了两者的优点，同时也兼具了两者的不足之处。

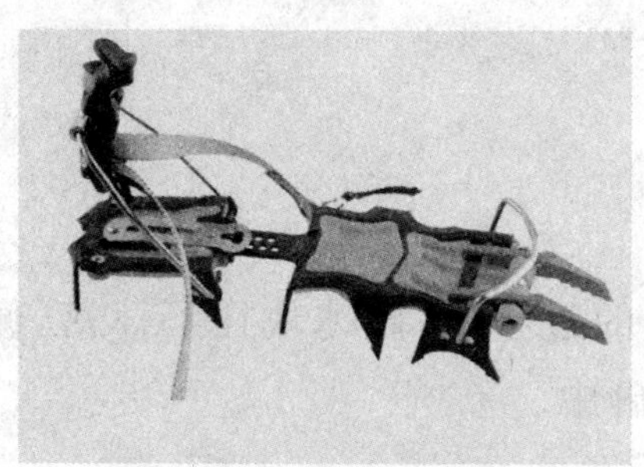
图 8-50

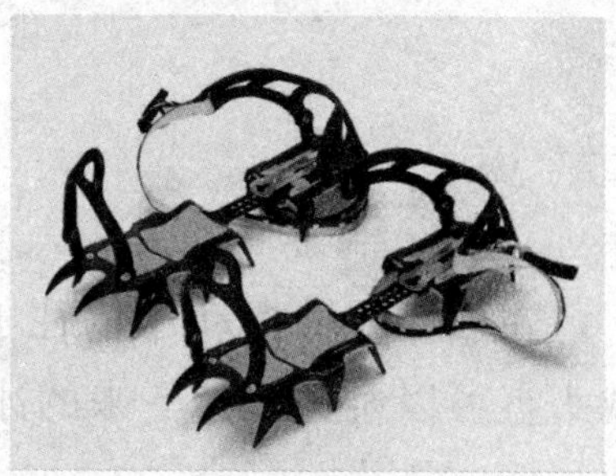
图 8-51

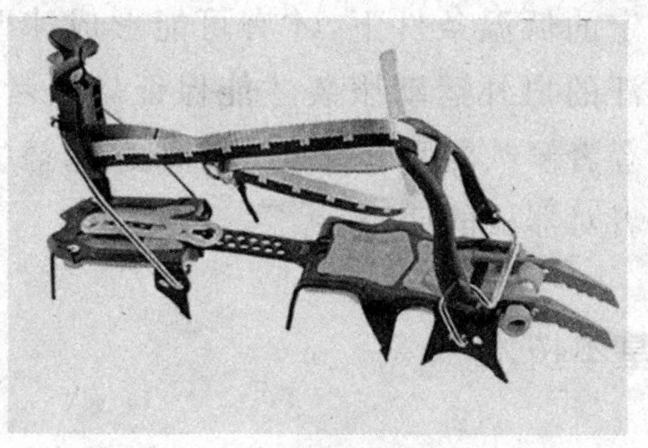
图 8-52

(四)高山靴

高山靴具有适应雪地、冰面运动的特质，鞋子外壳强韧、鞋子质地硬和内套柔软保暖，穿着舒适、安全并且耐用。高山靴在攀冰运动中搭配冰爪一起使用。不同的高山靴并非适合所有的冰爪，在购买冰爪和高山靴时(图 8-53)要注意两者之间是否合适。

图 8-53

(五)头盔

在面向冰壁挥动冰镐往上爬的过程中，碎冰块往下掉落，佩戴头盔可以避免被掉下来的冰块砸中。

(六)攀冰服装

只有在一定的低温条件下，才有可能形成冰壁。只有保暖、轻便、舒适、吸汗的户外运动服装才能保证攀登者在寒冷天气中顺利攀冰。攀登者佩戴的手套要防水、保暖、摩擦力大，手套的厚度不影响攀登者对器械的使用。

三、攀冰基本技术

攀冰设备的完善和使用刺激了专门运用于攀冰的攀冰技术出现。攀冰基础技术主要分为法式技术和德式技术。从 20 世纪初到 70 年代，法式技术和德式技术各自发展已经相当成熟，但是攀登者对两种技术在运用中存在很大的争议，互不承认另一种技术的价值。直至 20 世纪 70 年代，伊冯.乔伊纳德经过十二年的时间研究世界主要国家的攀冰，同时在他的著作《攀冰》(Climbingice)中提出了一种统一的攀冰“现代技术”，这种攀登技术结合了“法式技术”和“德式技术”的特点，一直沿用至今。

(一)法式技术

法式技术最初源于 1913 年法国阿尔卑斯地区，以发明地进行命名。法式技术主要用于 60°以下的缓坡上用一支大冰镐攀爬，采用“两点支撑，一点移动”的技术，通过冰爪行走，把重量分散在脚底，通过脚掌着地，保证所有的齿都能踩进冰里(图 8-54)。

图 8-54

(二)德式技术

1938 年德国人和奥地利人使用带有前齿的冰爪攀登艾格峰，“德式技术”由此诞生。德式技术主要是用两支小冰镐在大于 60°小于 90°的陡峭地形上进行前齿攀登，采用“三点固定，一点移动”的技术，保证冰爪前齿全部插入冰面(图 8-55)。

图 8-55

四、攀冰运动发展价值

（一）攀冰运动的体育美学价值

攀冰运动一支被称为是“冰壁上的芭蕾”。攀冰运动的体育美学存在于整个攀冰活动过程中。第一，攀冰的环境如同一幅在冬日大地、蓝天白云下的雪画，洁白无瑕的冰壁，如同流水般的冰瀑，悬垂在半空的冰挂都是在自然生态环境中形成的，因此极具观赏价值，无论是对攀冰爱好者还是观众都是提高自己欣赏美、鉴定美的时刻；第二，攀冰是一项克服重心向上的运动，对形体有着一定要求，在冰壁上舒展活动的攀登者在白白冰壁中特别亮眼，体现了运动员的形体美；第三，攀冰运动本身运动具备的美学价值。对于攀登者来说，攀冰主要是在洁白冰壁上挥动冰稿，踢入冰爪，移动身体，这具有体育运动本身的动态美，而且整个过程如同是在冰壁上作画；第四，攀冰运动健康向上的人文美，攀冰运动追求回归自然，重视自我感受，激发自我潜能，它是一项有对体质意志有很大要求的运动。

（二）攀冰运动的生态学价值

首先，攀冰运动的冰壁、冰瀑、冰挂是在自然环境中自然形成的。

其次攀冰运动主要是在寒冷冬季进行，受到冰质和天气的影响。冰壁是开展攀冰运动的首要条件，天气的好坏和冰质的情况不单单影响着攀冰运动能否顺利进行，还影响着攀爬过程中攀冰参与者的人身安全。正是攀冰运动对自然环境的依赖，所以攀冰运动的开发重视对冰壁冰质的研究、天气的考虑，重视对攀冰环境的保护，比如冰瀑和冰壁上方的保护，攀冰场地的保护等。

再次，攀冰运动是人与自然互动的产物，体现了“天人合一”的生态观。

总之，攀冰运动源于自然，对自然生态环境有很强的依赖性，重视生态环境的保护，符合绿色产业、朝阳产业的体育产业发展方向。所以，攀冰运动具备生态学价值。

（三）攀冰运动的经济学价值

首先，攀冰运动发展符合现代社会经济发展转型升级的发展趋势，是绿色产业、朝阳产业，是我国冰雪产业的一部分。攀冰运动的发展有利于实现我国“三亿人上冰雪”的战略目标，是我国冰雪旅游产业的一部分。

其次，运动赛事是新的经济增长点，大型体育赛事是提高城市知名度、促进体育产业发展、提高城市知名度的快速、有效、经济、环保的途径。一方面，自 2015 年来，攀冰世界杯分站赛在全球赛事次数逐渐增多，为攀冰赛事承办地的经济发展带来了许多积极的影响。另一方面，运动项目的发展、推广离不开资金的投入，它的奥运潜力会吸引一些赞助商关注这项运动，在赞助商获得自己的赞助回报的同时可以促进攀冰运动自身的发展。

再次，攀冰运动拥有与传统运动项目相比更刺激、时尚、挑战、自然、征服、时尚的特点。它也是在现代人民生活水平提高，对消费需求升级的时代背景下进一步发展的，它丰富了大众体育项目。这些使得攀冰如攀岩运动一样吸引越来越多人的关注，尤其是年轻人。攀冰运动对设备、技术、场地有着精准、高品质的要求。攀冰运动发展会带来对这些产业链产品的研发、发展，这将会创造一定的产值。

总之，攀冰运动在加大项目本身发展、转变经济发展方式、发展体育产业、丰富消费需求、加快城市发展等方面创造了很大的经济价值。

（四）攀冰运动的奥运战略价值

近些年，国际奥委会去除一些极少人关注或者发展不好的奥运项目的奥运资格，加进了一些呼声高、发展好、符合人们新的需求的运动项目。攀岩、小轮车等项目就是在这种背景下入奥的。攀冰运动是最有望加入冬季奥运会的运动项目之一，也是目前国际登联积极运作的一个运动项目。国家体育总局登山运动管理中心副主任王勇峰认为：攀冰运动迟早能够进入冬奥会。

一方面，攀冰入奥的发展目标会促使国际登联攀冰委员会的各会员组织努力发展本地区或者本国的攀冰运动事业。攀冰运动是一项刺激、时尚、充满生命力、极具观赏价值的冬季高空极限运动。作为新兴发展的运动项目，攀冰入奥会丰富奥运项目，增添奥运活力，符合创新发展精神，凸显时代面貌，不断提高奥运赛事品质。

另一方面，攀冰入奥计划会促使攀冰运动发展落后的国家重视这一项目，同时也是对在攀冰运动上具备优势的国家和地区的肯定。

第九章　水上户外运动实践方法指导

古人云:“上善若水”,可见我们的生活离不开水。祖国大江南北有着众多优美的山川湖海,可以作为开展水上户外运动的场所。水上户外运动内容丰富,其因特有的刺激和惊险等特点受到了广大户外运动爱好者的青睐。如今,像户外游泳、漂流、潜水等运动已经作为新潮的户外运动在我国开展,受到了年轻人的欢迎。本章就来研究水上户外运动的实践方法指导。

第一节　游泳运动实践指导

一、游泳运动概述

游泳在水中进行,集水浴、空气浴、日光浴于一体,对人的健康具有积极意义。对于户外运动爱好者来说,在自然水域中进行游泳可谓是一种享受,不但能够强身健体,还能使身心得到放松。

游泳运动具有悠久的历史。在远古时期,在江河湖海一带生存的原始人类为了获得食物,谋求生存,在水中捕捉鱼、虾、蛙等动物。在捕猎的过程中,他们对水中鱼类、青蛙等动物在水中游动的动作进行观察和模仿,久而久之就学会了游泳。

现代游泳运动则起源于英国。早在17世纪60年代,英国的不少地区内就广泛开展着游泳活动。到了18世纪初,游泳运动传入法国,此后风靡全欧洲。1828年,世界上第一个室内游泳池在英国利物浦乔治码头成功建造,到了19世纪30年代,英国各大城市相继出现了这种泳池。1837年,在伦敦成立了世界上第一个游泳组织，该组织举办了英国历史上最早的游泳比赛。1869 年 1 月，大城市游泳俱乐部联合会（现英国业余游泳协会）在伦敦成立，这是游泳运动发展为独立的运动项目的标志。该机构的成立推动了游泳运动的发展与传播，之后游泳运动先在英国占领的各个殖民地内传播，之后全世界逐渐开始流行这项运动。

游泳运动在长期发展过程中，逐渐分为两大类。第一类是竞技游泳，包括爬泳、蛙泳、仰泳、蝶泳及混合泳；另一类是实用游泳，即救生技术，包括踩水、潜泳、侧泳、反蛙泳等。

在我国，游泳运动也有很悠久的发展历史，随着我国游泳运动的不断发展，其逐渐成了人们进行锻炼健身的重要手段之一，深受广大群众的喜爱，游泳有“快乐的运动”之称。如今，有条件的城市居民通常在室内游泳馆内进行，而在一些乡村地区，很多群众在自然水域中游泳，这就是户外游泳。

在户外游泳中，自然水的环境至关重要。自然水域中，水的温度较低，密度更大，因此有利于人体血液循环，促进人体肌肉力量的发展，使人有更好的形体，使身体各项素质得到全面发展，所以游泳运动往往是老少皆宜，受到不同年龄段的群众的喜爱，有着深厚的群众基础。

积极参与游泳运动能增强体质，提高健康水平。作为一项全身性运动，长期进行游泳锻炼，可以促进人体各器官、各系统的协调与均衡发展，健身者的身体形态、身体机能以及身体素质都能够得到不同程度的改善与提高。

游泳运动的环境完全不同于田径、球类等运动，游泳运动在水中进行，在运动条件、运动形式以及运动结构等方面都有自己的特点。人们参与游泳锻炼，学习各种技术和泳姿，不仅可以强身健体，还能够锻炼顽强的意志品质。

在这个科技、信息、社会飞速发展的时代，社会各方面都有着激烈的竞争，人在社会中面临着更加严峻的挑战，为了更好地适应社会，在竞争中生存下来，人们需要具备坚韧顽强、吃苦耐劳、自强不息的精神品质，不断挑战自我，而游泳运动在塑造这些优秀品质上发挥着重要的作用。

因为户外游泳是在自然水域进行，而不是在传统的室内泳池中进行，所以本节后面主要研究一些在自然水域中非常实用的游泳救生技术。

二、游泳健身技术指导

（一）踩水技术

踩水又称为“踏水”或“立泳”，这是初学游泳必须要掌握的一项基本技术。踩水的速度比较慢，但比较安全，在自然水域中，水流状况变化多端，时而平缓时而湍急，健身者如果不了解水中情况，也不知晓水质是清澈还是浑浊，那么可以采用该技术。此外，在自然水域游泳具有一定的风险，如果看到有人溺水需要救护时，可以通过踩水技术来感知水面情况，从而向前后、左右方向移动与拖带，进行有效救护。

游泳运动中，水流的阻力是游泳的最大障碍，人体游进过程中依靠手臂和腿的动作完成，其中要克服水的阻力，这是针对各种水平姿势的泳姿而言的。在踩水时，不需克服水的阻力，而要克服自身的重力，为了让身体浮在水中，需要手臂和腿不断划动，从而产生上升力。当身体浸入水中后，自身受到竖直向上的浮力作用，所以运动者掌握踩水技术后，只要手臂、腿稍微做一些动作，头部就可以顺利浮出水面。如果踩水技术达到非常熟练的地步，游泳时只要腿动起来就能够使身体浮起来。

1. 身体姿势

踩水时，身体姿势如图 9-1 所示。

（1）身体稍向前倾，直立漂浮。

（2）始终将头部露在水面上，下颌贴近水面。

（3）两臂和髋部稍屈，手臂与胸齐平，掌心冲下。

图 9-1

2.腿部技术

总的来说，腿部动作包括收腿、翻脚、蹬压，组成完整的动作周期。在这个周期中，脚是以近似于椭圆形的轨迹进行运动，动作如图 9-2 所示。

髋部稍屈，大腿与躯干形成 120°夹角，膝关节弯曲，小腿和足部外翻，脚掌成勾状，小腿和脚内侧面朝下，两脚与两膝距离同宽。接着，稍微向下压大腿，膝关节内扣，小腿和脚的内侧面向下蹬压水，动作轨迹为弧形。小腿在膝关节快要弯曲蹬直时向大腿折叠，大腿稍向上抬，脚迅速外翻，继续进行下一轮的蹬压动作。

双腿的蹬压动作与蛙泳技术的腿部蹬夹动作非常相似，不同的是，踩水时大腿的动作幅度较小，小腿和脚掌的动作幅度较大。蹬压时，基本上要一直弯曲两腿，连贯圆滑、周而复始地持续蹬压。

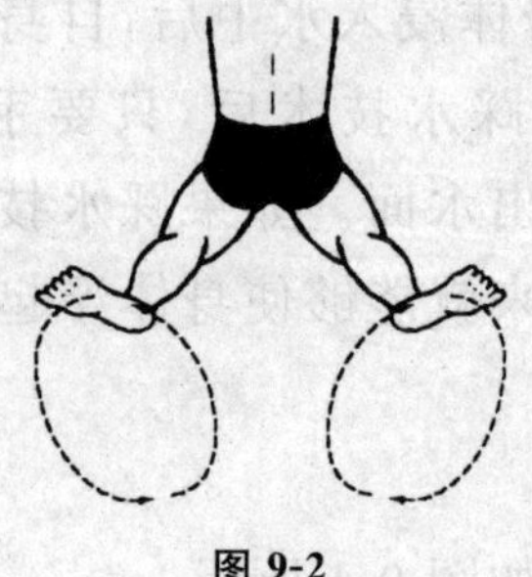

图 9-2

腿的蹬压技术有以下两种方式。

(1)两腿同时蹬压水

整个动作顺序为：屈膝—脚掌外翻—蹬压水，下面具体分析。

①身体直立,髋部稍屈,蹬压水时弯曲膝盖收小腿,小腿尽量向大腿靠近。

②脚掌外翻,勾脚尖,膝盖稍微内扣,小腿和脚掌对准水。

③小腿、脚内侧、脚掌在大腿发力的带动下依次向外、向下、向内蹬压水。

④蹬压水的动作结束时,大腿与身体保持一定的角度。避免膝关节的充分伸展,两腿始终分开,避免减小浮力后身体沉入水中。

(2)两腿交替蹬压水

两腿交替蹬压水,动作类似于两腿同时蹬压水的动作,最大区别为两腿交替完成。两腿动作按以下方法进行蹬压。

当一腿完成蹬压水,屈膝向后收小腿,此时另一腿依次向外、向下、向内蹬压水。两腿交替蹬压水的动作必须按照一定节奏进行,这样身体的起伏较小,不会耗费太多体能。

3.臂部技术

踩水时,两臂稍屈,在胸前平举,两手同时向外、向内拨压水,双手平行于水面,运动轨迹呈弧形。要注意的是,双手向外、向内拨压水时,掌心的方向是不同的,分别向外下方和内下方。

弧形拨压时,手掌与水平面保持 30°～40°的角度,以前臂和手的摆动为主,上臂运动幅度较小,连贯圆滑地完成,周而复始,保持一定的节奏,如图 9-3 所示。

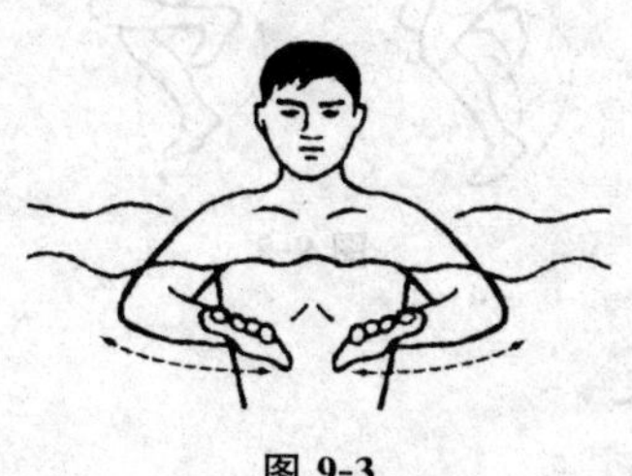

图 9-3

手臂划动时,划水阻力(与手臂运动方向相反)和划水升力(与手臂运动方向垂直)共同构成了水对手臂的反作用力。当划水阻力与水面平行,两臂同时划动时,两臂的划水阻力相互抵消,所以身体不会移动。当两臂上划水的升力与水面垂直时，身体会克服重力上浮。

两腿蹬压水的方式不同，两臂拨压水的方式也会有相应的变化，具体如下。

(1)两腿同时蹬压时的手臂动作

如图 9-4 所示，两臂向外拨压水，两腿同时向上收回并翻脚，此时两臂向内拨压水，手臂拨压水的动作轨迹呈弧形。

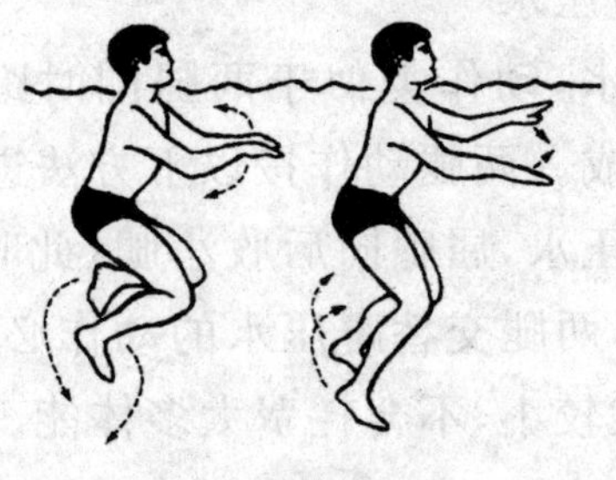

图 9-4

(2)两腿交替蹬压时的手臂动作

如图 9-5 所示，一腿向下蹬压，两臂向外拨压水；另一腿向下蹬压，两臂向内拨压水，注意手臂拨压水的动作轨迹呈弧形。

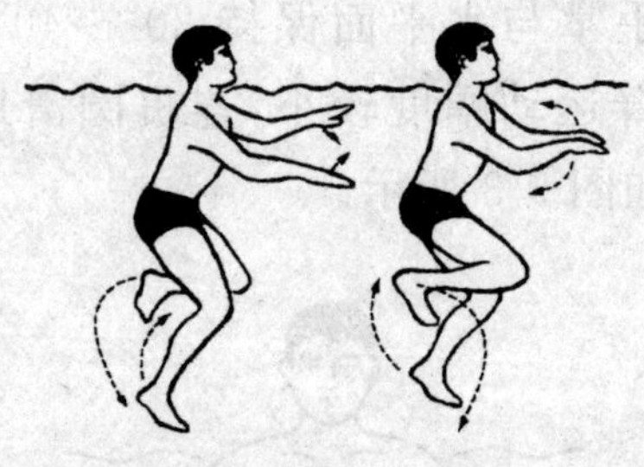

图 9-5

4. 完整配合技术

踩水时，头部始终露出水面，自然呼吸，与动作相配合。

注意上肢与下肢保持协调，相互配合，这是确保身体在水中漂浮的关键。手臂与腿的配合方式是两腿蹬压水一次，两臂拨压水一次，而且两臂同时向外拨压水的动作与两腿蹬压水动作几乎是同步的。总而言之，腿和手臂动作同时进行，周而复始不停顿。

踩水过程中，手臂和腿的配合必须连贯，配合要有节奏，这是基本要求。此外，呼吸也要保持节奏，配合手臂和腿的动作自然呼吸。向前游进时，身体前倾，腿向侧方蹬水，两臂向后下方压水。向侧游进时，身体向侧面倾斜，腿向反侧蹬压水，与此同时手臂也向反侧拨压水，这是确保向自由方向踩水和移动的关键。

运动者熟练掌握踩水方法后，只靠两腿蹬压水就可以使身体漂浮起来。手臂与腿部动作的配合方式受到腿部蹬压方式的影响。

（二）反蛙泳技术

反蛙泳就是身体翻过来的蛙泳，也称为“蛙式仰泳”。反蛙泳是比较容易学习和掌握的一项技术，其动作自如，呼吸自然，体力消耗少，在长时间、长距离的游泳中也可以通过反蛙泳达到轻松休闲的目的。

游反蛙泳时，身体在水中仰卧，两腿像蛙泳一样蹬夹，两臂同时前摆入水，接着在身体两侧同时向后划水，如图 9-6 所示。

1. 身体姿势

仰卧于水中，身体自然伸直，腹背肌适度保持紧张，身体纵轴与水平面形成较小迎角。面部露出水面，目视后上方。

2. 腿部技术

反蛙泳的腿部技术中，主要依靠腿部的蹬夹推动身体前移。收腿时，髋稍屈，臀部微微下沉，膝关节弯曲，小腿放松下沉折叠靠向大腿后，两腿左右分开，两膝距离与肩同宽。当小腿与大腿成 90°时开始翻脚，大腿稍内旋，小腿和脚向外张开，勾脚掌，小腿和脚内侧与水面对准。

翻脚结束时，大腿和小腿成锐角，两脚跟之间的距离比双膝距离稍宽。紧接着展髋，直膝，小腿和脚向后蹬夹水，运动轨迹呈弧形，两腿持续加速进行。

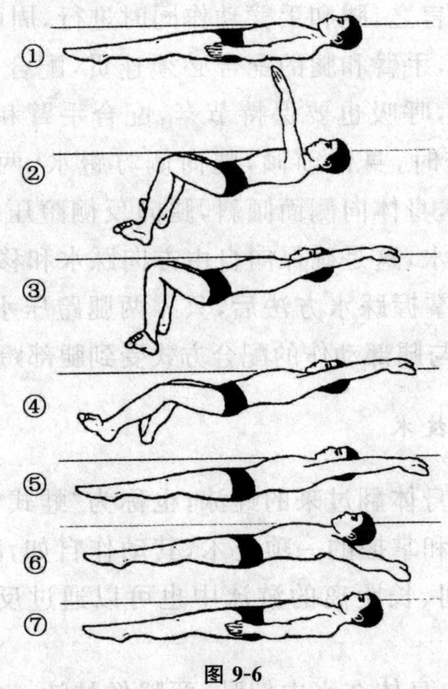

图 9-6

蹬夹的最后阶段，踝关节伸直，脚掌向后、向内、向下进行鞭打，之后两腿蹬直并拢，进入滑行阶段。

注意收腿、翻脚、蹬夹的动作要连贯、自然，不能有停顿，膝关节始终不能露出水面。

3. 臂部技术

两臂动作始于贴于体侧的滑行姿势。

首先，两臂伸直，拇指领先提出水面，沿身体两侧垂直面向前摆动。摆过头部上方时内旋，小指侧转向下。

其次，两臂伸直，在肩前同时入水，之后肩部尽量前伸，使划水路线延长。

再次，两臂向左右两侧分开，手腕稍屈，掌心向脚，两臂伸直，向外、向后划水。划水至两侧与肩横线接近时，稍屈肘并下沉身体，成“倒高肘”的姿势，前臂和手掌形成良好的对水面，手臂在身体两侧用力继续向后推压水。

最后，结束划水时，两臂放于身体两侧，掌心向内，充分舒展身体，成流线型前行。

4. 完整配合技术

面部始终露出水面，手臂、腿的动作与呼吸节奏保持协调，但不受水限制。空中移臂时吸气，手臂入水后闭气，划水时均匀呼气。

反蛙泳过程中，手臂和腿的动作交替完成，通过蹬腿与划臂推动身体前进。手脚的配合方式如下。

(1)两臂提出水面前移时，收腿、翻脚。

(2)两臂马上要入水时，两腿向后蹬夹。

(3)蹬夹结束，两腿伸直并拢，两臂向后划水。

(4)划水结束后，两臂伸直，放在身体两侧，成流线型向前滑行。

(三)侧泳技术

1. 身体姿势

身体在水中侧卧，采取左侧卧姿势或右侧卧姿势，根据个人习惯选择。头的一侧入水，身体纵轴与水平面形成较小的夹角，腿略低于肩部。游进时，伴随着手臂的划水，身体绕纵轴有节奏地来回转动，大臂与身体纵轴的夹角控制在 45°～50°之间(图 9-7)。这种转动能够很好地促进手臂划水和腿蹬剪水的力量的发挥，此外还有利于空中移臂和呼吸动作的顺利完成。

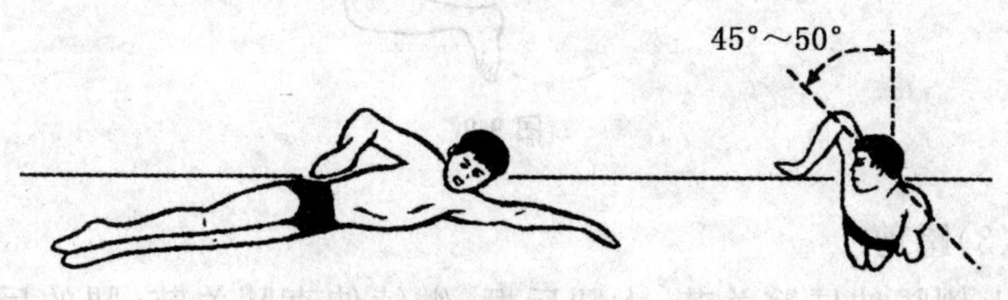

图 9-7

2.腿部技术

(1)收腿

弯曲上侧腿的膝关节,大腿与水面平行向身前提收,踝关节放松,小腿在大腿后前移。此时,下侧腿展髋,屈膝,小腿折叠靠向大腿,以使脚跟与臀部靠近。

收腿结束时,上侧腿的大腿与躯干近似垂直,大腿与小腿之间保持45°~60°的角度;下侧腿伸展髋关节,大腿与小腿之间保持30°~40°的夹角(图9-8)。

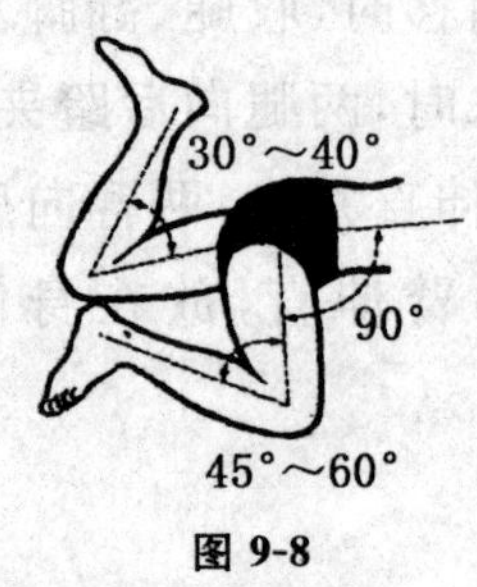

图 9-8

(2)翻脚

收腿即将结束时,上侧腿勾脚尖,膝关节伸直,小腿与水面平行并稍向身前伸出,脚底和大腿后侧面向后与蹬水方向对准。下侧腿绷脚尖,脚背和小腿前侧面向后对准剪水方向(图9-9)。

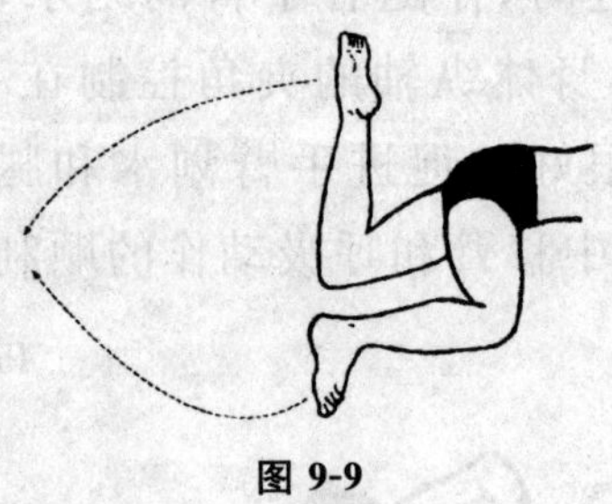

图 9-9

(3)蹬剪

上侧腿伸展髋关节,大腿后摆,继续伸直膝关节,腿的后侧面及脚底与水面平行,向后加速蹬夹。同时,下侧腿膝关节伸直,脚背和小腿前侧面对水向后剪腿。当两膝伸直时,两腿形成剪刀状的姿势,直至两腿伸直并拢进入到滑行阶段。

3. 手臂技术

侧泳臂的动作通常为一臂划水后提出水面经空中前移,另一臂划水后在水下收手前伸,两臂交替进行。上侧臂提出水面经空中前移时,下侧臂在体下划水;上侧臂入水时,下侧臂收手;上侧臂划水时,下侧臂前伸。两臂于胸前有交叉的过程。上侧臂划水结束贴在身体一侧时,下侧臂在头前伸直。[①]

4. 完整配合技术

侧泳的完整技术要遵循 1∶2∶1 的原则,即在一个完整的动作周期中,蹬剪水 1 次,划水 2 次(左、右臂各 1 次),呼吸 1 次。

(四)潜泳技术

潜泳,又被称为"大划臂蛙泳",这是一种身体完全在水下进行的游泳技术。该技术没有装备限制,简单易行,所以特别适合潜水爱好者使用。潜泳技术主要包括潜深和潜远。

1. 潜深

(1)头朝下潜深

下潜之前深呼吸,之后迅速低头、收腹、团身,身体向前翻转,头部冲下。紧接着两臂向下伸直,展开身体,在重力作用下入水。两腿向上做蹬夹动作(技术要求同蛙泳),从而加速下潜。潜到一定深度时,身体逐渐转成水平,继续潜进(图 9-10)。

(2)脚朝下潜深

下潜之前,两臂用力向下压水,双腿用力蹬夹,使腰部跃出水面,同时深吸气。紧接着两腿并拢伸直,伸直两臂,身体在重力作

---

① 施纯志. 水上运动与健身[M]. 哈尔滨:哈尔滨地图出版社,2009.

用下沉入水中。两手掌心向上，自下而上地拨水，使下潜加速。下沉到一定深度时，迅速低头团身，身体转至水平，继续潜进（图9-11）。

图 9-10　　图 9-11

2. 潜远技术

(1)蛙式潜泳

蛙式潜泳的技术动作与蛙泳的技术动作基本相同，区别是蛙式潜泳是在水下进行的，因此身体姿势、手臂与两腿动作会有一些不同（图9-12）。

①身体姿势

避免过早上浮，躯干始终正对游进方向。头稍低，与躯干保持在一条直线上。

②腿部技术

腿部动作主要有四个环节，分别为收腿、翻脚、蹬腿和滑行，这四个环节紧密衔接，缺一不可。收腿过程中，屈髋幅度及两腿向侧分开的程度要小于普通的蛙泳，从而更好地使身体保持流线型，减小游进阻力。

图 9-12

③手臂技术

臂部动作也有四个环节,分别为外划、下划、内划和前伸,这四个环节也是紧密衔接的。两臂划水幅度可比普通的蛙泳大一些,以增加推进力。两臂前伸时与下颌贴近,以减小游进的阻力。

④配合技术

手臂与腿的配合和普通蛙泳一样,但可适当降低频率,从而延长滑行时间。向前游进时,需将臂、腿动作产生的推进力充分利用起来。

(2)长划臂潜泳

身体姿势和腿部动作和蛙式潜泳完全相同,区别在于划臂方式和完整配合技术有所不同(图 9-13)。

长划臂潜泳时,手臂与两腿的配合方式如下。

①两臂划水时,两腿伸直并拢。

②划水结束后,两臂放于身体两侧,掌心向上,身体充分伸直,成流线型继续游进。

③收手前伸的同时收腿、翻脚。

④两臂快要伸直时,两腿向后蹬夹。

⑤蹬夹结束之后迅速划臂。

图 9-13

三、游泳健身练习

(一)踩水练习

1. 陆上模仿练习

(1)双杠挂臂撑模仿踩水

身体悬挂于双杠上,双腿做踩水的技术动作,重点对椭圆形动作路线和连贯的动作方式进行体会(图 9-14)。

(2)坐池边模仿踩水

坐在岸边,脚入水,双腿像踩水一样活动,注意体会小腿和脚的内侧面向下蹬压水的动作。

图 9-14

2. 水中练习

(1)扶边单腿踩水

侧对岸边,一只手扶于岸边,外侧腿提起,进行收腿、翻脚、蹬压的踩水动作练习。要求用小腿和脚内侧面蹬压水,连贯完成动作,反复进行(图 9-15)。

(2)扶边踩水

双手扶在池边,上体稍向前倾,双腿做向下弧形蹬压、向上收腿翻脚的动作,动作要连贯,注意把握水的上浮力(图 9-16)。

图 9-15　　图 9-16

(3)站立划水

站在水中,使水面与胸齐平。两臂稍屈,在胸前有节奏地向外、向内拨压水,移动轨迹为弧形,体会对水的反作用力。

(4)套绳踩水

练习者在他人协助下,将用软绳制作的套圈套在腋下,并在岸上提拉绳子一端,在深水区进行踩水练习。辅助者根据练习者的情况适时将绳子放松或拉紧,确保练习者的下颌始终露出水面,反复练习,逐渐摆脱对绳子的依赖(图 9-17)。

图 9-17

踩水练习中,先尝试两腿同时蹬压水,直到在水中能够自如漂浮时,再练习两腿交替蹬压水。

(二)反蛙泳练习

1. 陆上模仿练习

(1)站立模仿划臂

自然站立,两臂进行反蛙泳划水动作的模仿练习。

(2)坐池边模仿蹬腿

坐在岸边,上体稍向后仰,两臂在体后撑地,两脚入水,进行反蛙泳的收腿、翻动、蹬夹动作的模仿练习。

2. 水中练习

(1)反抓槽蹬腿

仰卧于水中,反臂抓住支撑物,进行反蛙泳技术腿的蹬压动作练习。尽量伸展身体,避免两膝露出水面。

(2)扶板蹬腿

仰卧于水中,双手在体前抱打水板,根据反蛙泳腿的动作进行向前游进练习。

(3)滑行蹬腿

仰卧于水中,蹬壁滑行,两臂放于体侧,按照反蛙泳中腿的动作进行向前游进练习,体会连贯的腿部技术(图 9-18)。

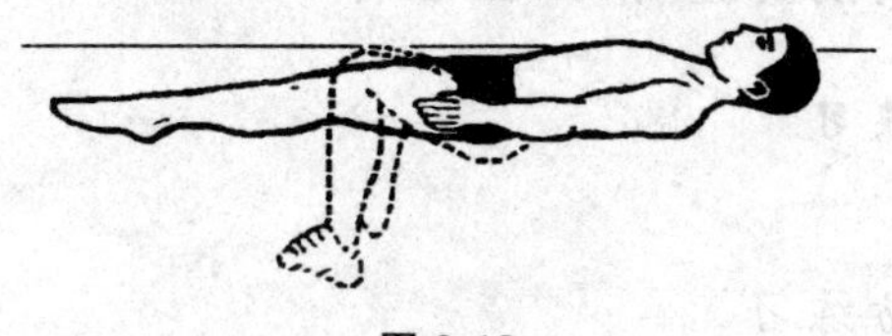

图 9-18

(4)完整配合游

手臂、腿配合向前游进,伴随着有节奏的呼吸,进行完整的反蛙泳配合动作练习。

(三)侧泳练习

1. 陆上模仿练习

(1)原地模仿划臂

两脚左右开立,上体微微前倾、侧屈,两臂进行侧泳划水动作练习,体会两臂不同的动作路线及交叉配合。

(2)原地模仿蹬剪腿

侧卧于地上,两腿进行水下状况的蹬夹动作的模仿练习。

2. 水中练习

(1)扶边蹬剪腿

一只手抓住岸边的支持物,另一只手放在水下池壁上支撑身体,身体侧卧,两腿根据侧泳技术动作进行练习。

(2)扶板蹬剪腿

两臂一前一后地扶在打水板上,身体水平侧卧于水中,按照侧泳时腿的技术动作进行向前游进练习。

(3)侧向行进划臂

上体稍前倾,两臂交替划水,侧向游进,两臂适当用力,配合呼吸。

(4)完整配合游

蹬壁滑行之后身体侧卧,手臂与腿相配合,根据侧泳的技术动作要求进行向前游进练习,注意有节奏地配合呼吸。

(四)潜泳练习

1. 陆上模仿练习

(1)自然站立,进行蛙式长划臂潜泳手臂动作的模仿练习。

(2)自然站立,进行蛙式长划臂潜泳手臂与单腿配合的动作的模仿练习。

2. 水中练习

(1)按照蛙式潜泳的技术动作,进行水下游进练习。

(2)按照长划臂潜泳的技术动作,进行水下游进练习。

(3)在较深的水域中进行踩水练习,两臂在体前用力向下压水,同时深吸气,两臂在体侧伸直,利用重力自然下沉。

(4)在较深的水浴中进行踩水练习,深吸气后,迅速低头、收腹、团身,屈膝提臀下潜。

第二节 漂流运动实践指导

一、漂流运动概述

漂流运动是一项经典的户外极限水上运动项目,在很早以前就已经在世界范围内流行开来。最初,漂流只是原始人类的一种涉水方式，在第二次世界大战后发展为一项真正的户外运动。

漂流运动起源于爱斯基摩人的皮船和中国的竹木筏，但那时候是为了满足生活和生存需求，并不是为了进行运动。第二次世界大战后，一些喜欢探险活动的人尝试着把充气橡皮艇作为漂流工具，逐渐发展为如今的水上漂流运动。

在我国，漂流运动发源于长江探险漂流、雅鲁藏布江科考漂流等探险体育活动。1986 年，“长江第一漂”的成功引发了全世界的关注，由此我国产生了漂流热，漂流运动很快在神州大地、名江大川传播，我国群众对漂流运动有着极大的热情，使我国发展出了漂流精神与漂流文化。通过漂流文化，人们深刻体会到了战胜自我、勇敢前行、顽强奋进的品质与价值。“雅漂”和“珠漂”都体现了中国人民在身体与精神上挑战自我、超越极限的能力。

目前，国内的大部分地区都有适合漂流的地方，我国营业性漂流场所在不断增加，而且国内各个地方几乎都在开展群众性的漂流探险活动。尤其是年轻人非常喜爱这项运动，户外运动爱好者更是被漂流运动的惊险性、刺激性、趣味性以及独有的时尚、健康色彩所吸引。

二、漂流技术指导

（一）扎筏

进行漂流的第一步就是扎筏。如果河流非常宽广，能够顺利航行，那么漂流就能发挥出便捷、快速的优点。

对于探险者来说，建造木筏更加实际点。即便没有用很好的原材料来制造，也不容易倾覆。进行漂流前，探险者应在营地附近的安全水域进行试航，确保浮艇和木筏的可靠性。

借筏漂流通常是在丛林地区的季风性的河水中进行。丛林中，有着足够数量的船木或理想的竹林，用连根拔除的树木建造浮艇更加坚固，不易腐败。如果必须砍伐船木，建议砍伐那些倾斜的树木，这样比较省力。扎筏时，选择顶端有死枝的树干，这样扎出来的筏更加结实。

支撑木筏漂流的材料可选择油桶或其他漂浮物。如果找不到坚实的船木，可以将防水帆布或其他防水材料作为运载工具。不管在什么样的水域，都不要用轻薄脆弱的材料做木筏，否则容易倾覆。在崇山峻岭中，河流的流速很快，必须采用坚实牢固的木筏确保安全。如果漂流至下游宽阔的河面后竹筏散架了，那么探险者不得不游泳至岸边，距离很远，有一定危险。

下面分析几种不同材质筏的特点。

1. 竹筏(竹排)

在湍急的河滩中，竹筏很容易卡住或翻沉，所以不宜使用。在风平浪静之时，采用竹筏漂流是非常有韵味的。手持长篙，一边撑着，一边观赏风景，这就是漂流运动的魅力。

扎竹筏时，最好制成双层竹筏，因为依靠单层竹筏来支撑人体重量有一定难度，而且单层竹筏不容易操纵。将粗壮的竹竿砍成3米长的一段，分别在竹竿的两端与中央钻孔，用坚韧的树棍穿孔，将藤条牢牢地将竹杆与树棍绑在一起。

2. 木筏或夹筏

扎木筏或夹筏制作速度相对较快。用圆木作为筏身，在圆木柄端固定四根厚实的木棍，从而将木筏扎成木排。

3. 皮筏

皮筏是最常用、最普遍的一种筏，且非常实用。通常用橡皮或高分子材料制作皮筏，至少有三个独立的气室，正常使用时不会漏气。皮筏的材料非常柔韧，充气囊具有以柔克刚的功效，所以其有很强的适应性，在瀑布或险峻河谷中也能顺利通过。

4. 独木舟

那些长期进行野外探险的户外运动爱好者会选择制造独木

舟作为漂流工具。最简单的方法就是选择一截粗壮树干,将树干的中央烧空,或者将桦树皮或兽皮柳木牢牢钉在上面,就制作了简易的独木舟。

5. 混合筏

混合筏是借助可漂浮的油桶、兽皮等建造而成的,建造方法借鉴的是竹筏和木筏的构造方法。

(二)应付漩涡

如果船无法凭借自身惯性从漩涡中通过,被汹涌的波浪撞回,如果这时候被迫停下来,那么筏内很可能会进水,导致船猛烈地旋转、倾斜。一些凶险的漩涡甚至会将筏彻底掀翻。这时,探险者要快速进入顺流的水中,避免随着竹筏倾覆。具体方法是用桨或橹划动顺流的水,使筏身露出水面,如果没有办法脱离,就要用岸上的绳子把筏拽出漩涡。

(三)应付倾覆

大的漩涡、波浪及障碍物等都有可能导致筏倾覆,这时候必须头脑冷静,理清救护的先后顺序,先自救,再救其他同伴,最后在可能的情况下保护装备。

具体来说,应对倾覆注意以下几点。

(1)先尝试跳开,以防撞到障碍物。如果确定自己卷不到逆流中,就尽可能地浮在水面上,另外也可以选择上岸。

(2)尽量与同伴共同行动,如果发现有同伴失踪,应立刻对船下进行检查,确定同伴是否被衣物或其他物品缠住。

(3)落水者通常很难从倾覆的船内游向岸边,这时其他船只的漂流者要主动救援落水者,其他船只应在远离急流的平静水面,在确保自身安全的前提下实施救护。救援船只逆水接近倾覆的船,将倾覆筏的一条缆绳捞起,再向岸边牵拉,其余船只救护落水者,确保人员安全。

(四)靠岸

漂流时，难免会遇到急流和瀑布，遇到这种情况时，应在无人的急流区系上救生绳，使船顺利驶过急流与瀑布，并在岸上时时刻刻控制筏。要注意的是，绝对不能将绳索套在自己身上，这么做是错误的。为更好地控制筏，需在绳上打结或将绳套在树上，带好所有物品靠岸。

三、漂流运动安全指导

(一)了解水上漂流需要具备的条件

水上漂流，必须树立“安全重于泰山”的意识，特别是在急流险滩间漂流更要注意安全问题。只有平安、顺利地完成漂流，才能充分体会到其中的乐趣，留下美好的记忆。因此，逞匹夫之勇，霸王硬上弓是不可取的，每位探险者在下水之前都应做足准备，首先了解参与水上漂流需要满足哪些条件，看自己或团队是否满足以下条件。

(1)是否了解漂流河段的地理知识。

(2)是否有皮筏可以承担物资运输。

(3)是否有用于救护的独木舟。

(4)是否有经验丰富的职业桨手。

(5)是否准备了救生衣、帐篷、安全帽、水上服装等基本用品。

(6)是否准备了急救器材和药品。

(二)水上漂流安全指导条例

(1)准备漂流前，对河道进行细致入微的研究。收集相关指南、地图等信息，对河流的流量、斜度、气候、季节性涨落及危险地段等进行深入研究，这个过程中要重视因雨季、融雪以及水闸泄水而引起的突发性涨落。

(2)漂流过程中时刻穿着救生衣,在危险地段小心前行。遇到困难时不要慌乱,遵循先自救、再救伙伴、最后挽救装备的原则进行救护。

(3)准确看待自己的操作能力,对比较困难的河流不要贸然尝试,标出超出你自身条件或装备能力的急流。急流探险是整个团队 0 共同的事情,所以需要参与者全力配合,互相帮助,通力合作。每个人都要从大局出发,根据团队的计划和需要行动,不单独行动。

(4)漂流过程中,造成竹筏倾覆的因素有很多,如灌木丛、成堆的木材、倒下的树木、桥桩等障碍物,这些障碍物缠绕在水中的一些东西上,会导致水产生巨大的压力。

(5)落水后,冰冷的河水往往会导致落水者浑身无力,很快丧失自救能力。当水位降低或气温下降时,应穿防寒服,注意保暖。所有人自备一套干衣服放在防水包里,以备不时之需。在寒冷的水中漂流会导致体温过低,上岸后要立刻添衣保暖。

(6)学习救生知识,带好急救药箱。身体感到不适或出现外伤时,要及时吃药或处理。

(7)了解如何应对漩涡、倾覆等情况,掌握在激流中游泳的办法,掌握穿过急流给船系绳索的技能。

(8)确保设备正常使用,时刻检查船外侧的绳索是否松动,是否缠绕人,必须携带空气泵、修理箱和安全绳。

(9)在遇到困难时为寻求帮助,可能需要游泳或赶路,此时应穿上网球鞋,以避免脚受伤。

(10)选择正规、专业的漂流团体,尽量和熟识的伙伴一起出游。将领头船和随行船标明,船只之间保持安全距离,避免因急流而发生碰撞的情况。

(11)搜索那些无法从上游看清楚的急流。

(12)在容易出现急流的下方停一只船,以便出现困难时提供帮助。

(13)团队中至少要有两条船,所有队员都要熟悉自己团队的船的标志和一些重要的救生程序。

第三节　潜水运动实践指导

一、潜水运动概述

(一)潜水的定义

潜水(Diving),原意是在携带或不携带专业工具的情况下进入水面以下,进行勘查、打捞、修理和水下工程等作业活动。之后,潜水逐渐发展成为一项户外运动,以水下活动为主要内容,从而达到锻炼身体、休闲娱乐的目的,深受大众的喜爱。

(二)潜水的发展

像鱼儿那样自由自在地在水下随意游走是人们由来已久的愿望,早在 2 800 年前,美索不达米亚文明处于鼎盛时期,阿兹里亚帝国的军队用羊皮袋充气,从水路出发攻击敌军,也许这算是潜水运动的雏形了。距今 1 700 年前,海边渔夫在海里潜水捕鱼的场面在《三国志·魏志·倭人传》中得到描写。到了 1720 年,某个英国人利用一只木桶潜到水下 20 米深的地方,成功地完成了海底打捞活动。由此可见,潜水活动历史悠久,我国的潜水运动已有 2 000 多年的发展历史。从古代的"扎猛子",到如今使用各种器械的现代潜水,潜水运动已在全世界范围内蓬勃发展。

现代的潜水运动前身则起源于 160 年前,英国的郭蒙贝西发明了从水上接泵运送空气的机械潜水,也被称为头盔式潜水。1924 年,有人开始用玻璃做潜水镜,并利用泵从水面上吸取空气的"面罩式潜水器",这是水肺潜水器材的前身。同年,日本潜水者运用面罩式潜水器成功潜入地中海底 70 米,成功地捞起沉船八阪号内的金块，此举震惊全世界。在第二次世界大战期间，有的国家开发了“空气罩潜水器”，采用密闭循环式，并有空气瓶的装置，这在军事上有直接用途。第二次世界大战末期，法国研发了开放式“空气潜水器”，这种潜水器在欧美非常流行。近年来，随着潜水器材的不断进步，潜水运动的发展也是越来越快速，有着越来越多的人参与到潜水运动中来。

（三）潜水的分类

实话实说，任何运动都存在不同程度的风险，而潜水运动的风险性往往被大多数人所高估。事实上，潜水是一项高度要求纪律的运动，如果参与者真正受到专业的培训而又按照潜水运动规则进行的话，那么就不会面临太大风险；如果不按规定行事，就很容易出现问题甚至危险。

潜水时，人在水上或浸在水中，身体受到浮力的支撑，整个人有一种轻飘飘的感觉；在水下，所见到的是一个新世界，成为一个真正的探险家，亲身投入到大自然的怀抱之中。潜水时，可以抑制呼吸，潜入到清澈透明的水中；也可以跟着感觉走，向任何方向移动，就像鱼儿自由自在的游动一样，得到一种不受拘束的感受。尘嚣繁杂琐事早已在不知不觉中消失于脑后，心烦、压力也不复存在了。

潜水就是人在水中所进行的活动。人虽然无法在水中生存，但为了探险、打捞、觅食，以及近年来不断提高的休闲娱乐需求等，那些有想法的人总喜欢去尝试那些平常接触不到的活动，因而，潜水运动随着现代科技的进步和需求，按照人们的运动目的，逐渐发展成多样的形式。

潜水运动可分为浮潜和给气潜水两大类。

浮潜还可以细分为浮游和屏气潜水。浮游的主要特征是只浮在水面而不潜入水中；屏气潜水的主要特征是在憋住呼吸期间潜入水中。

而另一种潜水的给气潜水，就是潜水者在潜水期间能得到气体的供给。给气潜水也可细分，一是自给气潜水，二是供气潜水。自给气潜水是指潜水者自己携带氧气瓶进行潜水，也被称为水肺潜水；供气潜水是指潜水者依靠送气管从水面将空气输送进行潜水，也被称为水面供气潜水。近几年，世界各个海岸旅游景点区域都专门设有水面供气的潜水活动，供游客体验在海底世界畅游的乐趣。

二、潜水装备及操作指导

（一）基本个人装备

1. 面镜

潜水用的面镜与游泳防水镜不同，面镜的作用是平衡压力，防止水进入鼻腔。

2. 呼吸管

有了呼吸管，人在浮潜时不用将头露出水面也可以呼吸。在水肺潜水活动中，潜水者通常通过呼吸管进行水下作业。

3. 潜水服

潜水尽量穿上潜水服，即便在热带地区也要这样，因为深水中的温度较低，而潜水运动的运动负荷和运动强度不比游泳。长时间在寒冷环境下，可能会造成身体疲倦、反应迟钝、肌肉痉挛等症状，因此一套合身、舒适的潜水服是很有必要的。

4. 蛙鞋

在潜水中，蛙鞋能够提供足够的推动力。和游泳不同，潜水中只依靠腿部运动来实现移动，而双手要进行其他活动，如水下摄影、操纵其他设备、仪器等。

5. 浮力调整器(BC)

浮力调整器是用来控制浮力的装置。在水面上时,潜水者通过 BC 可以轻易地浮在水面上;在水下时,潜水者通过微调 BC 内的空气来获取最佳的浮力状态,即中性浮力。

6. 空气压力调节器

人不能直接吸入气瓶里的高压气体,这就需要通过空气压力调节器来对压力进行调节。调节器由一级头和二级头组成,一级头连接着浮力调整器,二级头用于潜水者的呼吸,很多潜水者都配有一个备用的二级头。

7. 气瓶

气瓶中装有高压空气或混合气体,供潜水者在水下进行呼吸。气瓶需要定期进行专业检验,对于潜水爱好者来说,通常在潜水地点租用即可,不需自行购买。

8. 潜水仪表

必备的潜水仪表包括压力表、罗盘、深度表、潜水计时表等。

9. 配重与配重带

配重的作用是平衡潜水者自身以及身上的潜水服、潜水设备等带来的浮力。通常来讲,配重是铅制的,由配重带拴在潜水者的腰上,如果在潜水过程中遇有紧急情况需立即上升时,潜水者可马上解开配重带,抛弃配重,进而上浮。但必须指出的是,深水中快速上浮到水面非常危险,一般不这么做。

(二)辅助潜水装备

1. 潜水电脑

用来记录潜水者潜水过程的各项数据,并能直接给潜水者提供减压时间等重要参数。

2.潜水浮标

潜水时必须在水面放置浮标，以告知水面上的船只避开。

3.潜水日记

对潜水经历与过程进行记录，最好由潜水活动的相关管理人员签署进行证明。

4.潜水刀

潜水刀有着很多用途，潜水者被鱼线、渔网或海藻缠住时可以用潜水刀将这些障碍物割断。

5.水下电筒

这是夜间潜水的必备工具。

6.药品箱

存放一些常用药，包括创可贴、晕船药、止泻药、感冒药等。

7.水下记录板

用来和同伴进行充分沟通。

8.装备袋

装备袋是放置潜水用品、设备的专用工具，当然，像潜水电脑等贵重的东西尽量随身携带。

（三）专业潜水设备

专业潜水设备主要包括潜水摄影和摄像机，此外还有特别的防水外壳。很多摄影设备的厂家纷纷推出与自己摄影器材相匹配的防水外壳，也推出一些专门用于水下摄影的器材。

三、潜水技术指导

(一)技术要领

1. 潜水前的事项

(1)感冒、耳鼻疾病、神经过敏病、心脏病、高血压、糖尿病等患者避免进行潜水运动。

(2)下水前,要学习呼吸管和调节器的使用方法、水面休息方法以及紧急情况处理等。

(3)入水前的准备工作非常重要,潜水者必须亲自检查装备功能是否正常,之后同伴相互再检查一遍。

2. 入水的姿势

(1)正面坐姿入水。这是初学者使用的一种入水姿势。

(2)侧身入水,在橡皮艇上浮卧滚身入水。

(3)正面直立跳水。水深需超过 1.5 米,潜水者双脚前后开立,一只手按住面罩,另一只手按空气筒背带。

(4)背向坐姿入水。背向水面,坐于船帮上,向后仰面入水。

3. 潜降

采用浮力调节器,配合配重带,头上脚下地潜降;如果不采用浮力调节器,则头下脚上地潜降。

4. 上升

上升速度控制在 18 米/分钟以内,不要超过潜水者自己呼出的气泡的上升速度;上升时抬头看水面,可以伸出右手指定方向。注意背后,身体缓慢自转;上升过程中不要停止呼吸。

（二）潜水的原则

1. 两人同行原则

潜水通常是两人同时进行的，从入水到上岸都要在一起。对于潜水教练来说，不得允许潜水者自行上岸，潜水者要与教练保持联系。

2. 落单时的应对原则

(1)保持镇静，上浮几米，寻找同伴。

(2)如果找不到同伴就浮出水面，注意观察气泡。

(3)超过 10 分钟后依然找不到同伴的踪迹，就返回入水地点。

(4)通常情况下不要猎杀水中的动物。

(5)每隔 10 米检查残压计余量。

（三）潜水手语

潜水运动中，有以下几种通用手势。

(1)比画“OK”，代表潜水者现在情况良好。

(2)食指指示方向，表示注意该方向的物体。

(3)右手握拳，拇指向上，表示上浮。

(4)右手握拳，拇指向下，表示下潜。

第四节　皮划艇运动实践指导

一、皮划艇运动概述

皮艇最早起源于格陵兰岛上爱斯基摩人制作的小船。据史书记载，古代格陵兰岛的爱斯基摩人把用兽皮、兽骨等树料包制而成的皮筏艇作为乘坐的狩猎工具，爱斯基摩人称这种艇叫“Kayak”。这一词来自于爱斯基摩语，它的意思是“人船”。

划艇是从独木舟演变而来的，英文“Canol”即是独木舟的意思。独木舟的起源有多种说法，欧洲人说它起源于美洲，印第安人的使用已有几千年历史，但考古学家在中国长江流域多处发现石器时代的独木舟，而最早的距今已有七千多年。印度恒河流域、古埃及尼罗河流域、古巴比伦（今伊拉克地区）幼发拉底河都发现过这种古代的独木舟。独木舟用独木挖空制成，是人类最早克服山川、河流自然障碍的一种最原始的交通生活工具。古代的皮艇和皮划艇主要用于交通狩猎、捕鱼、运输，经过漫长的岁月逐步发展成体育、旅游和冒险。

有记载的第一次皮划艇比赛是1715年在英国由一个英国演员托马斯·多格特组织的。到了19世纪90年代，出现了许多皮艇旅游和比赛。苏格兰人约翰·马克格雷戈被人称为“皮艇之父”。他造了一条长4米(13英尺)、宽75厘米(291.2英寸)的叫罗布罗伊的小船，船重30千克(66磅)。在1864—1867年间，他乘皮艇游遍了英国所有的江河湖海，然后到了法国、德国、瑞典，甚至到过巴勒斯坦。回到英国之后，就建立了皇家皮艇俱乐部。

在美国人W.F.B.克劳森倡导下，1924年，国际皮划艇联合会在丹麦首都哥本哈根成立，它是第一个国际性的皮划艇组织。四年后，在德国柏林举行的奥运会上将皮划艇列为永久比赛项目。第二次世界大战之后，国际皮划艇代表大会，改名为国际皮划艇联合会，国际划联为1948年伦敦奥运会提供了几种型号的比赛皮艇和划艇，这是第一次使用国际划联统一规定船的比赛。

二、皮划艇技术指导

皮艇技术包括选桨、握桨、艇上坐姿、划桨的一个循环动作、呼吸、起航、冲刺及多人艇的配合等技术。

(一)皮艇的基本技术

1. 选桨和握桨

(1)皮艇运动员选桨时,两手正握桨杆、对称地放在头顶上。上臂与两肩平行,肘关节屈曲成 90°,这时两手距离桨颈 15 厘米左右,如再加上两端桨叶的长度(桨叶一般长 45～55 厘米),即为该运动员较适宜的桨长。

另一种选桨方法是运动员站立在平地,一只手握桨竖立在身前,另一只手臂举起用食指和中指能勾住桨叶顶端,即是适宜用桨。

(2)皮艇运动员的桨是一支两端为桨叶的桨,桨的长度根据身高而定,男子为 216～226 厘米,女子为 214～224 厘米。为了更好地用力,并减少空气阻力,两片桨叶做成偏转 70°～90°。桨叶偏转角的大小,可以根据运动员手腕关节的灵活程度而定。握桨时,可以用右手操纵转桨,左手成空握。也可以左手操纵转桨,右手成空握。握桨的距离十分关键,肘部弯曲 90°,若角度稍大或稍小一些对某些风格也无影响。

2. 皮艇的坐姿

运动员坐在船舱内的中心线上以利于保持艇的平衡。两膝屈成 120°～130°,躯干前倾 5°～15°。运动员自然地正坐船中,头部正直,颈部放松,两眼正视前方。

3. 皮艇划桨技术

皮艇划桨是以两边相同的动作在左右两侧轮流重复划动,要求运动员动作高度协调。划桨一个周期动作的构成如下。

(1)入水和抓水

以左桨划水为例,桨叶入水时,上体应围绕纵轴最大限度地向右转动,肩轴和躯干一起转动约 70°,左膝弯曲使臀部稍向前移动，而右膝微伸。这时左肩下斜，左臂充分前伸，左前臂与手成一直线，右手在头旁，离右耳 20～25 厘米。

桨叶入水时贴近船体。臀部、胸部、肩部、臂部等肌肉均紧张收缩，左脚撑住脚蹬板，桨叶与水平面成 40°～50°角，入水点应超过自己脚尖。桨叶入水发力于腰部，同时转体蹬腿开始直臂拉桨。在入水阶段，桨叶的运动方向是向前、向下、向外。

(2)拉桨

抓水和拉桨之间没有间隔。力的传递是从抓水开始一直到拉桨结束。拉桨时腰部发力，躯干加速用力向左牵拉转动。左脚撑住脚蹬板，要有用力推艇向前的感觉。右臂屈臂支撑，右手高于下颌，与眼齐平。左臂直臂拉桨，由于螺旋桨的作用面，使桨叶向后外方与艇的纵轴线约成 36°角。在拉桨过程中，桨颈齐水平面，桨叶面则尽可能与船舷保持 80°～90°角。

左臂拉桨时，左腿随着转体而进一步对脚蹬板产生更大的压力，而右臂微屈肘，努力控制划桨的有效垂直部位。划桨至大腿中部，左臂开始屈肘准备出水。在拉桨阶段桨叶的运动方向是向后、向下、向外。

(3)恢复

恢复分成出水、放松和稳定三个部分。

①出水

拉桨臂拉桨至髋关节处结束，这时迅速提肘，手腕向外翻转，使桨叶从侧向滑出水面。桨叶出水应干净利索，出水太慢、太迟会影响船体速度，还会过多的消耗运动员的体力。桨叶出水和入水一样，都是一个划桨动作过程中速度最快的阶段，艇速越快，出水和入水也越快。

②放松

拉桨臂在一侧拉桨出水后，另一侧桨叶入水前，是放松和稳定的阶段。在放松阶段，运动员双肩下垂，大部分肌肉放松。这时拉桨手迅速向上挥桨，复位到肩的上方。

③稳定

稳定阶段是恢复的最后环节。运动员屏住呼吸，全身肌肉重新紧张，为下一次强有力入水做好准备。

整个划桨动作是一次连贯、协调的周期性运动，即使是恢复阶段，也应是轻快而流畅的，应是没有任何停顿的，不允许艇的速度在两次拉桨之间有明显的减速现象。

（二）划艇的基本技术

1.选桨和握桨

由于单人划艇与双人划艇用桨的长度不同，运动员要根据用途来选桨。一般单人划艇桨的长度同运动员的身高，双人划艇桨的长度与运动员的眉梢齐平。两手握桨时，上手（推桨手）正握桨把（手柄），下手（拉桨手）握在距桨颈15～20厘米处。

2.划艇的跪姿

划艇运动员的姿势与皮艇运动员不同，他们采用跪姿划桨。通常把支撑腿（平衡腿）的脚、跪腿的膝和脚这三点，稳妥地放在一个钝角三角形的三个顶点上。支撑腿的脚趾朝划桨一侧稍向内转，而膝部正对着前方。支撑脚与跪腿的脚和膝部构成15°～20°的夹角，跪腿的大腿基本垂直于水平面，小腿向对侧偏移，与艇的纵轴成8°～25°角。跪垫高7～10厘米，跪腿的小腿与大腿成100°～120°角，脚掌着地，搁在舱底板上，脚趾蜷曲。

桨手的身体重心应位于划艇的几何中心之上。身体高大或体重大的桨手，应跪在重心偏后的位置，而体重轻的桨手则跪在重心偏前的位置。

3.划艇划桨的技术

划艇分左桨和右桨，划桨动作是单侧划行。因此，比皮艇更难控制平衡。它的一个划桨周期也可以分为入水、拉桨、操向、出水、恢复和稳定阶段。

(1)入水

入水是从桨叶尖端触水到桨叶全部浸入水中的阶段。入水时,运动员的躯干前倾,转体伸肩。两臂伸直,推桨臂的肘部抬高,肩稍后移,手在头的上方。桨杆与水平面约成45°角,将桨叶快速插入水中。

(2)拉桨

桨叶入水后,推桨手迅速前推并撑住,使桨叶抓住水。拉桨手的肩后移,利用抬体和转体的力量直臂向后拉桨。从入水后到拉桨,运动员应将身体重量压在桨上。拉桨时腰背挺直,臀部肌肉紧张。拉桨手拉至跪腿开始屈臂。拉桨手的手腕先向内转,同时肘部向外翻,到上体抬至接近垂直时拉桨结束。

(3)操向(转拨桨)

在单人划艇上,由于桨手始终在艇的一侧划桨,力的作用会造成艇的转动。因此,在每一桨结束时,桨手用"J"形划法来控制舟艇的方向。桨手以推桨手的下压和转动"T"形桨把,拉桨手手腕内转上提,顺时针转动桨杆,将桨叶面转到与艇的纵轴线成30°～40°。这时好像桨手把水推离舟艇,从而使舟艇回到直线航向上。

(4)出水

紧接着操向动作结束,两臂继续向前上提桨,桨叶即迅速从水中提出。这时桨叶的运动方向是向前、向上、向外。出水动作必须快而轻柔,使桨叶出水时干净利落,不挑拨水花。桨叶与水面成135°左右。

(5)恢复

桨叶出水后,运动员上身挺直,开始转动上体,并把桨继续向前上方推出。恢复阶段要注重肌肉的放松和调整呼吸节奏,以更好地保持动作的协调和连贯。

(6)稳定

稳定在恢复阶段的最后,运动员全身肌肉再度紧张,屏住呼吸准备下一次桨叶入水。

第十章　户外拓展训练实践方法指导

户外拓展训练是近些年来非常受欢迎的一种团队教育方式，具有很高的价值。本章将重点研究户外拓展训练的基础理论、空中拓展训练项目的实践指导、地面以及心智拓展训练项目的实践指导以及其他项目的实践指导。

第一节　拓展训练基础理论

一、拓展训练的概念

拓展训练，主要是指利用高山、丛林、溪流等大自然条件以及相关设施，让参与者充分进行各种心理体验，进而获得知识和心智的增长，并积极改变自身的行为，提高自己的综合素质。

拓展训练是一种户外体验式学习，可以很好地塑造团队精神，在拓展训练过程中，组织者需要对训练环境进行精心设计，通过户外活动的形式让参与者进行各种心理体验，从而使拓展训练达到"磨炼意志、陶冶情操、完善人格、提升团队"的目的。

随着现代社会的发展，拓展训练已经成了一种新型的团建方式，受到机关事业单位、企业等工作人员的欢迎，成为一种很好的教育方式，对于提升人的综合素质非常有效果。

二、拓展训练的场地

在当前的拓展训练市场中，通常会使用自然环境与人造环境相结合的场地，它是充分利用了原有的自然环境，对原有自然环境中不适合拓展训练项目的某一部分进行人为改造（不破坏场地原貌）。比如，利用大坝做沿绳下降，利用河流与钢索搭建场地组织和开展渡河活动等。

三、拓展训练的价值

拓展训练包含很多种类的项目，不同种类项目具有不同的价值。

（一）沟通类项目的价值

现代社会是一个需要沟通和交流的社会，只有拥有较强的沟通和表达能力，才能在这个社会中站稳脚跟。这类项目的主要目的是锻炼和提高人的沟通和表达能力。主要包括孤岛求生、黑暗列队、驿站传书等拓展训练项目。

（二）竞争类项目的价值

1.培养坚强的意志

良好的竞争意识可以调动一个人的主观能动性，激发一个人学习的自觉性，磨炼一个人的意志，促进一个人不畏艰险，知难而进，通过不断的竞争和坚强的意志去实现人生价值。

2.提升人的抗挫折能力

人们在日常的学习和生活中常常会遇到一些挫折，通过参加竞争类项目，可以提升参与人在学习和生活中的抗挫折能力。

3.提高人的学习能力

现代社会，是一个充满竞争，而且竞争非常激烈的社会，只有不断地学习，才能适应社会的竞争，因此，通过参加竞争类拓展项目,可以提高人的竞争能力,为人生竞争打好坚实的基础。

(三)团队合作类项目的价值

当今社会,任何项目的完成都需要团队之间的密切合作,因此,必须想办法提高人的团结合作精神。合作类拓展训练项目绝大多数都具有较高的难度,在完成这些项目的过程中,需要团队成员之间的团结协作,培养其团队信任与奉献精神,促进其形成民主意识。

(四)心理类项目的价值

在拓展训练中,心理类拓展项目具有很高的价值,通过参加心理类项目,可以提高参与者克服困难的勇气,培养其自信心,并学会换位思考,此外,通过心理类项目的训练,还可以挖掘个体的内在潜能,促进其更好地发展。

(五)领导类项目的价值

领导类拓展训练可以促进人领导能力的发挥,参与者在这个过程中要扮演好领导者的角色,由领导者带领团队,引导团队为了完成特定的任务,明确任务,分工协作,并共同完成项目任务。因此,领导类项目,可以很好地提高参与者的领导能力。

第二节 空中项目实践指导

一、高空断桥

(一)项目简介

高空断桥是一个以个人挑战为主的项目,在整个过程中,需要一个人独立完成。“断桥一小步,人生一大步”浓缩了整个高空断桥项目的精华所在。

（二）场地器材

(1)组合训练架或专项训练架,高 7～12 米。

(2)直径 10.5 毫米动力绳 2 条,连接后下垂:一根与桥上人员齐膝长,供拓展教师使用;另一根系在腰上,用于保护桥上的学员。静力绳一根,与训练架高度相等或略长,用于攀爬保护的上升器引绳。

(3)D 型锁或 O 型锁 4 把,用于连接在两条平行的钢索上(有安全滑轮装置可省),主锁 4 把。

(4)上升器 2 把(拓展教师可用主锁与 80 厘米长的扁带代替)。

(5)至少准备 3 条坐式安全带、3 顶安全帽。

(6)40 厘米应急扁带 1 条、雨天大毛巾 1 条。

(7)足球护腿板 2 副。

（三）项目目的

(1)培养克服恐惧、敢于面对各种困难的态度。

(2)学习认识自我、挑战自我以及战胜自我的方法。

(3)学习自我说服与自我激励,认识鼓励他人与获取鼓励的重要性。

（四）实施过程

(1)一定要学会头盔、安全带、止坠器与主锁的使用方法,掌握护腿板的使用方法。

(2)连接好安全装备,接受全体队友的队训激励后,沿立柱爬上高空的断桥桥面,换好连接保护装备后沿板走到桥板的板头,两臂侧平举,然后大声地问队友:"准备好了吗?"当听到"准备好了"的回答之后,自己大声喊"1、2、3",同时跨步跳到桥板另一端。单脚起跳,单脚落地,然后按同样的要求再跳回来。

(3)在桥面上不允许助跑,跳跃时最好两手不抓保护绳,确实紧张时可以一只手轻扶绳子以维持身体平衡,但不允许紧拽保护绳;完成后换连接保护装备,沿立柱慢慢爬下,落地时避免下跳。

(4)完成后休息片刻,解下安全带并开始帮助队友穿戴头盔与安全带,随后加入加油的队伍。

(五)总结体会

(1)对完成挑战任务的参与者给予一定鼓励。

(2)让每一位参与项目挑战的人都发表一下自己的看法,鼓励那些在完成过程中不够出色的人。

(3)根据大家分享的观点,对其中已经说出来的理念给予肯定,对于那些没说出来的观点给予补充。

(4)让挑战者讲述在地上跨越和在高空中跨越的差别,并比较两者之间的心态变化。

(5)让参与挑战的选手谈一谈自己在激励方面的感受,是自己在心中自我鼓励管用,还是受到他人的激励更管用。

(6)“断桥一小步,人生一大步”,让参与者谈一谈自己和朋友在面对困难时,怎样渡过难关的故事。

二、信任背摔

(一)项目简介

信任背摔是非常经典的拓展训练项目之一,参加培训的人可以从这个项目中体会到彼此的信任,感受到责任与关爱,体会到团队的支持力量。

(二)场地器材

(1)1.4～1.6米的标准背摔台(背摔台上有扶梯或半角围栏

会更好)。

(2)0.8米长、0.02米径宽的背摔绳一根。

(3)海绵垫一块。

(4)物品整理箱一个,供上台的队员放置物品。

(三)项目目的

(1)培养团队成员之间的信任感。

(2)提升参训者挑战自我的勇气,并形成良好的心理素质。

(3)发扬团队协作精神,增加团队责任感。

(4)培养参与者换位思考的意识。

(四)实施过程

1.个人挑战部分

(1)参训者调整好自己的心态,并接受队友的激励,沿着梯子慢慢爬上背摔台,并站到指定的安全区域。

(2)参训者两臂前举,双手外旋,十指交叉相扣,内旋然后紧紧地靠向身体,由训练师绑上背摔绳。

(3)在训练师的引导下,参训者慢慢走向台边,背向人床站立,脚后跟超出台面少许,两脚并拢,膝关节绷紧,下颌微收略含胸。

(4)参训者调整自己的呼吸,并大声地问队友:"你们准备好了吗?"当听到队友齐声回答"准备好了"以后,开始喊"1、2、3",同时直体向后倒向人床。

2.团队接人部分

(1)身高体重比较相近的两个人伸出右脚成前弓步面对面站立,两脚左右间距略比肩窄,脚尖内侧相抵,膝关节内侧相触,保持一定的重心。同时,上身要略向后倾,收紧腰部。

(2)双臂向前平举与肩同高,双手搭在队友右肩前,掌心与肘窝都向上，手指伸直，手臂自然伸展进入用力状态。与对面的人的双臂平行或者双臂夹对面队友的左肩，放在对方肩前，两人四臂夹紧，略含胸，尽可能胳膊均匀分布减少空隙。

(3)注意抬头看着台上队友的后背，避免砸到自己的头部，当队友倒下时顺势将其接住。

3. 接住以后

当大家接住队友之后，注意缓慢地将其放下，注意要先放脚，等到队友站稳以后才可以彻底松手，解开背摔绳后换另外一位。

（五）总结体会

(1)对完成挑战任务的参训者进行鼓励。

(2)让每一位参训者都说出自己的感受，并给予其积极的肯定。

(3)让所有参与者谈一谈自信以及被信任的感受。

三、求生电网

（一）项目简介

求生电网是一个典型的穿越障碍的团队合作项目，在这个项目中每一个人都必须做出极大的努力，暂时的放松可能都会给他人造成很大的麻烦，甚至会让所有的人前功尽弃。

（二）场地器材

室外宽阔的平坦场地，可以是专用电网设施，或者利用固定立柱(树桩)临时编、挂一张 3～4 米宽，1.6 米高的绳网，网内设有专门用于学员通过的网眼，数量为学员人数的 110%～120%，在较低处留 2 个相对好通过的网眼。

（三）项目目的

(1)培养参训者合理规划，有效组织，统一行动，亲密协作的精神和能力。

(2)增强参训者充分利用资源和分配资源的能力。

(3)充分认识到合理分工以及服从组织安排的重要性。

(4)培养团队的科学决策方法和严谨细致的工作作风。

（四）实施过程

(1)求生电网要求所有人在 40 分钟之内，从网洞中穿过，到达电网的另一边。

(2)每个网眼只能通过一人次，通过后这个网眼就宣告封闭；在穿网的过程中，身体的任何部位都不能触网，包括头发和衣服等；如果在穿网过程中，身体任何部位触网的话，那么网眼将会被宣告封闭，正在通过的人也要退回重新选择网眼通过。

(3)在实施过程中，不能出现任何危险动作，一旦出现，拓展老师应该及时进行制止。

（五）总结体会

(1)对于完成任务的参训者进行鼓励和肯定。

(2)让每一个学员都谈谈自己的项目感受，并对其发言进行肯定，对于在项目完成过程中做出一定贡献的人给予特别的表扬。

(3)让参训者谈一谈自己在第一次看到这张网时的感觉。

(4)谈谈自己在资源分配中的感受，例如如何分配网眼和通过的人。

(5)谈一谈在被别人抬起时自己心里的感受。

(6)引导参训者对讨论、决策、执行的各个环节进行分析，结合实际生活与学习、工作进行分享。

(7)谈谈对细节决定成败的认识，以及在完成任务过程中的信心和决心。

第三节　地面与心智项目实践指导

一、盲人方阵

（一）项目简介

项目的名称叫盲人方阵，也被称为黑夜协作，这个项目主要是强调团队精神和团队协作能力。

（二）场地器材

边长不小于25米的平整开阔场地一块，长3米、5米、15米左右，粗1～1.5厘米的绳子各一根，并预先打结并揉乱，或与参训学员人数相等的眼罩。

（三）项目目的

(1)培养团队成员的沟通技巧和决策能力。

(2)体验在特殊情境下的团结合作方式。

(3)了解团队领导对于团队的影响和作用。

(4)使学员理解角色定位及尽职尽责地完成本职工作的重要性。

(5)理解“失与得”的辩证关系。

（四）实施过程

(1)为了真实地表现情境，所有参与者都必须戴上眼罩，确认参与者完全看不到亮光。

(2)在参训者附近不超过5米的范围内有一堆（捆）绳子，当拓展训练师宣布开始后先将绳子找到，并在40分钟内，把它围成一个最大的正方形，组好后，所有人相对均匀地分布在这个正方形的四条边上。

(3)参训者所做的这个正方形是一件价格极高的产品，其他许多队伍也做了同样的正方形，大家要一起竞标，并以足够的理由证明产品的优势。

(4)在整个项目进行的过程中，任何人都不能摘去眼罩，戴上眼罩后应将双手放置在身前，不得背手行走，严禁蹲坐在地上。

(5)当参训者确认完成任务后，将绳踩在脚下，并通知拓展教师，得到准许后才可以按照拓展教师的要求摘下眼罩。

(五)总结体会

(1)对完成任务的学员进行肯定或鼓励。

(2)由于学员在完成任务以后，都会比较激动，都想发表自己的观点和体会，这个时候，拓展教师要协调好发言顺序，让每个学员都有发言的机会。

(3)学员回顾完成正方形的方法，怎样确认正方形：四边长相等、四角为直角、对角线相等，他们是怎样操作的，模糊的变量来量边长是不可取的办法，比如拉成四边形用脚步量，相对来说用手臂量的理念已比较接近，只有用定量来衡量是相对精确的方法，如对折。联系生活比如评优评奖，用业绩判断还是用“感觉”判断更有说服力。

(4)学员摘去眼罩后会觉得眼前的“方阵”没有之前感觉得那么大，这与心理学中人在相对不安的情况下更希望靠近有关，这可以和生活中的许多情况相联系。

(5)怎样用不擅长的沟通方式表达或接收信息，如有些人在活动中提出正确的方法却没人注意，自己也就不再表达了。

(6)民主讨论与决策、个体决策与群体决策，可以简单介绍群体决策所做的试验方法。

(7)合理分工，4～6 人梳理绳子、组方阵足矣，其他人想办法制订方案、确定检测方法。

(8)领导(队长)合理授权给“专家”,并维护“专家的领导”,确保任务完成。

(9)暂时的放弃是一种勇气,也是为了长久的利益,可以引入“缺勤理论”,有把握者可以联系到“下岗政策”。

(10)拥有的知识只有运用才能转化成有用的能力,如确认四边形的方法,简单的知识在完成任务时有时就想不到。

(11)可以让学员复述拓展教师布置的任务,并让大家介绍自己的产品优势,在现有的条件下自己做的是最好的。

(12)对当时出现的其他情况进行应变分析与联系,如在四角的人是否能够始终握住绳角位置不松手、坚守自己的岗位等。

二、击鼓颠球

(一)项目简介

击鼓颠球,也被称为鼓上飞球,主要是以团队挑战为主,训练团结协作的能力。

(二)场地器材

(1)平整空旷场地1块,拴有14根3米细绳的大鼓一面。

(2)排球或同类用球1个。

(三)项目目的

(1)培养学员取长补短、团结协作的能力。

(2)培养学员不怕困难、不断进取、勇创佳绩的能力。

(3)体验团队成员之间相互鼓励的意义和作用。

(四)实施过程

(1)每人牵拉一根鼓上的绳子,如果人多绳少可以轮流替换,如果人少绳多可以让某些学员牵拉两根。

(2)在颠球的时候,学员要握住绳头 30 厘米以内的地方,绳头如果有把手的话只能握住把手。

(3)颠球开始后,鼓不得落地,球飞离鼓面后,不得将鼓摔落在地上,在放下时要慢。

(4)球颠起的高度不低于鼓面 20 厘米,否则此球不计数或从头计数。

(5)颠球过程中要注意安全,拓展教师叫停时必须停止,因场地原因停止,可以根据情况决定是否累加。

(五)总结体会

(1)通过团队成员之间的分工协作,体验目标管理的意义。

(2)体验决策的过程。

(3)如果在短时间内无法制订出方案,懂得先做后说比纸上谈兵要重要得多。

(4)当结果与预料的结果不一致时如何调整与应对是很重要的。

三、人际关系项目训练

(一)个性名片

美国的销售大师乔·吉拉德有句名言:“在推销产品之前,先推销自己。”对于“推销自己”的理解,大家也许都很清楚,无非就是让别人喜欢自己、接受自己、信任自己,对自己产生好感、产生兴趣,这是现代社会要求每个人都应具有的很重要的一种能力。谁能够正确地推销自己,谁便拥有了成功的开端。这个活动旨在培养学生推销自己的意识和能力,促进同学间的认识和交流。

1.项目训练目的

(1)锻炼在人群面前推销自己的意识和能力。

(2)通过个性名片的交流,让学生了解他人,并尽快让别人熟悉自己,为以后的交往打下坚实的基础。

2. 项目训练时间

训练时间可以为 30 分钟。

3. 项目训练准备

个人信息卡、笔。

4. 项目训练步骤

(1)每人一张名片,名片上要写出不少于 5 条的个人信息。可以对自己的名片进行合理的设计,从而赢得别人的兴趣和好感。

(2)主动向别人介绍自己的个性卡片,内容可以抽象,也可以具体。

(3)每人至少向 5 个人推销自己的名片,同时也推销自己。

(4)项目结束后,相互交流活动感受。

(二)相识就是缘

俗话说:有缘千里来相会,无缘对面不相识。在茫茫人海中认识彼此就是缘,团队刚刚组建时,成员之间彼此不熟悉,为了促进成员之间的相互了解,可以使用相识就是缘的项目。

1. 项目训练目的

(1)通过此项目让学员体会到与人交往的乐趣,增强学员主动与人交往的意识。

(2)在学员彼此的交流过程中,找到“有缘人”,并且意识到与人交往是一件比较容易的事情。

2. 项目训练时间

项目训练的时间大约在 30 分钟。

3.项目训练准备

将各种不同颜色的卡片，根据学员人数剪成不同的形状，要求同一颜色、同一形状的卡片各两张；背景音乐。

4.项目训练步骤

(1)在播放着背景音乐的氛围里，要求学员从袋中摸出一张卡片。

(2)接着每个学员分头去寻找与自己持有相同颜色和形状卡片的人，找到后两个人彼此自我介绍，并且找到彼此3个以上的共同点。

(3)全体学员互相进行交流。

(三)串名字

戴尔·卡耐基曾说，记住别人的名字，并轻易地叫出来，等于给别人一个巧妙而有效的赞美。名字是一个人的符号，它与我们一生相随。所以，人们总希望别人能记住自己的名字。通过这个活动可以促进学员之间的相互认识，培养记住别人名字的习惯，学习记住别人名字的方法。

1.项目训练目的

(1)通过此项目可以活跃气氛、打破僵局，加速学员之间的了解。

(2)让学员明白在人际交往当中记住对方名字的重要性，以及如何更好地记住对方的名字。

2.项目训练时间

项目训练的时间大约为30分钟。

3.项目训练步骤

学员们围成一圈，任何一个学员先说出自己的姓名和单位，第二名学员接着介绍,但要说:我是×××后面的×××,来自××;第三名学员说:我是×××后面的×××的后面的×××,来自××;依次类推,最后一名同学复述前面所有同学的姓名和单位。

(四)倾听与回馈

古语云:会说话的人,必也懂得听话;笨拙的沟通者总是喋喋不休。由此可见,倾听在人际沟通中的重要性。讲话犹如演奏竖琴,既需要拨弄琴弦奏出音乐,也需要用手按住琴弦不让其出声。

1.项目训练目的

(1)学习人际沟通的基本态度(技巧)——倾听。

(2)体会“倾听”与“回馈”在人际沟通时所产生的效果。

2.项目训练时间

30～45 分钟。

3.项目训练步骤

(1)3～4 人一组。

(2)每组 3 人(或 4 人)轮流充当说话者(一次一人)、倾听者(一次一人)与观察者(1～2 人),每人皆须分别扮演三种角色,体会每种角色的立场与感觉。

(3)3 种角色的任务如下:

说话者:在 5 分钟内主动引发各种话题。

倾听者:只扮演听与响应的角色,不主动引发任何话题。

观察者:不介入说话者与倾听者的对话,只负责观察两人的对话情形。

(4)事后讨论:每人皆当过三种角色后,小组成员做经验分享的活动,说话者与倾听者分享彼此的感觉,观察者则说出所观察到的情形。

第四节　其他项目实践指导

一、破冰类项目

“破冰”是指打破人与人之间的怀疑、猜忌和疏远，使团队更加融合，队员之间更加亲近。破冰类拓展训练项目能使学员乐于交往、相互学习，形成一种和谐的团队气氛。下面介绍几种常见的破冰类拓展项目。

（一）面对面介绍

1. 项目目的

（1）使每个人能迅速融入团队并相互熟悉和了解。
（2）打破学员之间的隔阂，加深对每个人的印象。

2. 项目准备

一块平整的场地。

3. 人数和时间

（1）人员：20 人以上。
（2）时间：15 分钟。

4. 操作步骤

（1）相对排成两个同心圆，边唱歌边转，内外圈的旋转方向相反。

（2）歌声告一段落时停止转动，面对面的人彼此握手寒暄并相互自我介绍。歌声再起时，游戏继续进行。

5. 注意事项

在学员参加项目的过程中，培训师要留意他们的安全问题，避免伤害事故的发生。

6. 分享心得

(1)在自我介绍中，怎样出色地介绍自己？
(2)在同伴介绍时，如何更好地倾听？

(二)进化论

1. 项目目的

活跃气氛，增强学员之间的友谊关系。

2. 项目准备

一块空地。

3. 人数和时间

(1)人员：10 人以上。
(2)时间：20 分钟。

4. 操作步骤

(1)全体人员先蹲下扮成鸡蛋。
(2)相互找同伴进行猜拳，赢者进化为鸡仔。
(3)赢者找鸡仔同伴再猜拳，赢者进化为凤凰，猜输者退化为前一个阶段。
(4)一直进行几分钟，直到大部分的人都进化为凤凰为止。

5. 注意事项

在学员做的过程中，培训师要留意他们的安全问题，避免伤害事故的发生。

6.分享心得

项目旨在轻松与开心,不需要做过多的学习讨论。

(三)猜猜我是谁

1.项目目的

让初步认识的队员再次彼此认识,让团队中的人都熟悉起来。

2.项目准备

(1)场地:室内外均可。

(2)器材:不透明的幕布1条。

3.人数和时间

(1)人员:10人以上。

(2)时间:不限。

4.操作步骤

(1)参加的学员分成两边。

(2)依序说出每人的姓名和希望别人称呼自己的绰号。

(3)教师与助理拿幕布隔开两边成员,分组蹲下。

(4)第一阶段:两边成员各派一位代表至幕布前,隔着幕布面相对蹲下,教师喊"一、二、三",然后放下幕布,两个学员以先说出对面成员姓名或绰号的为胜,胜者可将对面成员俘虏至本组。

(5)第二阶段:两边成员各派一位代表至幕布前背对背蹲下,教师喊"一、二、三",然后放下幕布,两位成员靠组内成员提示(不能说出姓名,绰号),以先说出对面成员的姓名或绰号为胜,胜者可将对面成员俘虏至本组。

(6)活动进行至其中一组的人数少于3人时即可停止。

5.注意事项

选择的幕布必须不透明，以免预先看出伙伴而失去公平性及趣味性；成员蹲在幕布前，避免踩在幕布上，以免操作幕布时跌倒；训练员应该站立，避免偷窥的情况发生；组员不可离训练员太近，以免操作幕布时产生撞击；组内叫出名字时间差距短，训练员须注意公平性；本活动不适用于不熟悉的团队。

6.分享心得

如果继续玩下去谁会赢？谁会输？双赢的概念是什么？

二、娱乐分享类项目

团队之间的分享能令成员之间的关系更加亲密。从生活和工作的角度出发，分享很有可能是提高做事效率的一个重要的途径。在现实生活中，娱乐分享类拓展训练项目主要有以下几种。

（一）踩气球

1.项目目的

增强团队成员之间的相互信任，培养大家的团结协作能力，加强彼此之间的了解和信任，增强大家之间的团队友谊精神。

2.项目准备

(1)器材：气球若干，小细绳若干。

(2)场地：平整、空旷的场地。

3.人数和时间

(1)人员：不限。

(2)时间：20分钟。

4.操作步骤

(1)将学员分为四个组,进行沟通,然后两组中的胜者进行比赛。先将女生分组,保证每组有一名女生,男生按照身高排成一排,并平均分成4组。

(2)参赛两队的人数必须相等,每人分发四个气球,在宣布比赛开始后,自己将气球吹起,然后系在自己的脚踝上。

(3)双方队员在保护好自己的气球不被对方踩破的前提下,千方百计地踩破对方队员的气球。以一方队员的气球均被踩破为负,另一方为胜。

(4)只准踩气球,不得故意踩对方的脚;不得故意用手推对方;被踩破所有气球者立即退出比赛;跑出规定区域者视为气球已破,不得再加入比赛。

5.注意事项

提醒学员避免彼此拥挤摔倒。

6.分享心得

(1)请问大家在此项活动中运用了什么样的战术方法?效果如何?

(2)大家认为还有没有什么更好的方法和途径来取得胜利?

(二)解手链

1.项目目的

让受训者了解解决问题的一般步骤,使学员体会聆听沟通的重要性,并深刻领会团队的合作精神。

(1)体会个人力量无法解决的问题。

(2)当一个环节出现问题时,可以从全局的角度出发去解决它。

2. 项目准备

(1)器材:无。

(2)场地:教室。

3. 人数和时间

(1)人员:10 人一组。

(2)时间:20 分钟。

4. 操作步骤

(1)让每个小组围成一圈。

(2)按教员的指示做。

①举起你的左右手,握住身边那个人的右左手,交叉放在胸前。

②在不松手的情况下,把这张人网张开,成为一个组员之间手拉手的圆。

③请每组学员共同想办法把圆理顺,使学员之间的手拉手形式变成正常情况下不交叉的方式,并且必须在不松手的情况下做到这一点。

5. 分享心得

(1)在开始时,你们是否觉得思路混乱?

(2)当解开一点后,你们的想法是否改变?

(3)最后问题得到了解决,你们是不是很开心?在这个过程中你们学到了什么?

(4)在团队合作中,当面对一个复杂的问题时大家会感到无从下手,从而往往站在原地不动,但实际上只要有所行动就会有所变化,只要有变化就有成功的可能性。

(5)如果尝试获得了一些效果,你就会变得积极起来,所以试着尝试一些新的办法。

(6)问题难以解决,往往是因为很多人都只是从个人的角度去考虑怎样解套,实际上应该从整体的角度来解决问题,才能有进展。

(三)心心相印

1.项目目的

(1)通过游戏发展学员灵敏素质,相互协作和反应能力。

(2)学习和掌握户外拓展类游戏方法。

(3)培养学员勇于克服困难,认真、努力完成学习任务的刻苦精神和团队合作精神。

2.项目准备

(1)器材:田径场,卷尺,标志桶,两根五米长的绳子。

(2)场地:一片空旷的大场地;比赛赛距 20 米。

3.人数和时间

(1)人员:28 人。

(2)时间:30 分钟。

4.操作步骤

(1)用两根绳子围成两个区域,其间相距 20 米,将标志桶放在终点区域内。将人数分为两队,即小强队和强哥队。

(2)每组 2 人,背夹一圆球,从规定区域步调一致向前走 20 米,然后转折回到起点,下一组开始前进。向前走时,双手不能碰到球,否则一次罚 2 秒;球掉后从起点重新开始游戏。最先完成者胜出。按时间记名次,按名次计分。

5.游戏规则

(1)比赛过程中如有球落地情况出现需返回起点重新开始。

(2)途中不得以手、臂碰球,如有违反均视为犯规。每碰球一次记犯规一次,每犯规一次比赛成绩加2秒。

(3)进行接力时,接力方必须在规定区域内完成接力活动。比赛中应绝对服从裁判,以裁判员的判罚为最终判决。

6.分享心得

(1)完成任务之后的感想是什么?

(2)如何才能在最短时间内完成任务?

三、领导沟通类项目

在拓展训练中,为了完成特定的任务,必须由领导者带领团队,明确任务,分工协作,共同完成项目任务,这对于学员领导能力的锻炼具有重要的作用。领导沟通类拓展训练项目主要有以下几种。

(一)领袖特质

1.项目目的

培养学员的领导风格和管理技巧。

2.项目准备

(1)器材:历史上受人瞩目的领袖人物的画像,每张画像旁边贴一张空白的题板纸,给每个学员发1份表格(见发放材料)和2张投票用的小纸条。每个学员要有一支钢笔或铅笔。

(2)场地:一块平整的场地。

3.人数和时间

(1)人员:12~13人1组。

(2)时间:40~60分钟。

4. 操作步骤

(1)把材料中的表格发给学员。针对表格中的每个问题,从挂在墙上的领导者中选出一个相匹配的领导者,同一个领导者可以选择一次以上。填完表格后,请他们举手。

(2)让他们互相看看其他人选择的是哪个领导者。大声地念出每个问题,让学员站在他们所选的领导者的画像下面。

(3)让学员说一下他们选择这个领导者的理由,把原因记在画像旁边的题板纸上。

(4)对于每个问题都重复一次。

(5)让学员重新坐好,选出学员选得最多的两三张画像。

(6)让小组回顾一下写在那些领导者旁边的题板纸上的意见,并提出那些领导者最有可能说的关于管理本质的典型语录。

5. 分享心得

(1)有哪些领导者被选出来,使学员感到很奇怪呢?

(2)作为一个领导者和作为一个管理者有什么不同?

(3)什么障碍(内部的和外部的)会阻碍你成为你想成为的那个类型的领导者吗?

(二)拆除定时炸弹

1. 项目目的

(1)如何发挥团队的智慧。

(2)怎样处理团队中的不同意见以保证决策的顺利制定和实施。

(3)团队成员如何给予领导者或执行者以必要的支持。

2. 项目准备

(1)器材:离地 1 米的平台;两根长粗竹(3 米),一根短粗竹(1

米),3 条小白绳,两条长绳子(20 米),秒表。

(2)场地:室外。

3. 人数和时间

(1)人员:10～12 人 1 组。

(2)时间:30 分钟。

4. 操作步骤

(1)培训师发给每组学员上述材料。

(2)该小组必须在 20 分钟内建起一个架构。

(3)请其中一位学员顺利将定时炸弹拆除。

5. 注意事项

(1)定时炸弹必须离平台边缘 3.30 米。

(2)任何学员身体的任何部分都不能与地面接触。

6. 分享心得

(1)讨论的过程中是否出现意见不一?最后是如何达成一致的?

(2)如何选定拆除炸弹的人?是否一直给予他(她)支持?

(三)全体齐步走

1. 项目目的

(1)理解领导者的主要职责。

(2)学习团队成员如何有效沟通和配合。

2. 项目准备

(1)器材:每组两块长木板(2 米),12 条白绳(2 米)。

(2)场地:一块空地。

3. 人数和时间

(1)人员:6～8 人一组。

(2)时间:60 分钟。

4. 操作步骤

(1)培训师发给学员上述材料。

(2)每组学员利用材料做成"八爪鱼"。

(3)学员利用"八爪鱼"在限定时间内完成指定路线和拾取指定的物件。

5. 注意事项

(1)在游戏中,任何学员不可触碰"八爪鱼"以外的地方,犯规者全组将被停赛 1 分钟或重新再起步。

(2)确保地面没有任何障碍物。

(3)学员失去平衡时应尽快踏离木板,切忌抓着其他学员。

(4)切忌用丝带缠着手腕。

(5)勿在湿滑的地面进行此项活动。

6. 分享心得

(1)如何使全体成员步伐一致?为了鼓舞士气,团队需要一个行动口号。

(2)是否有人自荐担当领导者的角色?为了协调、增强学员之间的沟通,团队需要确定一位领导。

四、个人能力类项目

通过参与个人能力类拓展训练项目,可以开拓学员的思维,提高学员的创新能力。具有代表性的个人能力类拓展训练项目主要有以下几种。

（一）翻帆布

1.项目目的

增进学员之间的沟通与交流。

2.项目准备

(1)器材：依人数多少给予大、中、小的塑胶帆布。
(2)场地：不限。

3.人数和时间

(1)人员：全体参与。
(2)时间：5分钟。

4.操作程序

(1)参加游戏的人都必须站在塑胶帆布上，然后需要将塑胶帆布翻过来。
(2)所有人都必须站在帆布上(包含讨论)。
(3)只要身体的任何部分碰触到地面就要重来。

5.注意事项

注意配合不好时，可能会摔伤。

6.分享心得

(1)各位觉得帆布像什么？而整个过程又是什么？
(2)在生活中有无类似感受？从中学到了什么？

（二）雪龙队

1.项目目的

训练学员的团队沟通和团队协作能力。

2.项目准备

(1)器材:木板、绳子或布条。

(2)场地:较大的空地,最好是草地或雪地。

3.人数和时间

(1)人员:4～8人一组。

(2)时间:10～15分钟。

4.操作步骤

(1)给每组准备一条长木板和一些绳子。

(2)每组的人各自站在两条长木板上,要求每个人的一只脚在一条木板上,另一只脚在另外一条木板上,用绳子将他们绑在上面。

(3)要求各小组在规定的时间内到达目的地,其间不能离开木板。最早到达的组为获胜组。

(4)为了增加游戏的难度和趣味性,可以使其中部分人的身体朝向与其他人相反。

5.注意事项

需要充分热身,避免运动损伤。

6.分享心得

(1)迅速前进需要具备什么样的条件？你是否能体会到欲速则不达的真正含义？

(2)个人单独前进与集体一起前进有什么区别？为什么个人单独前进反而速度更快？

(三)木牛流马

1.项目目的

(1)培养及训练组织成员的非语言沟通能力,提高他们对不同问题的解决方法的运用能力，强化他们对信息的反馈能力。

(2)使组织成员之间的互动更默契。

2. 项目准备

(1)器材：眼罩、凳子、气球。

(2)场地：一块平整的空地。

3. 人数和时间

(1)人员：6 人左右为一组。

(2)时间：15 分钟。

4. 操作程序

(1)每个小组选出 1 个人为“木牛流马”。

(2)请裁判给“木牛流马”蒙上眼睛。

(3)让“木牛流马”坐在游戏区内的凳子上，裁判将气球放于较远处。

(4)听到比赛开始的信号后，允许“木牛流马”站起来，并在小组其他成员非语言信息的提示下将指定的气球取回来，放在凳子上。

(5)换组内另一成员为“木牛流马”再次出发，在队友非语言信息的提示下取回气球，然后换同组其他“木牛流马”上阵，依次进行。

(6)15 分钟后，哪一个小组取的气球多，即为获胜者。

5. 注意事项

为了避免发生和竞争对手可能产生的碰撞，每一个人从不同的方向拿走气球，这样每个人的力量就会集中在气球上，而不是耗费在阻碍对方的行为上，从而避免恶性竞争的发生。

6. 分享心得

(1)是否有人考虑过组与组之间的协作？

(2)请“木牛流马”讲述自己在游戏中的感受。

(3)如何使信息有效地传递？

参考文献

[1]董范，国伟，董利. 户外运动学[M]. 武汉：中国地质大学出版社，2009.

[2]莫双瑗. 传统攀岩中的“天人合一”思想及文化价值[J]. 中华文化论坛，2016(10).

[3]莫双瑗. 我国大学生攀岩运动员赛前焦虑与比赛成绩的关系研究[J]. 体育科技，2016(05).

[4]梁伟，梁柱平. 体育道德与职业运动员职业道德关系的思考[J]. 西安体育学院学报，2009(01).

[5]王进. 运动道德的认知与实践：“知”与“行”的省思[J]. 西安体育学院学报，2009(06).

[6] American Camp Association. Improving Youth Experiences in Summer Programs[EB/OL]. 2006.

[7]赵霞. 青少年户外教育的国际经验及启示[J]. 中国青年研究，2015(04).

[8]赵睿. 冰雪运动技巧[M]. 北京：中国社会出版社，2007.

[9]施纯志. 水上运动与健身[M]. 哈尔滨：哈尔滨地图出版社，2009.

[10]梁廷方，孙开宏，季浏. 运动员体育道德 TARGET 模式的干预研究[J]. 广州体育学院学报，2014(05).

[11]韦光辉，梁卫，王成科. 集体项目运动员情绪管理能力与体育道德行为[J]. 武汉体育学院学报，2012(07).

[12]张良祥，刘建勋. 和谐视角下篮球运动员体育道德建设的思考[J]. 吉林体育学院学报，2012(01).

[13]江乐兴. 户外生存技巧[M]. 北京：清华大学出版社，

2017.

[14]武舞吾悟.登山装备宝典[M].北京:人民邮政出版社,2017.

[15]胡炬波,厉丽玉.户外运动与拓展训练[M].杭州:浙江大学出版社,2017.

[16]江乐兴.青少年险境求生[M].北京:清华大学出版社,2017.

[17]刘桂萍.户外运动[M].合肥:合肥工业大学出版社,2016.

[18]赵军等.户外运动与安全防卫技能[M].北京:北京师范大学出版社,2016.

[19]杨绛梅.户外运动[M].北京:北京体育大学出版社,2015.

[20]钱俊伟等.户外健身[M].北京:中国标准出版社,2015.

[21]何志强,曹厚文.户外运动[M].大连:大连理工大学出版社,2015.

[22]介春阳.定向运动理论探索与户外运动拓展[M].北京:清华大学出版社,2014.

[23]厉丽玉.户外运动与拓展训练[M].杭州:浙江大学出版社,2012.

[24]杨韵.西方哲学游戏论视域下的体育本质解释[D].南京师范大学,2015.

[25]孟刚.户外运动[M].北京:北京师范大学出版社,2008.

[26]王景贤.运动教育模式下运动道德教育的价值探析[J].山东体育科技,2016(03).

[27]李菲,谭成清.户外休闲运动的教育价值分析研究[J].内江科技,2016(07).

[28]张瑞林.户外运动[M].北京:高等教育出版社,2005.

[29]王景贤.运动教育模式下运动道德教育的价值探析[J].山东体育科技,2016(03).

[30]赵洪朋,周成林等.青少年户外运动健身特点与指导方案研究[M].沈阳:东北大学出版社,2013.

[31]施纯志.水上运动与健身[M].哈尔滨:哈尔滨地图出版社,2009.

[32]杨建华.游泳与救生[M].成都:西南交通大学出版社,2013.

[33]赵睿.冰雪运动技巧[M].北京:中国社会出版社,2007.

[34]陈钧等.滑冰、滑雪、游泳运动手册[M].北京:金盾出版社,2012.

[35]李相如,单兆鉴.教你学滑雪[M].北京:金盾出版社,2014.

[36]西野淑子.登山入门手册[M].台北:台湾东贩,2017.

[37]范春金,肖竹丁,莫双瑗.户外运动与拓展训练指南[M].长春:吉林大学出版社,2016.

[38]张峻豪,国伟.高校户外休闲运动的教育价值分析研究[J].当代体育科技,2017(22).

[39]莫双瑗,农路华,莫思青.青少年攀岩运动员运动表象训练研究[J].梧州学院学报.2016(06).

[40]李晓栋.对当前学校体育活动游戏性缺失的反思——基于西方游戏论的视角[J].搏击,2013(06).